삼명통회 벼리 7권, 10권
三命通會

초판 1쇄 인쇄일 2018년 03월 01일
초판 1쇄 발행일 2018년 04월 01일

원 저 만 민 영(萬民英)
역 자 김 정 안(金正安)
펴낸이 김 민 철
펴낸곳 문 원 북
디자인 임 희 련

등록번호 제 4-197호
등록일자 1992년 12월 5일
주 소 서울시 마포구 토정로 222 한국출판콘텐츠센터 422
대표전화 02-2634-9846 **팩스** 02-2365-9846
이 메 일 wellpine@hanmail.net
홈페이지 http://cafe.daum.net/samjai
ISBN 978-89-7461-404-1

이 책은 저작권법에 의해 보호를 받는 저작물이므로 저자와 출판사의 동의 없이
내용의 일부를 인용하거나 발췌하는 것을 금합니다.
이도서의 국립중앙도서관 출판사도서목록(CIP)은 서지정보유통지원 시스템 홈페이지
(http://seoji.nl.go.kr)와 국가자료공동목록시스템(http://www.nl.go.kr/kolisnet)
에서 이용하실 수 있습니다. (CIP제어번호 : CIP 2018004411)

*파손된 책은 구입처에서 교환해 드립니다.

문원북 역학(易學) 고전시리즈 ❸

사주를 추명하는 핵심비결

三命通會
삼명통회
벼리
7권 10권

원저 : 만민영 萬民英
역해 : 김정안 金正安

글을 내면서……

삼명통회는 총 12권으로 되어있다.
이 12권 중에 6권까지는 기초라고 할 수도 있고, 7권은 육오 만민영 선생께서 사주팔자로 命을 추리하는 방법을 설명하였고, 10권부터도 역시 命을 추리하는 방법이지만 육오 만민영 선생의 논리가 아닌 타 선생들의 추명推命을 구결로 쓴 것을 해독하거나 그대로 기록하였다.

삼명통회의 최고 하이라이트는 7권이다.
특히 논 여명과 논 질병은 정말로 주옥보다 더 좋고 훌륭한 글이라고 할 수 있다.
자평법을 먼저 논하고 다시 삼명법을 아울러서 설명하였다.
필자가 삼명통회에 몰두하고 감탄하게 된 곳이 바로 7권의 논 여명을 읽고 난 후인데 실제 임상을 해보니 잘 적중하였기 때문이다.
간명구결, 무함촬요, 옥정오결의 내용도 단 한글자도 버릴 것이 없는 천금보다 더 좋은 글들이다.

이 글들을 보기 전에는 적천수와 자평진전에 몰입되어 있었지만 실제 임상하여 적중되는 값을 얻은 글은 삼명통회의 7권, 특히 논 여명의 추명방법이었다 그래서 이로 인해서 적천수, 자평진전은 던져버린 계기도 되었다.

필자가 이미 출간한 삼명통회 적요는 응용보다는 기초에 치중된 내용이 많은 관계로 좀 더 심도 있게 깊이 연구할 분을 위하여 삼명통회 7권과 10권을 해석 해독하여 세상에 내 놓아야겠다 하는 생각을 늘 하고 있었지만, 사실 글들이 너무 심오하고 현실적이어서 공개하기 꺼려졌는데 필자의 욕심 때문에 대의를 그르치는 것 같아 욕심을 접고 마침내 세상에 빛을 보게 하였다.
삼명통회의 또 하나 장점은 오염 되지 않았다. 다른 고서들은 어느 학자가 쓴 지도 모를 주석 또는 평주가 마구 덕지덕지 달려있지만 삼명통회는 육오 만민영 선생의 주해註解 외에는 누구도 손대지 않아 오염된 글이 없다.

2018. 01. 18 蟾彩 金正安 拜上

※ 註釋 혹은 蟾彩 : 로 표기하여 난해한 부분은 필자의 의견을 첨가하였다.

차례

三命通會 卷七

01 子平說辯 (자평 설변) ················ 10

02 論性情相貌 (논 성정 상모) ············ 14

03 論疾病先知五臟六腑所屬干支 ············ 21
    (논 질병 선지 오장 육부 소속 간지)

04 論貧賤凶惡 (논 빈천흉악) ············ 39

05 論壽夭 (논 수요) ···················· 42

06 論女命 (논 여명) ···················· 52

07 論小兒 (논 소아) ·················· 116

08 論六親 (논 육친) ··················· 128

09 定婦人孕生男女 (정 부인 잉생 남녀) ······ 157

三命通會 券十

10　看命口訣 **(간명구결)** ················· 162

11　巫咸撮要 **(무함촬요)** ················· 202

12　玉井奧訣 **(옥정오결)** ················· 224

卷七

三命通會
삼명통회

01
子平자평 說辯설변

● 요즘의 담명자談命者는 子平의 이름으로 변화하고 있는데 子平은 어떤 것에서 그 의미를 취하게 되는가?

天은 子에서 열리고 子는 곧 水의 전위專位로 地支의 처음首에 해당한다.

오행의 근원元은 북방에서 一合하여 天에서 生하게 되는데 평지를 만나면 멈추고, 감坎을 만나면 흐르게 되는 이것이 子가 사용된 의미가 된다.

또 인세人世에서 사용하는 저울과 같이 평平을 기준으로 삼고 경중輕重의 미소한 차이가 있게 되면 기울게 되니 불평不平이 되는 것과 같다.

● 人生의 팔자는 선천先天의 氣가 되고 비유하면 저울과 같은데 年은 구鈎, 時는 권權, 月은 제강提綱, 日은 수량銖兩이라 할 수 있다.

팔자에서 日이 主가 되는데 그 팔자 중에 있는 財. 官. 印. 食이 왕상旺相하고, 日干이 또 旺相한 地를 좌坐하면 구관鈎綰의 물物과 권權이 상응相應한 것이 되니 그 命은 부귀하게 되고, 財. 官. 印. 食이 旺相하고 日干의 값 휴수休囚가 되면 구관鈎綰의 중물重物이 권權과 상응相應하지 못하니 그 저울은 불평不平하게 되는 것과 같이 그 命은 천賤하고 빈貧하게 되고, 財. 官. 印. 食이 休囚가 되고, 日干의 값이 旺相하면 구관鈎綰의 物이 가벼우니 권權과 상응相應 하지 못하여 그 저울은 또한 불평不平하게 되어 그 命 역시 건체蹇滯하게 되고, 그렇다고 삼물三物(鈎綰,物,權)이 무기無

氣하고 日主가 休囚가 되어도 빈천貧賤하지 않으면 요망夭亡하게 된다. 이것이 평 平을 사용하는 의미이다.

경經에 이르기를 선천先天이 태과太過하면 후천後天이 감멸減滅하고, 선천이 불급不及하면 후천에서 도와補주어야 한다 하였다. 선천, 후천에 태과太過나 불급不及이 없게 된 연후에 평평이 된다.

◉ 운한運限은 후천이 되고, 또 선천은 팔자八字가 된다.
日干이 旺相하여 태과太過한 者는 마땅히 휴쇠休衰의 運이 와서 氣가 설泄되어야 발發하게 되고, 日干이 휴休囚가 되어 불급不及한 者는 旺相한 運에서 氣가 생부生扶되어야 마땅한 것으로 二者는 곧 발복發福, 발재發財하니 이러한 運으로 옮겨져야 형통하게 된다. 비유하면 의사가 원기를 보강하여 병을 고치는 것과 같다.
만약 日干이 심하게 旺한데 旺運으로 행하고 日干이 크게 쇠약한데 쇠약한 運으로 行하면 모두 태과太過 불급不及으로 화禍가 발생하고 재앙이 발생하여 건체 불통하게 된다.

運은 도는 것으로 10年이 한 회전이다. 그 궁통窮通을 관찰하는데, 大運은 흥쇠興衰가 증험되고, 세군歲君은 화복禍福이 증험되는데, 이에 귀천貴賤 영고榮枯를 알 수가 있다.
이것이 子平의 견해를 옳게 본 것이라고 할 수 있고, 子平의 견해는 선후천先後天을 논하여 나타낸 것이 또한 그의 견해를 옳게 본 것이라 할 수 있다.
생각해보면 이것이 子平 두 글자 설說의 진정한 이치인데, 요즘에 命을 논하는 者는 그 법의 근원을 멀리 한 채 오직 서군(徐君=서자평)과 연계하여 子平을 칭하고 있을 뿐이다.

탁영필기濯纓筆記를 살펴보면 子平의 성姓은 서徐, 이름은 거역居易으로 子平은 그의 자字가 되고 동해인東海人으로 별호別號는 사척선생沙滌先生 또 봉래수蓬萊叟라고도 하고 태화太華 서西 당봉동棠峰洞에 은거하였다 하였다.

◉ 자평법子平法은 사람의 소생한 年.月.日.時로써 祿命을 추리하였는데 적중하지 않는 것이 없었고, 그 원류는 전국 때 낙록자珞琭子가 세웠다.
세상에 낙녹자가 지은 원리소식부元理消息賦 일편一篇이 있으니 그래서 文을 보면 되는데, 대부분 후인이 위찬僞撰한 것으로 낙록자珞琭子의 진본은 아니다.

낙록珞琭과 같은 시대에 귀곡자鬼谷子가 있었고, 한漢나라 때 동중서董仲舒, 사마계주司馬季主, 동방삭東方朔, 엄군평嚴君平등이 있었고, 삼국 시대에 관로管輅, 진晉에 곽박郭璞이 있었고, 북제北齊에 위정魏定이 있었고, 당唐에 원천강袁天綱, 스님 일행一行, 이필李泌, 이허중李虛中등 학자들이 있었다. 이 선생들 모두 그 술(術)의 조상이 된다.
특히 관로管輅의 서書 천양결天陽訣을 얻어 맛보아야 하고, 또 일행一行이 전수한 동발요지銅鈸要旨을 함께 얻는 것이 중요하다.

◉ 점친 사람은 길흉이 극히 잘 적중하였는데, 이 근거가 이허중李虛中에게 전해 짐으로써 추연推衍하여 사용하였고, 낙록珞琭은 年을 위주로 하였고, 허중虛中은 日을 主로 하여 그 법이 아주 다르게 변화하였다.
오대五代 때에 마의도麻衣道 者, 희이希夷 선생등이 子平의 무리에 영향을 끼치게 되었고, 子平이 허중虛中의 술術은 얻어 덜고 보강하였다. 오직 主는 五行이 되고, 납음納音이 主가 되지 않아 그 법이 이전과 아주 다르게 변화되었다.

● 子平은 뒤에 없어졌었다. 송宋나라 효종孝宗 순희淳熙때 회전淮甸에 술사術士가 있었는데, 충허자沖虛子라 불리었고 이 술術이 당세當世에 크게 세밀하였고, 당시 스님 도공道洪이 비밀히 받아 전하게 되었다. 뒤에 전당錢塘*에 들어가서 그 학學을 배워 전포傳布하였다. 세속世俗에서는 그 유래 된 바를 알지 못하니 자기가 믿는 대로 기탄없이 子平이라고 하였을 뿐이다.

뒤에 도공道洪이 서대승徐大升에 전하여 금세에 전해 졌다.

가령 삼명三命 연원淵源 정진론定眞論등에 모두 나타나 있는 바, 이러한 까닭에서 본서本書가 변역變易되어 버린 것이다.

   ** 전당錢塘 : 전당강 ,중국 절강성을 북동으로 흘러 항주만으로 흐르는 강 삼각형으로 열린 어귀는 만조 때
                 에 해소(海嘯)를 일으켜 볼 만하며 경치가 좋음 옛 이름은 점수(漸水) 절강...

● 오행정기五行精紀, 난대묘선蘭臺妙選, 삼거일람三車一覽, 응천가應天歌등의 글과 연원淵源, 연해淵海를 관찰해보면 전부 동일하지 않은 내용으로 글을 자세히 살펴보면 변경되었다.

치력治曆 명시明時에 모두 그 때에 따라 개혁을 하게 되는 바, 비록 백년百年 밖에 되지 않았지만 헤아리는 술術의 설명이 이렇게 어긋나지 않을 수밖에 없는데, 하물며 대승大升의 시대에서 子平의 시대는 이미 삼백 여년의 기간이란 틈이 있으니 그 법이 몇 번이나 변하게 되었는지는 알 수가 없다.

혹 말하기를 대승大升이 子平의 본질을 얻어 전한 것일 수도 있다 하는데, 계선편繼善篇 등을 보면 명통부明通賦의 범위를 벗어나지 못한 것으로 단지 그 말을 변경했을 뿐이고 원리소식元理消息 일부一賦를 보면 대승大升이 혼자 터득하여 얻은 것으로 보인다. 요즘의 사람들이 命을 추명 하는 술術의 근원이 되는 사람은 子平과 대승大升 두 분으로 이 두 학파의 법을 받들어 연역演繹하여 추명 하는 것이다.

그래서 요즘 命을 논하는 者는 子平으로 칭하지만 그 근원을 잘 알지 못하여 내가 子平의 두 글자를 상세히 분별해 보았다.

02
論논 性情성정 相貌상모

● 대개 귀천貴賤은 팔자로 관찰하고 성정性情은 응당 오행으로 관찰한다.
선善, 악惡, 인仁, 의義, 예禮, 지智, 신신은 마음이 주가 되고, 희喜, 노怒, 애哀, 낙樂, 애愛, 악惡, 욕欲은 정情에서 나타나는 바다.

● 동방東方 진震은 木의 위치로 청용青龍으로 일컫는다. 이름이 곡직曲直, 오상五常은 인仁, 색色은 청青, 맛은 산酸, 성性은 직直, 정情은 화和이다.

왕상旺相하면 主가 박애博愛와 측은惻隱해 하는 마음이 있고, 자상慈祥하고 용모容貌와 기상氣像이 화평和平하고 단아한 의미가 있다. 일을 성취하여 사람을 이롭게 하고, 어려운 사람을 돌보고, 꾸밈이 없고, 솔직하고, 청렴 고결 고상하고, 의롭지 못한 것을 보고 정의심正義心이 복받치어 슬퍼하고, 한탄恨歎하여 관직에서 사직하여 은거를 택한다.
외모가 풍성, 수려하고, 골격이 크고, 손발이 가냘프고 매끄럽다. 말을 아름답게 하고, 얼굴색이 청백青白하고, 말귀가 헌앙하다. 이것은 木이 왕성하여 인仁이 많을 때 나타나는 의義가 된다.
휴수休囚가 되면 主가 야위고 키가 작고, 성품이 고집스럽고 한쪽으로 치우치고, 질투심이 많고 인자하지 않다. 이것은 木이 쇠衰할 때 나타나는 것이다.

사절死絕은 미안眉眼이 올바르지 않고, 인색하고, 피부가 건조하고, 목이 길고 목에 매듭이 있고, 편안하게 앉아 있지 못하고, 몸이 한쪽으로 기울어져있다.
火를 만나면 적색赤色을 띠고, 土를 보면 황색黃色을 띠고, 金을 만나면 백색白色을 띠고, 水를 만나면 흑색黑色을 띤다.

** 오상五常 : 사람 사이의 도덕 표준인 '인(仁)·의(義)·예(禮)·지(智)·신(信)'을 가리킴.

◉ 火는 南方에 속하고, 이름이 염상炎上이다. 오상五常의 主는 예禮이고, 색은 적색赤色, 맛은 쓰苦고, 성性은 급急하고, 정情은 예의恭가 바르다.

旺相한 主는 겸손한 기질이 있고, 공경, 겸화한 올바른 도리를 가지고, 위엄이 있고, 늠름하고, 인정이 두텁고, 거짓이 없고, 존경하고 숭배하는 마음이 있고, 면모가 위는 뾰족하고, 밑은 넓고, 형체는 머리는 적고, 다리는 길고, 인당印堂이 좁고 눈썹이 농후하고. 비鼻는 준노準露하고, 귀는 작다. 정신이 섬삭閃爍하고, 언어가 빠르고, 성性은 조燥하고, 무독無毒하고, 총명하고 재능이 있다.

태과太過하면 목소리가 초조하고 얼굴이 붉고, 행동이 빠르다.
불급不及하면 야위어 누렇고, 결렬한 모가 있고, 간사奸邪한 거짓과 투기하여 괴롭히고, 언어가 망탄妄誕 허망虛妄하고 터무니없는 거짓이 있고, 시작은 있고 끝은 없다.

◉ 土는 중앙에 속한다. 이름은 가색稼穡, 오상五常의 主는 신信, 그 색은 황黃, 맛은 감甘, 그 성性은 중重, 정情은 후厚하다.

旺相한 主는 언행言行에 조심성이 있고, 충효에 정성을 다하고, 신불神佛를 숭상하여 좋아하고, 속이는지 진실한지 시원하게 인식되지 않고, 뒤가 원만하고, 중요한 것에 너그럽고, 코가 크고 입이 모(각)나고, 눈썹이 선명하고, 눈이 아름답고, 얼굴이 살찌고 황색이고, 도량이 넓고, 처사에 방법이 있다.

태과太過하면 소박하고, 예스러움에 집착 하고, 어리석고 못났고 명확하지 않다.

불급不及하면 안색이 근심스럽게 보이고, 얼굴이 치우치고 코가 낮고, 음성이 중탁重濁하고, 사리事理에 불통不通하고, 성질이 사납고 독살스럽고, 사리事理에 어그러져 온당穩當하지 않고, 대중大衆의 의견意見을 듣지 않고, 차례, 위치, 이치, 가치관 따위를 뒤바꾸어 원래와 달리 거꾸로 행하여 신용을 잃고, 인색하여 거짓을 행한다.

● 金은 西方에 속고, 이름이 종혁從革이고, 오상五常의 主는 의義이고, 색色은 백白, 맛은 신辛, 성性은 강剛, 정情은 열렬이다.
旺相하면 영웅호걸英勇豪傑이 되고, 올바른 병장기로 재물을 소통 시키고, 염치廉恥를 알고, 악惡을 부끄럽게 인식하고, 골육이 서로 맞아 어울리고, 신체가 건장하고 정신이 맑다. 얼굴이 깨끗하고 맑고, 눈썹이 높고, 눈이 깊다. 코는 곧고 귀는 붉다. 음성은 청량淸亮하다. 강하고 씩씩한 성질과 딱 잘라서 결정決定한다.
태과太過하면 용감하지만 꾀가 없다. 탐욕하고 인자하지 않다.
불급不及하면 쩨쩨하고, 탐혹하고, 다사多事에 좌절하고, 심사숙고하고, 결단력이 적고, 야박하고, 안에 독이 들어 있고, 음란을 좋아하고, 殺을 좋아 한다. 신체가 마르고 적다.

● 水는 北方에 속한다. 이름이 하여 윤하潤下이다.

오상五常은 지智, 색은 흑黑, 맛은 짜다鹹. 성성性은 총명聰明, 그 정情은 선량善良하다. 旺相하면 기관機關이 심원深遠하고, 지혜가 많고 꾀가 많다, 학식이 보통普通 사람보다 뛰어나고, 옳지 못하고 간사奸邪하지 않다. 얼굴에 검은 광채가 있고, 언어語言가 맑고 온화하다.

태과太過하면 움직이는 것을 좋아하지 않고, 정처 없이 흩어져 떠돌아다니면서 음淫을 탐한다.

불급不及하면 인물人物이 왜소하고, 일에 대해서 줏대 없이 언행이 늘 이랬다 저랬다하여 자꾸 고쳐 반복 한다. 성정情性이 불상不常하고, 대담하지 못하고 책략策略이 적다.

● 이와 같이 비록 오행에 비유했지만 실제 인사人事에 관련이 있다.

이상 오행의 성정은 命中의 길흉, 신살神煞을 참고하여 판단하여야한다.

대개 生旺한 者는 장대長大하고 사절死絶인 者는 왜소한데 만약 煞이 임림臨해 있으면 이 제한에 적용되지 않고, 또 종살從煞은 앞의 것으로 판단한다.

만일 剋이 있으면 剋하는 오행을 쫓아서 판단하고, 또 대개 日, 時 上의 납음納音을 취하여 剋이 있는 가, 없는 가, 신살神煞이 임한 곳, 유기有氣 무기無氣를 살펴서 그 형상形狀으로 성정을 판단하면 영험할 것이다.

● 또 설명하면 인성人性을 추리 할 때 日, 時 上에 있는 본本 오행을 살피고 납음納音은 논하지 않는다.

만일 命이 입격入格되고 生旺을 만나면 主의 천성天性은 아주 뚜렷하고 명백明白하다. 물물을 만나도 불역不逆하고 동동動하면 반드시 응기應機하고, 말소리가 높고, 활달하고, 너그럽고, 도량이 넓고, 일에 임하면 결단能斷하고 공평公平 불의不疑하고 어려운 일을 범해도 두려워하지 않는다. 반평생 재물을 내놓기를 주저하지 않고, 베풀기를 좋아하고, 사사롭지 않고, 사치 환락하고, 다정하고 의義를 숭상한다. 막히면 끝이 좋지 아니하여 근심이 있다.

만약 命이 귀격貴格에 들고 사절死絶을 만났다면 主의 성性은 남과 잘 어울리지 못하고, 허위가 많고, 꼼꼼하고, 의심이 많고, 꺼림이 많고, 움직임에 예절에 구애 받고, 행동을 고려하고, 겉모양에 치중하고, 항상 몸소 검약檢約하고, 설명에 거짓이 없고, 막히면 음모陰謀로 근심을 초래한다.

만일 소인小人의 命이면 이미 천국賤局에 든 것인데, 生旺을 만나면 主의 성性은 항상 변하고, 스스로 자신을 단속하지 않고, 일을 고려하지 않아 위망危亡하고, 투쟁을 좋아하고 강함을 믿지만 압력은 약하고, 악의 무리와 친근하고, 가업家業이 불사不事하고, 끝이 좋지 않다.
사절死絶은 성性이 음사淫邪하고, 움직임이 필히 교위巧僞하고, 축축집요畜縮執拗하고, 거동에 허식이 있고, 오로지 좋은 말만 하고, 자기를 자랑하기를 좋아하고, 일에 대해서 결단을 하지 못하고, 사소한 일에 시비가 많고, 일신一身을 세우지 못한다.

● 재공요결에 이르기를 뜻이 높고, 심오한 성격은 대개 水가 심원深源함에서 인한 것이고, 진심이 깃들어 있고, 인자함을 지키는 것은 土가 산악山嶽을 이룬 것이고, 인자하고 후민厚敏한 것은 木이 甲乙의 곳을 이룬 것이고, 성性이 빠르고 분별이 명확한 것은 火가 丙丁의 위치에 응한 것이고, 의義를 重하게 기리는 것은 金이 庚辛에 귀합歸合한 것이다 하였고, 중화가 이루어진 곳에서 성性이 바르고 날카롭

지 않는데 성盛하거나 쇠衰한 성정은 변덕이 있게 된다 하였다.
水가 쇠패衰敗하면 성性이 혼미하여 믿음이 없다.
土의 힘이 크게 미약하면 닫아버려 사용함이 적다.
木이 되돌아가는 곳이 곤궁한 땅이면 크게 유柔하여 치사治事에 법규가 없다.
火가 흥하지 않으면 분별을 잘하지 못하여 크게 상傷하고 결정하지 못한다.
金이 천박淺薄하면 비록 올바른 도리가 있다고 하여도 시작은 있고 종終은 없다.
이것이 오행의 득지得地와 실지失地, 태과太過와 불급不及으로 모두 흉한 것이다.

◉ 자평부에 이르기를 아름다움은 木이 춘하 時에 生한 것이고, 지식智識이 없는 자는 丑,未일로 水가 곤困함으로 발생 하는 것이고, 성질이 총명한 것은 수상水象의 빼어남에서 있게 되는 것이고, 임하는 일에 과결(果決: 딱 잘라서 결정함)은 모두 金氣가 강함으로 인한 것이고, 오행의 氣가 족하면 체體가 풍비豊肥하고, 사주가 무정하면 性이 완비(頑鄙: 둔하고 비루함)하다 하였다.

◉ 지미부에 이르기를 문장文章이 명민明敏함은 火가 성盛함이고, 무武가 강렬함은 金이 많음이고, 木이 왕성하면 측은惻隱한 마음이 있고, 水가 많으면 기교機巧한 지혜가 있고, 土의 性은 가장 重한 貴가 된다 하였다.

◉ 광신집에 이르기를 오행이 生旺한 者는 화려한 장식을 좋아하고, 가슴속에 나쁜 생각을 감추어 두지 않고, 또 主는 색色을 좋아하는데 火命은 더욱 그렇다 하였고, 사절死絶, 묘墓 者는 선도禪道를 많이 좋아하고, 귀근歸根하여 본으로 되돌아간다 하였다.

● 장백선생이 말하기를 오행의 위치가 자절自絶한 오행의 정情은, 金은 의義로 자절自絶하면 의義가 적고, 木의 主는 인仁인데 자절自絶되면 어질지 않고, 水는 지智인데 자절自絶하면 지혜를 잃고, 火는 예禮인데 자절自絶하면 예의가 없고, 土는 신信인데 자절自絶하면 믿음이 적다. 오행은 가령 먼저 生旺하고 후에 사절死絶하면 천박함이 많게 된다 하였다.

● 호중자가 이르기를 언사言詞가 교활狡猾함은 탄생한 時가 육허六虛가 되는 곳으로, 六虛의 주처住處는 교활한 말을 하는 神으로 무릇 사람이 얻으면 허식을 좋아하고, 빈 말이 많이 하고, 만난 者는 교활하고, 평생 존친尊親을 훼剋하여 해롭고 타국他國에서 표량漂流하고, 행한 일은 허성虛聲*에 불과하다 하였다.

　　　　** 허성虛聲 : 실상이 없이 헛되게 난 이름, 실제의 가치에 어울리지 않는 실질 이상의 명성.

『 註釋 이 장章에서는 오행으로 사람의 성정을 나타내었는데 실제 임상해보면 오행으로 성정을 추리하는 것보다 십성十星으로 나타낸 성정히 정확하다. 십성에서 나타나는 성정은 필자의 저서 삼명통회 적요에 상세히 기록하였다. 』

03
論 疾病 先知 五臟 六腑 所屬 干支
논 질병 선지 오장 육부 소속 간지

● 가결歌訣에 甲은 담膽 乙은 간肝, 丙은 소장小腸, 丁은 심장心, 戊는 위胃, 己는 비脾, 庚은 대장大腸, 辛은 폐肺, 壬은 방광膀胱, 癸는 신장腎藏이 된다 하였다.

삼초三焦*는 壬의 中에 붙어있고 포락包絡*은 癸의 장소에 동귀同歸한다 하였다.

또 이르기를 甲은 머리頭, 乙은 정수리頂, 丙은 어깨肩, 丁은 심장心, 戊는 갈비, 힘줄肋, 己는 배腹, 庚은 배꼽臍輪, 辛은 넓적다리股, 壬은 정강이脛, 癸는 발足이라 하였다.

또 이르기를 子는 방광膀胱 수도水道, 귀耳. 丑은 세포胞, 배肚 및 비위脾. 寅은 담膽, 발맥發脈, 양수兩手. 卯는 십지十指 내간방內肝方. 辰은 피부皮肩 흉류胸類, 巳는 면面, 인咽, 치齒 하빈강下賓肛. 午는 정신精神, 안목眼目, 未는 위胃, 완격腕隔 척량脊梁. 申은 대장大腸, 경락經絡, 폐肺. 酉는 정혈精血, 소장小腸, 戌은 명문命門, 넓적다리, 복사뼈, 족足, 亥水는 두頭가 되고, 신腎, 불알이라 하였다.

또 이르기를 午는 머리頭, 巳,未는 양 견균肩均, 좌우 이박二膊. 辰申 卯酉는 쌍근雙肋. 寅戌은 넓적다리, 丑亥는 다리에 속하고 陰이 된다 하였다.

21

또 이르기를 건乾은 머리, 곤坤은 배, 감坎은 귀, 진震은 발과 손가락, 태兌는 입, 이離는 눈으로 팔괘八卦를 이렇게 나눈다 하였다.

　　　　　** 삼초三膲 : 육부(六腑)의 하나 상초(上焦)는 심장 위, 중초(中焦)는 위경(胃經) 속, 하초(下焦)는 방광 위에 있어, 각각 음식의 흡수·소화·배설을 맡는다고 함)
　　　　　** 포락包絡 : 심장을 싸고 있는 엷은 막.
　　　　　** 정혈精血 : 생생하고 맑은 피.

● 무릇 질병은 모두 五行의 불화에서 원인이 된다. 사람 신체의 오장五臟이 불화不和해지는 것에서 병이 생기는 것이다.

오행은 오장五臟으로 통하고, 육부六腑는 구규九竅*에 통한다. 十干은 육부六腑에 속하는 병이고, 12支는 오장五臟에 속하는 병이다.

丙.丁.巳.午의 火局은 南의 이離로 主의 병病은 上에 있다.

壬.癸.亥.子의 水局은 北의 감坎으로 主의 病은 下에 있다.

甲.乙.寅.卯는 진震으로 主의 병病은 좌左에 있다.

庚.辛.申.酉는 태兌에 속하니 主의 病은 우右에 있다.

戊.己.辰.戌.丑.未는 곤坤, 간艮에 속하니 主의 病은 비위脾胃 및 중간 밥통에 생긴다.

　　　　　** 구규九竅 : 눈·코·입·귀의 일곱 구멍과 똥·오줌 구멍을 합(合)하여 모두 아홉 구멍을 일컬음.

● 모든 풍風(중풍,감기)으로 눈이 침침하고, 어지러움, 눈이 어둡게 되는 것, 혈血이 화창하게 조화롭지 못한 것, 조년早年의 죽음, 근육이 약해지는 것 등은 간肝에 속하여 甲.乙.寅.卯 木이 이지러져서 主에 병病이 생긴 것이다.

모든 화농으로 생기는 부스럼, 혀로 인한 벙어리는 심장에 속하는 종류로 丙.丁.巳.午의 火가 이지러져 主에 병이 생긴 것이다.

몸이 붓는 증상, 각기脚氣*, 황종黃腫, 구취口臭, 번위翻胃*, 비脾가 차가워져 격열膈熱*의 者는 비脾의 종류로 戊,己,辰,戌,丑,未,土가 이지러져서 생긴 病이다.

코의 혈관이 확장되어 붉어지고 두툴두툴하게 되면서 혹처럼 커지는 병으로 코가 막힘, 목구멍 아래에 가래가 붙어서 답답해하는 증상으로 말을 더듬는 증상, 기침을 하는 者는 폐肺의 종류로 庚,辛,申,酉가 이지러져서 主에 생긴 病이 된다.
백탁白濁*, 백체白帶*, 곽란霍亂*, 사리瀉痢*, 산기소장疝氣小腸*은 신腎에 속하는 종류로 壬.癸.亥.子가 이지러져서 主에 생긴 病이다.

　　　　　　　　　　　** 격열膈熱 : 음식이 목구멍으로 잘 넘어가지 못하거나
　　　　　　　　　　　넘어가도 위에까지 내려가지 못하고 이내 토하는 병증.
　　　　　　　　　　　** 번위翻胃 : 음식을 먹으면 구역질이 심하게 나며 먹은 것을 토해 내는 위병.
　　　　　　　　　　　** 각기脚氣 : 비타민 B의 부족으로 다리가 붓는 병.
　　　　　　　　　　　** 백탁白濁 : 누는 오줌의 빛이 뿌옇고 걸쭉한 병(病).
** 백대白帶 : 자궁(子宮)이나 질벽의 점막에 염증(炎症)이나 울혈이 생기는 때 나오는 끈끈한 흰 냉.
　　　　　　　　　　　** 곽란霍亂 : 갑자기 토하고 설사가 나며 고통이 심한 급성 위장병.
　　　　　　　　　　　** 산기소장疝氣小腸 : 생식기와 고환이 붓고 아픈 병증.
아랫배가 땅기며 통증이 있고 소변과 대변이 막히기도 한다.

◉ 甲乙이 庚.辛.申.酉을 많이 보면 主의 內로 간담肝膽으로 인해서 놀라서 두근거림, 피곤, 수족이 마비됨, 근골이 쑤시고 아프다. 主는 外로 머리와 눈이 어지러운 현기증, 입이 돌아가는 구안와사口眼歪斜, 중풍 계통, 엎어지거나 넘어져 부딪쳐서 생기는 손상이 생긴다.
丙.丁.火가 많고 水의 상제相濟가 없으면 가래가 끓어서 숨이 차고 각혈하고, 중풍으로 말을 못하고, 피부가 건조하고, 내열로 입이 마르고, 여인의 기혈이 고르지 못하여 잉태한 자는 낙태하고, 소아는 급만 경풍驚風, 밤에 기침을 하고, 얼굴색이 청암青黯하게 된다.

◉ 丙丁이 壬.癸.亥.子를 많이 만나면 主는 內에서 심장의 氣로 인해서 몸이 쑤시고 아픔, 경풍으로 혀가 뻣뻣하게 굳어 말하기가 어렵게 되는 병, 구통, 인후통, 벙어리, 급만 경풍, 말을 더듬는다. 主는 外로 열이 올라 발광, 실명, 소장 아랫배가 아픔, 부스럼으로 혈에 의한 화농. 소변이 탁하다. 부녀자는 혈기 경맥이 고르지 못하고, 소아는 천연두, 옴, 얼굴색이 홍적紅赤이 된다.

◉ 戊己가 甲.乙.寅.卯을 많이 만나면 主는 內에서 비위脾胃가 불화되고, 구역질로 음식을 먹지 못하고, 북부 팽만, 설사와 황종, 음식을 가린다. 구토 오심, 主는 外로 오른손이 침중沈重하고, 습독濕毒으로 물이 나오고 흉복이 막혀 답답하게 된다. 부녀자는 음식이 달지 않고, 신 맛을 감추고, 허약虛弱하고, 고단하여 기운氣運이 없음, 하품을 많이 한다. 오감五疳*, 오연五軟* 내열로 잠이 많고 얼굴색은 누리끼리하게 된다.

** 오감五疳 : 소아는 젖이나 음식 조절을 잘못하여 어린아이에게 생기는 병. 얼굴이 누렇게 뜨고 몸이 여위며 배가 불러 끓고, 영양 장애, 소화 불량 따위의 증상이 나타난다.
** 오연五軟 : 어린아이의 머리·목·손·발·입의 근육 조직이 연약하고 무력한 병을 통틀어 이르는 말. 세 살 이전에 잘 생기는데 선천적인 기혈 부족에 후천적인 영양.

◉ 庚.辛에 丙,丁,巳,午가 많은 者의 主는 內로 치루痔漏로 피가 나옴, 항문으로 하혈下血, 가래가 나오는 감기, 가슴이 불룩하여 몹시 답답하고 숨이 차서 헐떡거리며 목구멍에서 가래소리가 나는 증상으로 피를 토함, 몹시 두려워서 정신精神을 잃음, 기력이 쇠약衰弱하고 마음이 흥분興奮되어 가슴이 뛰는 병증이 있다.
主는 外로 피부가 건조하고, 코가 차차 커지고 두툴두툴하여 붉어지는 병病, 심하면 곪게 됨. 등에 악성종기, 피고름으로 무력하게 된다. 부녀자는 담수痰嗽*, 하혈한다. 소아는 농혈膿血, 이질, 얼굴색은 황백黃白색이 된다.

** 담수痰嗽 : 위 속에 습담濕痰이 있어서, 그것이 폐로 올라올 때에는 기침이 나고, 담이 나온 때에는 기침이 그치는 병病

◉ 壬癸가 戊.己.辰.戌.丑.未를 많이 만나면 主는 內로 유정遺精, 잠자는 사이에 저절로 나는 식은 땀, 과로過勞한 때나 악몽惡夢을 꾼 때에 일어나는 병, 꿈속에서 성교, 혈이 탁하고, 텅 비고 상함, 오한惡寒이 심하여 몸이 몹시 떨어 이빨을 감, 귀가 먹어 들리지 않고 눈을 먼다. 추위로 감기가 있게 되는 병들이 발생한다.

主의 外로는 충치로 아픔, 신기腎氣가 손상, 요통과 무릎에 통증, 임질, 토사吐瀉, 추위를 두려워하는 것이 있게 된다. 여인은 냉이 나오는 병, 백대 귀태와 자궁 속의 태아胎兒를 싸고 있는 맥락막脈絡膜이 이상 발육하여 생기는 병, 월경불순이 있다. 소아는 귀에 부스럼, 소장에 통증, 야간에 잠꼬대를 하고 얼굴색은 여흑(黧黑:검누른 흑)이 된다.

◉ 부이 이르기를
- 근골이 신경 자극에 의하여 몸이 쑤시고 아프게 느껴지는 것은 모두 木이 金에 손상되어서 발생하는 것이다.
- 눈이 어둡게 되는 것은 火가 水에 剋 되어서 그렇다.
- 土가 旺한 木을 만나서 허하게 되면 비脾가 傷한다.
- 金이 화염火炎의 地를 만나서 약약하게 되면 혈질血疾이 생기는 것을 의심하지 말아야 한다.
- 木이 金剋을 만나면 허리에 재화가 있다.
- 火가 水에 傷하면 필히 主는 눈에 질병이 있다.
- 숨이 차서 가슴이 몹시 벌떡거리는 것은 金이 火와 상형相刑된 것이다.
- 비위脾胃의 손상은 모두 土와 水가 전극戰剋함으로 생기는 병이고, 支에서 水가 간두干頭에 火를 만나면 심장이 약해지는 병이 생긴다.
- 支의 火가 간두干頭에서 水를 만나면 內의 장애로 눈을 먼다.

- 화염火炎에 의해 土가 그을려지면 대머리가 되고, 눈이 어두워지게 된다.
- 밑으로 흘러 순수하게 젖는데, 土의 制가 없으면 신장이 허하고 귀가 막힌다.

또 이르기를
- 心에 받은 병은 입으로 말을 할 수 없게 된다.
- 간肝에 받은 병은 눈으로 볼 수 없게 된다.
- 비脾에 받은 병은 입으로 음식은 먹지 못한다.
- 폐肺에 받은 병은 코로 냄새를 맡지 못한다.
- 신腎에 받은 병은 귀로 듣지 못한다.

각各 따르는 곳에 主는 허실虛實이 병의 상태가 되는 것이다.

◉ 금귀金鬼는 침이 마땅하지 않다.
- 화귀火鬼는 뜸을 절대 꺼린다.
- 土은 환약을 사용하지 않는다.
- 木은 흩는 것을 꺼린다.
- 金이 복福이 되면 서쪽에서 의원을 구한다.
- 木이 生하여 오면 동쪽의 약을 사용한다.
- 水가 絶되면 모름지기 침이 마땅하고, 약은 금석金石을 사용하여 다리거나 하면 회생에 도움이 된다.
- 土가 약弱하면 따뜻한 뜸이 좋다.

이러하니 의원이 가족에게 법도에 따라서 다스리는 방법을 말해주면 많은 도움이 될 것이다.
- 화귀火鬼는 생약을 달여서 만든 제제로 다스림이 가능하고, 수水鬼는 환약을 갈아서 사용하는 것이 좋다.

아! 사람에게서 병病을 찾는 방법은 두 가지가 아니 되겠는가! 물어 봐서 듣고 병을 추정하는 의원의 묘妙와 생극제화를 사용하는 술사 현묘한 道, 두 가지가 아니 겠는가! 이에 근원을 헤아려 참고를 해야 하는데, 그 표본인 이 법을 떠나지는 못할 것이다.

◉ 논해 보면 평안함은 화합에 있고, 질병은 형상刑傷에서 있는 것으로 오행이 쇠왕衰旺한 이치를 연구 판단하면 백 가지 병의 표리表裏를 알 수 있게 된다.

內는 오장五臟, 外는 사지四肢가 된다.
- 木氣가 휴수休囚가 되면 양 관자놀이와 귀 사이에 난 머리털이 성기고 머리카락이 드문드문하게 된다.
- 火가 사절死絕에 임하면 두 눈동자가 어둡고 빛이 없고, 火中에 土가 숨어 있어서 水의 制가 적으면 마음과 정신精神이 흐릿하여 분명하지 않게 된다.
- 木의 下에 金이 숨어있는데 水가 없어서 시들게 되면 넓적다리와 발이 손상된다.
- 甲乙이 서쪽(金)에 生하여 壬癸을 만나면 술에 취하여 사망하게 된다.
- 丙丁이 북쪽(水)에서 육성되고, 庚辛을 만나면 도랑 강어귀에서 사망한다.
- 水가 성盛하여 木이 뜨면 설사를 많이 한다.
- 土가 重하여 金이 묻히면 항상 병이 많이 생기는 편이다.
- 무릇 풍風에 의해서 탁현掉眩함은 乙木이 旺하고 辛金 쇠衰함이다.
- 아프고 가려운 종기는 丁火가 왕성하고 癸水가 약弱해서 생기는 병이다.

◉ 뱃속이 걸려 답답하고 종기가 가득 찬 것은 단지 己土가 태과太過함이다.
- 본성이 우울하고 마비되는 병은 모두 辛金이 불급不及함이다.
- 귀와 눈이 맑고 밝은 것은 癸水가 旺함이고, 사악하게 추워서 수축되어 지면 신경腎經이 허虛해진다.
- 甲乙은 戊己를 상하게 하는데 구원이 없으면 놀라서 이지러진다.
- 丙丁이 庚辛을 헨하는 것이 좋은데 制가 적으면 벙어리가 된다.
- 火中에 土가 있으면 목의 갑상선종이 헐어서 터진 부스럼이 생기고, 水中에 土가 있으면 위궤양이 있다.
- 用神이 制를 받으면 刑을 당하여 몽둥이에 맞아서 죽는다.
- 上下에 鬼(煞)를 만났는데 구원하지 못하면 기둥에 매달리는 죽음이 만들어진다.

◉ 사주에 衝이 重하면 凶이 많고 타향에서 사망한다.
- 오행이 쇠패衰敗하여 부족하면 전염병으로 사망한다.
- 水가 패敗가 되면 낙타허리가 되어 수레를 몰수가 없다.
- 金이 刑되면 거북 등이 되고, 머리가 작다.
- 庚辛은 서방西方의 빼어난 氣가 되어 木을 보면 병졸兵卒의 칼날에 사망한다.
- 甲乙이 곤坤 남南에서 패절敗絶이 되고 水가 없으면 뼈가 튀기고 근육이 흩어진다.
- 辛巳, 丙申은 刑을 만난 것으로 팔이 약하고, 여섯 개의 손가락 혹 여섯 개의 발가락을 가지고 태어난다.
- 己卯, 戊寅은 적을 만난 것으로 위가 약하고 항상 악성 종기가 있다.
- 乙未, 甲午는 金(納音)을 만난 것으로 자라 머리인 사람이 많다.

◉ 癸卯, 己丑은 相刑으로 허리와 무릎에 질병이 나타난다.
- 甲申, 乙酉는 유년에 간장에 딸린 경락에 질병이 많다.
- 辛卯, 庚寅은 만년(晩年)에 근골이 상하여 고생한다.
- 丙火에 불꽃이 올라가면 늘 몸과 마음이 불안하다.
- 丁火가 하습下濕하면 여인은 피로하고 하혈을 한다.
- 金土에 寅卯가 임하면 폐肺의 질병으로 추위 오싹하고, 기침을 한다.
- 戊己에 火가 패敗되는 값을 가지면 비脾의 병환으로 편안한 잠을 자지 못한다.
- 庚辛이 火를 보아서 相刑되면 여인은 냉이 나오는 질병으로 근심이 있다.
- 丙丁이 이離(=火,南) 방方으로 향하면 부인은 해산解産한 뒤나, 또는 갑자기 피가 자꾸 나와서 멎지 않는 질병이 있다.

◉ 양인羊刃은 팔뚝에 돌침과 넓적다리의 뜸이 되고, 현침縣針은 얼굴을 찔러 문신을 새기는 것이다.
- 日時가 쇠패衰敗하면 큰 질병을 고치기 어렵고, 干支가 형해刑害되면 작은 질병도 치료하지 못한다.
- 氣가 상득相得하면 평화安和하고, 氣가 상역相逆하면 질병의 재앙이 있다.
- 병病의 증세는 육맥六脈을 떠날 수 없다.
- 死生은 오행을 넘어서기 어려우니 흥쇠興衰를 상세히 연구하면 만 가지 중에서 한 가지도 잃지 않을 것이다.

◉ 고가에 말하기를
- 戊己에 때어난 氣가 완전하지 못하고, 月, 時 두 곳에 傷官을 보면 반드시 두면(頭面)이 손상되고 피고름의 종기로 젊어서 고생한다 하였다.

- 日主에 戊己 生이 더해지고 支의 辰에 火局의 氣가 찌는 듯이 무덥게 하고 衝.刑.尅.破하면 마땅히 잔질이 있으며 머리카락이 민둥민둥하고 눈이 먼다.
- 丙丁日에 干의 오행이 쇠쇠衰하고 七煞이 三合으로 들어와서 더해지고 合日하여 융성하져 탐하면 의식衣食이 이지러지고 귀가 먹어 들리지 않는 잔질과 얼굴이 퍼석하다.
- 壬癸가 중중 첩첩으로 늘어서 있으면 時辰에 설령 天財를 봐도 두면頭面에 문둥병은 없다고 하더라도 눈에 재앙이 있다.
- 丙丁 火가 旺하면 질병을 방어하기 어렵고, 사주의 辰巳 방향이 휴수休囚가 되고, 木火가 相生하여 이 地에 들어오면 중풍으로 밤중에 말을 하지 못하여 사망한다.
- 사람이 생길 때 부父에게 氣를 받고 모母에서 형형을 이루게 되는데, 오장五臟이 화평한 者는 질병이 없고 전극戰尅하고 태과太過하고 불급不及한 자는 질병이 있다.

● 내경에 이르기를 동방東方은 실실實하고 서방西方은 허허虛한데 남방南方이 쏟아지면 北에서 도와야 하다 하였다.

東方이 실實한 것은 木이 태과太過한 것이고, 西方이 허虛한 것은 金이 불급不及한 것이고, 南方이 쏟아지는 것은 火가 태과太過한 것이고, 북방北方이 돕는 것은 水가 불급不及한 것이다.

이러한 까닭에서 五行의 太過와 不及은 모두 主에 질병이 있다.

만약 水가 올라가고 火가 하강함에서 火가 하강하면 金이 청청淸하고 金이 淸하면 木이 평평하다. 木이 平하면 土가 尅을 당하지 않는다.

오장五臟이 各 중화中和의 氣를 얻으면 질병이 어떻게 스스로 나타나게 되겠는가!

사람의 사주에 內外, 上下에 오행이 화목하면 질병이 없고, 전극戰尅하고, 태과太過하거나 불급不及하게 되면 질병이 있다.

◉ 음양 서書에 金도 강강剛하고, 火도 강강强한 방향은 자형自刑이 되고, 木은 떨어지면 본본으로 되돌아가고, 水는 동東을 따라 흐른다 하였다. 소이 삼형三刑을 논한 것으로 형형刑은 이렇게 인정이 없이 아주 모질고 물건을 잔인하게 해치는 것이다. 이 설명은 태과太過하여 身에 질병이 발생하는 것을 설명한 것이다. 그러하니 만약에 오직 불급不及만 병으로 취한다면 반드시 한 쪽을 잃게 된다.

◉ 무릇 오행의 사잘死絶에서 질병이 생기는 것은
水가 死絶일 때는 신기腎氣가 용족腰足하고, 허리가 뛰어나고, 물똥을 싸고 변과 오줌에 이롭지 않은 병이다.
火가 死絶일 때 장기腸氣가 엉기어 막히고, 잘 놀라고 건망증, 정신불안증이 있다.
木이 死絶일 때 허풍虛風, 눈이 꺼칠하다. 현기증이 있고, 근육이 켕기고 손톱과 발톱이 약하다. 기뻐하고 성내고 위와 아래를 바꾸어서 거꾸로 함, 음식을 가려서 질병을 유발한다.
金이 死絶일 때 氣가 허虛하고 천식이 심하고, 기침, 피모皮毛가 초조焦燥 건색乾嗇하고, 뼈마디가 쑤시고 아프고, 눈물이 나고 대장大腸의 문제로 설사를 하고, 변에 피가 섞인 질병이 있다.
土가 死絶일 때 얼굴이 황색, 식사량이 줄고, 구토로 입이 막히고, 사지가 나태하고, 잠을 좋아하고, 생각이 지나치고, 귀에 소리가 있고, 정신이 탁하여 건망증이 있고, 움직이는 것을 싫어하는 결점이 있다.

◉ 相剋이 있어 질병을 이루는 者는
金火가 相剋하는데 主(金火)가 生旺하면 부스럼, 종기로 사지마비가 있게 된다.
主가 死絶이 되면 결핵으로 피를 토한다.

土木이 相剋하는데 主(土木)가 生旺하면 피곤하여 혼미하고, 풍風으로 마비, 소장에 질병, 부스럼이 발생한다.

主가 死絕이 되면 음식을 토하고, 어혈이 생기고, 악성종기, 쌓여서 막히는 질병이 있고, 혹은 중풍中風이 있이 발생하게 된다.

金木이 相剋하는데 主가 生旺하면 지족肢足 골절骨節되어 불완전하고 눈에 질병이 발생한다.

主가 死絕이 되면 氣가 허虛하고, 쌓여서 막히고, 피로하고 중풍을 앓는다.

水土가 相剋을 하면 비脾가 습濕하여 설사를 하고, 중간이 차고, 가래와 기침에 불리한 병이 발생한다.

◉ 相生하는데 질병이 일어나는 것은

火木 相生은 主가 生旺하면 上은 성盛하고, 구석隔진 곳은 막히고, 눈이 붉고 머리에 風이 있게 된다.

死絕은 추위에 약하고 미치광이 병이 발생하게 된다.

火土 相生은 主가 生旺하면 위가 실하다.

死絕은 입술이 건조하고 붉고 氣에 열이 많아서 엉기니 대변에 불리하다.

金水 相生은 主가 生旺하면 기운氣運이 고르게 돌지 못하고, 한 곳에 머물러서 생기는 병이 있고, 死絕은 청활晴滑하다.

水木 相生은 主가 生旺하면 위가 허하여 구토하고, 死絕은 깨끗한 곳이 썩고 추위에 상하여 열병이 생긴다.

金土 相生은 主가 生旺하면 피부와 근육이 약하고 死絕은 배에서 소리가 난다.

● 무릇 水.土.木이 氣가 없는 곳을 만나면 主는 기생충으로 장이 늘어나서 토하는 질병이 있다. 무릇 金.水.火가 氣가 없는 곳을 만나면 主는 이질이 있는데 金의 主는 대장大腸으로 水.火가 지키는데 음양이 불화하게 되기 때문이다.

무릇 水가 많은 土를 만나면 主는 번위翻胃의 질병이 있게 되고, 土가 많고 水가 없으면 氣가 소통되지 못하여 主는 귀가 먹는 질병이 있고, 대개 신수腎水가 흐르지 못하면 번위翻胃가 발생하게 되고, 氣가 능하지 못하면 귀머거리가 된다.

** 翻胃: 음식을 먹으면 구역질이 심하게 나며 먹은 것을 토해 내는 위병.

● 무릇 질병을 논 할 때는 먼저 日干을 논하고, 다음 월령月令을 살핀다. 그런 후에 年時와 통하는 것을 관찰한다.

- 主에 傷官과 煞이 重하면 질병이 있다.
- 건괘乾卦는 戌,亥에 존재하는데, 亥는 천문天門이 되고, 六辛 年에 생한 사람이 이와 같은 亥日 혹 이와 같은 亥時를 얻으면 主는 눈이 멀고 귀를 먹게 된다. 亥는 신腎에 속하고 귀耳와 통하기 때문이다.
- 丙火가 水를 만나면 剋되는데, 子는 감坎 궁이 되어 丙을 剋하여 눈이 멀게 된다.
- 傷官, 煞이 重하고 相刑하면 主는 하부下部에 질병이 있다.
- 인궁寅宮, 간토艮土는 主의 비위脾胃와 얼굴색이 누른 질병이 있다.
- 戊己年 生 사람에 甲乙이 旺하게 나타나면 煞이 되는데, 二月의 乙木이 子卯 相刑을 하게 되면 刑은 子 중에서 일어나고 卯木은 煞이 되니 主의 하부下部에 질병이 있다.
- 辰은 진震에 속한다. 辰月이 傷官이 되면 소년에 主는 경기驚氣의 질병이 있다.
- 무릇 진震은 동動이 되는 것으로, 가벼우면 主는 경기驚氣, 비위脾胃의 질병이 있고, 重하면 主는 큰 병이 발생 하게 된다. 진震은 어른 남자가 2月의 水가 木을 生하는 者도 이와 같다.

◉ 巳는 손巽에 속한다. 傷官과 煞이 되어 重하게 되면, 主가 부녀婦女이면 혈기血氣가 고르지 못하여 근심이 많게 된다.

- 午는 이離에 속하고 눈이 된다. 午가 傷官 煞이 되어 重하게 되면 主는 실명하고 머리에 풍風의 질병이 있게 된다.
- 申은 곤坤이 속하여 陰이 重한 무리가 되는데, 傷官, 煞이 되어 重하게 되면 主는 허리와 다리, 근골에 질병이 있게 된다. 상관상진傷官傷盡은 이와 같이 논하지 않는다.
- 酉는 태兌에 속한다. 입과 치아가 완전하지 않은 질병이 있다.
- 戌은 火의 고庫로 主는 치질과 하혈下血하는 질병이 있다.
- 丑未가 傷官이 되고, 主의 비위脾胃가 된다. 傷官, 煞이 되어 旺한 者는 매년에 장티푸스를 앓는다.
- 主의 상하가 전극戰剋하는데, 오행의 구조가 없으면 主는 신체가 완전하지 못하고 얼굴과 머리에 질병이 있다.

◉ 부에 이르기를
- 申에 氣가 없는데 寅과 싸움을 하면 머리와 눈이 한쪽으로 기울어진다.
- 乙, 丙이 辛에 만나서 손상을 받으면 刑이 있게 되고 매일 아침 화禍가 나타난다.
- 불꽃이 水가 성盛하여 멸滅하면 눈이 많이 어둡다.
- 土가 허虛한데 旺한 水에 붕괴되면 배에 종기가 생긴다.
- 丙火 中에 土가 숨어 있는 사람은 급성 결막염을 자주 앓는다.
- 巳가 진방震方에 이르면 언청이가 된다. < 震方:木 >
- 土가 木의 制를 받으면 비위脾胃에 질병이 많고, 木이 金에 깨어져 상하면 근골이 쑤시고 아프다.
- 水土가 相刑하는데, 구조救助하지 못하면 걸음을 제대로 걷지 못하고, 金火가

相刑하면 귀살鬼煞이 되어 호흡이 가파른 질병이 있다.
- 壬.癸.戊.己가 서로 도우면 음악을 듣기 어렵고, 丙.丁.壬.癸가 서로 추종하면 청황靑黃색을 구별하지 못한다.
- 時가 日을 剋하면 사지가 완전하지 못하다.
- 水가 만약 刑을 만나면 머리와 얼굴이 손상되기 쉽다.
- 상하에 귀鬼의 剋이 있고, 모두 사死, 묘墓에 임하고, 土가 甲乙에 임하면 구토嘔吐 중에서 사망한다.
- 火局에 庚辛이 絶되면 심기心氣(마음으로 느끼는 기분)의 病이 있다.
- 水木은 신장이 허하고, 金水는 뼈가 아프다.
- 木에 남풍南風의 기氣는 재앙이 되는데, 다시 공망, 오묘五墓, 원진元辰, 七殺을 보고, 死絶을 만나면 목숨을 보존하기 힘들다.

◉ 무릇 일절 모든 煞은 主에 질병이 있는데,
- 겁살劫煞은 소장小腸, 또 귀가 먹어 들리지 않고, 인후에 질병이 있다.
- 관부官符(망신살)는 허리와 다리에 질병이 있다.
- 함지咸池는 주색酒色에 의해서 지치고 농혈膿血, 변과 요에 질병이 발생한다.
- 대모大耗(원진살)는 암매暗昧하고 혹이 생기는 질병이 있고, 비렴蜚廉*은 천고天瞽의 이름으로 支干에 氣가 없으면 主는 눈이 없다.
- 무릇 祿命은 食으로 인한 질병이 있는데 모름지기 煞을 차서 身을 剋하는 곳에서 원인이 된다.

** 비렴蜚廉 : 음양가陰陽家에서, 그 쪽을 향하여 토공土工. 건축建築. 전거轉居. 가취嫁娶 등을 할 때에는 질병疾病이나 우환憂患이 따른다고 하는 방향方向.
** 천고天瞽 : 눈동자가 없는 장님.

◉ 命에 확실한 충衝이 있으면 氣가 흩어지고, 또 확실한 刑은 氣를 흩어지게 하는데 이는 불치병이 있는 사람이다.

- 甲辰, 甲戌. 乙丑, 乙未는 土木이 교가交加하는 것으로 主는 탄탄癱瘓*의 질병이 있다.
- 丙申, 丁酉는 金火가 교가交加 하는 것으로, 혈血과 근육 힘줄에 손상이 있다.
- 戊子, 己亥는 水土가 교가交加 하는 것으로, 主는 비위脾胃에 질병이 있다.
- 庚寅, 辛卯는 金木이 교가交加 하는 것으로, 主는 근골筋骨이 아프고 기침을 하는 질병이 있다.

** 교가交加 : ①서로 뒤섞임 ②서로 왕래함.
** 탄탄癱瘓 : 반신 불수, 졸중(卒中)이나 중풍으로 몸의 일부에 마비가 생기는 병증.

◉ 촉신경에 이르기를

- 日이 時에 剋을 입는데 상대相對하여 극복 할 것이 없으면 말년에 질병으로 어렵게 된다 하였다.
- 金木의 전戰은 골骨의 질병이 있다.
- 水가 火氣을 업신여기면 눈에 안개가 낀다.
- 金이 水에 死하면 문둥병이 있다.
- 土가 많고 水가 적으면 단전이 무너진다.
- 土가 木을 만나 剋을 당하면 비위脾胃가 약하다.
- 火가 金에 승리하면 눈 안에 혈이 있다.
- 水가 깊고 金이 무거우면 수액水厄을 당한다.
- 水를 많이 만나면 심연深淵에 떨어진다.
- 水가 적고 火가 많으면 갈증이 있다.
- 火가 많고 土가 적으면 미친 말을 많이 한다.
- 水가 깊고 火가 밝은데 水가 가득 차고 火가 밝으면 목숨을 연명하기 어렵다.

- 金이 絶되는 것은 절대 꺼리는데 사지四肢가 손상되기 때문이다.
- 土가 많고 火를 차면 마음을 졸이는 근심이 있다.
- 만약 木이 왕성한 時가 되면 건색蹇塞되는데, 다시 근원을 잘 관찰하여야 결정하여야 한다.

◉ 광신집에 이르기를
- 무릇 命의 祿을 一辰이 衝을 하게 되면, 가령 좌坐에 명궁命宮 혹 질액궁疾厄宮이 되면 主人은 수족手足에 결함이 있고, 신체身體가 완전하지 못하고 육액六厄이 또한 계속 이어진다.
- 전五戰이란 이름인, 辛卯 日時는 이름이 백호白虎로 눈이 멀게 되고, 火年은 필히 눈이 손상된다. 남은 辛과 卯 자字도 또한 꺼린다.
- 호중자가 이르기를 金이 쇠衰하고, 火가 성盛하면 피를 토하고, 그 뿐만 아니고 탈창되고, 水가 마르고 土가 차면 병벽病癖*이 있고 갑자기 귀를 먹는다 하였다.

   ** 병벽病癖 : 심신心身에 굳어진 좋지 않은 버릇.

◉ 심지에 이르기를 파쇄破碎와 羊刃은 질병을 초대하고 질궁疾宮의 육해六害도 吉하지 않고, 日時에 귀鬼가 겹쳐 旺하게 되면 능멸하고, 공망으로 무기無氣하게 되면 병들어 사망하게 된다 하였다.

또 말하기를 월음月陰 음일淫泆이 상봉相逢하는 것은 꺼리는데, 陰命은 대하帶下의 근심이 있고, 月水가 고르지 못하고, 남아男兒의 치질과 장풍腸風*은 월음月陰과 월살月煞이 있는 것이다 하였다. 즉 寅午戌에 卯가 있는 것을 말하는 것이다.

   ** 장풍腸風: 결핵성의 치질이 원인이 되어 똥을 눌 때에 피가 나오는 병.

『 註釋 寅午戌에 卯는 年煞 또는 桃花. 月煞은 辰으로 고초살枯焦煞이라고 한다.』

● 무릇 질병을 추리하고자 하면 먼저 祿, 命, 身 세 부류를 관찰하고, 大.小運에서 어떠한가를 관찰하여야 한다.

만약 三命이 무기無氣하고, 녹마祿馬가 패절絕敗 되어도, 다만 녹재祿財, 명재命財가 旺相하다면 죽지는 않는다.

만약 父의 질병을 아들의 命으로 추리하고자 한다면 子命에 고진孤辰, 과숙寡宿, 상문喪門, 적객吊客, 백의白衣의 煞들이 命이 있으면 그 父는 반드시 고칠 수 없는 질병이 있다. 부처夫妻도 이에 준하여 추리하면 된다.

04
論논 貧賤빈천 凶惡흉악

● 빈천貧賤한 命은 귀기貴氣가 많지 않고, 오행이 死絶되고, 支干이 한만閑慢하고, 서로 간섭干涉하지 않는다.

- 혹 祿이 공망이 되고 대모(大耗=元辰)가 身을 剋하고 天中(공망)이 日에 임하고, 오행이 死絶되고, 오행이 공망에 떨어져 있는 것이다.
- 혹 하나의 위치 上에 祿馬가 모두 모여 크게 生旺하게 되고, 또 도리어 공망이 된 경우가 된다.
- 혹 다른 위치에서 형해刑害하여 와 氣가 흩어지고, 福이 모인 곳이 독립되지 않고, 福의 무리들이 있는 위치가 깨어져 흩어진다.
- 혹 역마驛馬가 身(年柱 납음)을 剋하고, 혹 劫을 많이 만나서 剋制를 많이 당하는 경우가 빈천한 命이 된다.
- 혹 辰.戌.丑.未가 相剋하고, 오행이 무기無氣하여 격양激揚이 없고, 위치 위치에 合이 많고, 불합不合하고 불충不衝하고, 上下의 氣가 상이相異한 경우가 빈천한 命이 된다.
- 혹 干支가 뒤섞여서 어수선하고, 음양이 편고偏枯하고, 팔자가 격을 부지扶持하지 못하는 경우가 빈천한 命이 된다.
- 九命*은 박잡駁雜한 刑이 있고, 혹 먼저 生旺을 만나고 나중에는 死絶을 잇게 되고, 혹 化氣가 실시失時되어 本命이 無氣하게 되면 빈천하게 된다.
- 혹 가령 납음이 앙극殃剋되고, 主本이 도난倒亂하고, 부자가 어그러진 命등, 이

상으로 이러한 命은 主가 빈천貧賤하게 되는 명조命造가 된다.
• 또 설명하면 빈천貧賤한 命은 건록建祿과 食神은 항상 구원하는 神이 되는데, 命中에 建祿과 食神이 있어 이 2개가 구원을 하게 되면 비록 가난하지만 곤궁하여 굶주리지는 않고, 천賤하지만 노비奴婢가 되지는 않고, 한번 좋은 運을 만나게 되면 福이 나타나게 되어 소소小小*한 뜻이 있게 되어 福이 있고, 運이 지나가게 되면 다시 빈천貧賤하게 되어버린다.

• 귀곡鬼谷의 유문遺文에 刑이 있고, 패패가 모인 甲申水가 丁巳土, 己卯土, 己巳木을 얻은 종류, 사주가 불수不收한 甲子金이 丙寅火, 丁巳土, 辛亥金, 壬申金를 얻은 종류, 오행이 미비 된 甲子金이 庚子土, 己卯土, 癸卯金를 얻은 종류, 전후가 일방一方인 木命의 사람이 巳丑을 얻은 종류, 柱가 격각隔角을 얻은 辛丑土가 辛卯木를 얻고, 甲子金이 甲戌火을 얻은 이러한 종류들은 무두 主가 빈천하다 하였다.

** 소소小小 : 자질구레 함.
** 구명九命 : 중국 주나라 때의 관원 임명의 차례. 일명一命하여 정리가 되는 데서 비롯하여 구명하여 방백方伯이 됨에서 끝남.
** 박잡駁雜 : 이것저것 뒤섞여서 순수하지 못한

⦿ 흉악凶惡한 命은, 命(年支)과 오행이 무기無氣하고 相剋한다.
• 혹 支干이 형충刑衝으로 어그러지고 상호 煞을 차서 싸움 짓을 하고 충형衝刑으로 氣가 흩어진다.
• 혹 관부(官符=亡神), 대모(大耗=元辰)가 本命(年支)을 刑剋하고 오행이 死絶되어 있는데, 구원이 없으면 흉악한 命이 되는 것이다.
• 혹 관부(官符=亡神)가 극신(剋身:年柱), 납음오행하고 양목兩木이 서로 刑衝하고,
• 혹 辰戌 괴강魁罡이 상충相衝하고 貴人, 역마驛馬가 상조相助하지 않고,
• 혹 오행이 사절死絶되어 있고, 相剋하는 곳에 천화天火, 수액水溺을 보고 백호

白虎, 자액自縊등의 악살惡煞이 있고,

- 혹 오행이 모두 旺하고 위치들이 相剋하여 氣가 흩어지고, 혹 교류하는 곳에 공망, 고과孤寡가 있고,
- 혹 세파歲破, 백호白虎, 양인羊刃, 등의 煞이 있고,
- 혹 중천天中, 대모大耗, 겁살劫煞, 망신亡神이 같이 거주하고 相剋이 중첩重疊되어 있고,
- 혹 柱에 격각隔角, 대살帶煞이 많고,
- 혹 日,時에 겁망劫亡과 병살竝煞이 年을 剋하고,
- 혹 현침懸針, 도과倒戈, 금신金神, 七煞, 羊刃 등의 煞이 중중重重하여 本命을 剋하고,
- 혹 패극敗極이 모여 刑하는데 사주를 구救하지 못하고,
- 혹 사주가 상형相刑하는데 다시 임처臨處가 폐廢의 地가 되는 이러한 命들은 主가 흉악하다.
- 또 설명하면 흉악凶惡한 命은, 항상 貴人, 삼기三寄, 화개華蓋, 협귀夾貴는 구원하는 神이 되어 이와 같은 것이 있으면 비록 흉신을 보더라도 해害가 더해지지 않는다.

크게 꺼리는 것은 오행이 한만閑慢한 사주, 건록建祿과 食神이 없는 사주, 삼재三才가 煞에게 형극刑剋을 당하는 사주, 귀기貴氣가 없어 방어하지 못하는 사주는 빈천하고 흉악한 사주라는 것을 의심하지 말아야 한다.

05
論논 壽夭수요

● 장수長壽와 단명短命의 간명은 대체로 보아서 生旺은 장수長壽하고 사절死絶은 요절夭折한다. 비유하면 뿌리가 깊은 者는 밑이 단단하고 근원이 깊은 者는 길게 흐르는 것과 같은 것이다. 무릇 命(年支)이 月, 日上에서 生旺하면 時上이 비록 사기死氣가 있다고 하더라도 해롭지 않다.

가령 月上은 사절死絶이 되고 日, 時上에 비록 生旺이 있다고 하더라도 氣가 심히 우수한 것은 아닌데, 生이 死絶을 계승한 것이 그 연유가 된 것이기 때문이다.

月, 日이 生旺하지만 時上이 死絶이 된다면 수명은 불과 45세에 불과하게 되고, 月,日이 死絶이 되고 時上이 生旺하면 30세 전에 사망하게 되고, 다시 흉살이 있어 오행을 능범하면 반드시 20살 넘지 못하고, 어릴 때 사망한다.

통상 月은 1~30세을 관리한다.

日은 31~45세를 관리한다.

時는 45~100세을 관리한다.

生旺 또는 死絶인가 그 한계를 상세히 살펴 찾아야 하는데 사람에 氣가 모이면 生하고 氣가 흩어지면 사망하는 이치와 같기 때문이다.

만약 二運(대운大運 소운小運), 태세太歲에 만난 氣의 집합이 死絶로 쇠약한 곳이 되고, 다시 太歲에서 刑剋하여 재앙에 상응된 者는 사망에 이르기도 한다.

月, 日, 時上이 身(年柱의 납음오행)을 무기無氣하게 하면 사망 혹은 질병이 나타나게 된다.

● 무릇 命중에 生旺이 많이 있고 또 煞이 범하지 않는다면 질병이 많지 않고 천수 天壽를 누린다.

죽음에 대한 어떠한 하나의 생각은 만약 死絶이 많고 刑煞을 중하게 차면 主는 초췌 憔悴하고 괴로운 재화가 있고 혹은 오래 동안 질병이 낫기 힘 든다.

무릇 運이 旺할 때 사망하고, 祿上에서 사망하는 것은 主가 뜻을 행할 때 졸卒하는 것이고, 노인의 행년行年이 生旺하면 죽을 때 고초를 겪게 된다. 生旺하니 오래 동안 여윈 상태가 지속되지 않겠는가!

젊은 者가 사소한 질병으로 사망하는 것은 命중에 망신亡神, 대모大耗가 중첩되어 있어 시신이 깨어져 죽게 된다.

● 무릇 天干이 生旺하고 剋에 의한 손상이 없으면 오래 산다.
- 天干이 敗死하지만 구원이 있는 者는 더욱 오래 산다.
- 天干이 敗死하고 서로 傷(賊)하게 하면 요절한다.
- 天干이 生旺하지만 파극破剋하는 者가 있으면 요절된다.
- 삼명령에 이르기를

무릇 사람의 수명의 장단을 알고자 하면 本年의 납음으로 그 刑剋을 관찰하여야 한다 하였다.

만약 生月이 命(年支)을 剋하면 요절하는 경우가 많고, 命(年支)이 生月을 剋하면 主의 수명은 연장延長되는 것으로 본다. 가령 癸亥는 납음이 水로 이 命의 사람이 4月 생은 수명이 길지 않다. 이 까닭은 戊癸 年의 4月은 丁巳가 되는데 丁巳는 납음이 土에 속하여 土는 水를 剋한다. 이것이 生月이 命을 剋하는 것이다.

그래서 癸亥水 人이 4(巳)月에 生하면 祿과 命이 絶하여 수명이 길지 않다.

가령 癸丑은 납음이 木인 命인데 3(辰)月에 生했으면 수명이 길다. 3月이 丙辰의 월 건月建이 되면 납음이 土에 해당하여 木이 土를 剋하니 命이 生月을 剋하게 되는 것으로 흉살의 下에서 生이 설립 되는 것과 같고, 또한 身이 제살制煞(納音 土가 癸를 剋하니 煞인데 납음 木이 납음 土를 剋하니 制煞이 된다)하게 된다.

또 癸丑木 人이 三月 生은 祿,命이 庫,墓 中에서 生이 되어 主는 수명이 긴데 30세 이전에는 항시 질병으로 어려움을 당한다.

까닭은 앞에 絶한 運이 있고 후에 사병死病이 있어 쇠약한 세월을 지나서 運이 旺한 곳에 도달하게 되니 福이 늦게 있는 것이다.

● 옥투관집에 이르기를 무릇 수명은 生月에서 정해진다 하였다. 生月 支干의 납음이 旺한 곳이 되고, 오음五音이 相生하고 거슬리지 않고, 日, 時, 태胎가 모두 수數를 얻고 刑, 剋 者가 되지 않으면 主는 수명이 길게 된다 하였다.

옥소보감에 이르기를 人命은 최초에 받은 타고난 수명이 있는데, 납음이 死絶의 地에 거주하고, 진오행眞五行이 함께 납음이 나란히 合하고, 生旺의 위치에 거주하는 것이 이것이다 하였다. 가령 乙酉水 人은 납음이 水로 敗일 뿐인데, 만약 辛亥金, 丙申火을 얻으면 丙申火은 진수眞水(丙辛 합 水)가 되어서 거듭 申이 生하는 이러한 종류는 主가 오래 산다.

가령 乙亥火 人이 癸亥水, 戊寅木의 종류를 얻어도 같은 종류로 主는 오래 산다. (戊癸 合 진화眞火)

『 註釋 乙酉水(年柱)가 辛亥金, 丙申火을 보면 丙辛 合하여 진수眞水가 되어 乙酉의 납음 水를 도와 수명이 길다는 것이다. 다시 申은 水의 장생으로 旺하여 수명이 길다는 것이다. 』

子平에서는 印綬를 重하게 만나면 수명이 길고, 팔자가 균정停均한 者도 수명이 길고, 육격六格을 범犯하는 것은 더욱 나쁜 것으로 수명이 길지 않게 된다 하였다. 내가 경험한 사람들은 이렇게 믿고 있었다.

◉ 낙록자가 이르기를 만약 身旺하고 귀절鬼絶하다면 비록 파명破命이라 하더라도 수명이 길게 되고, 귀왕鬼旺하고 신쇠身衰하다면 요절하게 되고 그 중에서도 특히 나형裸形, 협살夾煞은 넋魄이 풍도酆都에 흩어지고 혼魂은 대부岱府에 되돌아간다 하였다. 호중자가 이르기를 死絶은 전생前生에는 旺한 것으로 命으로, 설명하면 반혼返魂이 된다.

『 곧 死는 다시 生하게 되는 것이고 絶은 다시 本命의 위치에서 旺하게 되는 것이다.』
구묘丘墓가 본명本命에 좌좌하면 그 命은 절체絶體하게 된다.
『 묘처墓處는 언덕이 되고 구처丘處와 本命이 같은 한 곳이다.』
또 이르기를 수명 부위가 다치게 되는 것은 本命이 반드시 三合을 만난 때라 하였다.
『 가령 本命이 金이 되는데 巳酉丑을 만나는 종류다 하였다.』

** 풍도酆都 : 풍나라 도읍.
** 대부岱府 : 아주 큰 도시.

◉ 호중자가 이르기를 안회(顔回 : 공자의 제자)의 요절夭折은 단지 사대공망四大空亡에 인한 것이라 하였다.
『 甲子 甲午 순의 命에 納音 水가 없고, 甲申 甲寅 순의 命에 納音 金이 없다. 단지 두 개를 거듭 볼 때 그렇고 유년流年 大運에서 하나를 볼 때는 원만하다. 또한 옳은 것이다.』

침지에 이르기를 命을 세웠으면 반드시 수명을 알아야 하는데, 가령 丑이 子를 보고 子가 丑을 보는 종류 가령 자조滋助 무극無剋을 만나면 수명이 길게 되는 것이라 하였다.
이허중이 말하기를 무릇 命에 長生을 많이 찬자는 수명이 긴 것으로 보고, 마땅히 본가本家 납음이 旺한 者는 일컬어 오래 살게 되고, 극제剋制를 보게 되면 요절하게 된다 하였다.

무릇 녹마祿馬 귀인貴人이 生旺한 地에 왕래하고 아울러(원본에는 없는 글자) 死絶의 氣가 있는 者는 비록 일찍 일어나지만 또한 일찍 사망한다. 그러나 승왕乘旺한 地는 福이 된다. 남은 것도 그러하다. 만약 時에서 힘을 얻으면 늦게 일어나고 장수한다.

● 고가에 이르기를 수명을 유현幽玄*하게 헤아리는 者는 드물고, 아는 것은 모름지기 천기가 누설되는 것이라 하였다.
육격六格 내에도 미워하고 싫은 者가 있고, 歲, 運에서 만난 것이 총괄적으로 마땅하지 않을 때 사망한다.
또 이르기를 수성壽星이 명랑明朗하면 수원壽元은 깊고, 계모繼母를 만나는 것은 대체로 합당하지 않아 총첩寵妾*이 도와 구조救助하여 주지 않으면 수명은 가을의 이슬이 풀을 쇠약하게 하는 것과 같은 것이 된다 하였다.

또 이르기를 丙申이 陽水를 만나면 천수를 누릴 수 없게 되는데, 壬癸水가 간두干頭에 투출透出하면 그 사람은 반드시 사망하는 것을 의심할 필요가 없다 하였다.

如   癸 丙 壬 乙
       巳 申 辰 酉
       水 火 水 水   요절한 명조命造이다.

이우가에 이르기를 수명이 길게 되는 것은 오행이 生旺하여 고강高强하고, 귀鬼가 旺하여 身을 극剋하면 단명 하고, 녹재祿財가 무기無氣하면 재앙이 된다 하였다.

            ** 유현幽玄 : 사물의 이치 또는 아취雅趣가 헤아리기 어려울 만큼 깊음.
            ** 총첩寵妾 : 극진히 사랑을 받는 첩. (偏財)

◉ 신백경이 이르기를

火는 申.酉.亥를 꺼리고 [甲申水, 乙酉水, 癸亥水].

金은 亥子丑을 싫어하고[乙亥火, 戊子火, 己丑火].

水土는 寅,卯,巳를 싫어하고.[水는 戊寅土, 己卯土, 丁巳土를 꺼린다 . 土는 庚寅木, 辛卯木, 己巳木을 꺼린다.]

木은 巳,午,申을 두려워하고 [辛巳金, 甲午金, 壬申金]

다시 음귀陰鬼를 만난다면 수명이 짧고, 오래도록 아름다운 세상이 힘들고, 괴롭게 보내고, 발發하면 화禍가 찾아오고, 만약 사람이 이와 같은 地를 만난다면 하늘을 원망하지 말아야 한다. 일컬어 사람이 귀신의 문門을 지나가는 것이 되고, 기도소관氣度蕭關이라 하였다.

또 이르기를 귀鬼가 生하여 들어오면 근심이 있게 되고, 사람의 사망을 알고자 한다면 아래 것으로 구하면 된다.

금가金哥는 기마騎馬(午)가 제거되면 나타나게 되고, 화제火弟는 소(丑)가 없으면 되돌아오게 되고, 木은 서사鼠蛇(子,巳)와 통하여 멀리 달아나고, 水는 닭을 만나면 근심을 견디어 내야하고, 土人은 저토猪兔(亥,卯)를 막아야 하고, 年에서 간신히 보조하여도 백두白頭*에 지니지 않는다.

[즉 小兒 煞中의 귀관살鬼關煞이다.]

또 이르기를 받은 기운이 중중重重하고 귀鬼가 임하지 않았으면 사주가 교가交加하여 어찌 친친親親하지 않겠는가?

時와 本命이 겸해서 또 서로 만나면 부귀하지만 수명은 짧다.

** 소관蕭關 : 중국 감숙성(甘肅省)의 동부 고원현(固原縣) 남동쪽에 있는 옛 관(關). 관중(關中)의 네 관의 하나로, 북서 지방의 아주 험한 곳임.

** 백두白頭 : 허옇게 센 머리라는 뜻으로, 벼슬을 하지 못한 사람의 일컬음

● 충요살衝夭煞이 있는데, 가歌에 이르기를 生日을 時가 충衝하면 사람이 단명短命하고, 生年을 月이 衝하면 상해를 견뎌야 한다 하였다.
이것이 인간을 단명短命하게 하는 法으로 소년에 사망한다.
『 가령 寅年,申月,午日,子時. 月과 時가 다시 짝이 되어 年日과 상호 衝한다.』

또 生日과 時가 대對하면 수명을 재촉하고, 時,日이 상충相衝하면 수명이 길지 않고, 사대공망四大空亡은 지키기 어려워 나쁘게 죽는다.
『 나의 견해(육오)는 時,日에 대충對衝하는 者는 처를 剋하고 자식을 傷하게 하지 단명 악사短命惡死 되지 않는다. 수명을 재촉하는 者는 사주를 아울러 상세히 살펴 파악하여야 한다. 대충對衝만으로 요절한다고 할 수는 없다. 혹 衝이 되지만 깨어지지 않는다면 아무런 해害가 없다. 』

또 生日이 年을 대對하면 모름지기 탄식할 만하고, 生時가 日을 對하면 상해를 견뎌야 하고, 어찌 生處, 時, 歲와 같이 견뎌야 하는가? 이팔청춘의 풍류風流는 수명이 길지 않게 한다.
『 가령　　　甲 戊 丁 甲
　　　　　　寅 申 酉 寅
생후 1세 동안 죽는다 했는데 죽지 않았다. 이러니 대월對月 者도 또한 이렇다.』

● 단명살短命煞이 있는데, 가歌에 말하기를 저서豬鼠(亥子)는 견犬(戌)이 우牛(丑)와 싸우는 것은 좋지 않고, 닭(酉)의 목소리는 호彪(寅)의 야행夜行을 재촉하고, 용龍(辰), 양羊(未), 사蛇(巳), 토兔(卯)는 서로 간여하지 않고, 巳,午는 백두白頭에 도달하는 사람이 없다 하였다.

『 이것의 해로움은 격隔, 숙宿과 같은데, 삼명령三命鈴에 요년살夭年煞이 있는데 主의 수명이 길지 않고, 상화喪禍를 많이 만나고, 만약 身이 煞을 이길 수 있으면 면하게 된다. 』

급각살急脚煞이 있는데 가歌에 이르기를 甲.乙에 申,酉는 염왕閻王을 보고, 丙.丁에 亥.子를 절대 막아야하고, 庚.辛에 巳.午는 풍촉風燭과 같고, 戊,己는 寅.卯에 또한 크게 손상되고, 壬.癸에 辰,戌에 丑,未가 더해지면 방랑하다 귀신이 되어 돌아온다.
『 광신집에 천귀天鬼가 있는데 절로살截路煞로 만약 甲人이 申을 보고 , 乙人이 酉를 보는 것으로 生時에 있으면 나타나게 된다. 支干 모두 있는 者는 요절한다. 가령 甲人이 庚申을 본 유類로 太歲와 大運에서 만나면 主는 효복孝服을 입고, 다시 소운小運에 아울케 되면 主는 요절한다.』

또 金人의 목욕沐浴(午). 火,木의 태胎(子,酉). 土는 사死(酉). 水는 묘墓(辰) 사계四季로 헤아리고, 다시 運에서 犯하면 염라대왕이 급각急脚을 송서送書하여 온다.

● 절명살截命煞이 있는데, 가歌에 이르기를 人命 앞의 一支, 子生은 丑이 다음이고, 三을 만나면 반드시 흉사凶死하게 되고, 둘을 보면 옷이 피로 물든다 하였다.
『子生人이 丑을 보면 本命 앞의 一辰이 된다. 』

추명살推命煞이 있는데, 가歌에 이르기를 命 후後의 一辰을 보는 것을 마땅하지 않고, 둘을 본 者는 의시疑猜를 겯고 세 개를 만나면 밖에서 중년에 요절하고, 오백년 전의 재앙이 찾아온다 하였다.
『 子 生人이 亥를 본 것으로 本命(年支)의 후一 辰이 이것이다. 』

五行 만수滿數가 있는데, 가歌에 이르기를 오행의 생처生處를 음양으로 정하고, 日, 月 두 위치를 평균적으로 나눈다.

『무릇 月 1日에서 15日은 陽이 되고, 16日에서 30日은 陰이 된다.』

6日 초생初生이 甲乙인 것

『초 6日에 木이 생하여 초 10日은 만滿이 된다.』

丙丁은 다음 火에 의거하고 강강이 되는데,

『16日에 火가 生에서 20日에서 만滿된다.』

壬, 癸水는 흘러 물대게 되는데,

『26日 水가 生에서 30日에 만滿한다.』

이에 따르는 生死는 어긋나지 않는다.

『가령 己亥年 9月 30日, 己酉日, 丁卯時면 이 日은 水가 만滿이 된다. 年은 己亥, 日은 己酉로 이 水는 두 土에 剋되어 이 사람은 요절하게 되었다.』

음양 이극二極이 있는데, 가歌에 이르기를 음양 이극二極은 君이 알지 못한다. 남녀 모두 本命의 數를 따르는데, 남男이 9位를 만나고 여女는 삼쌍三雙을 만나서 위치 위치에 상봉相逢 겸해서 순거順去하고, 大小 두 運에 氣가 전무全無하게 이것이 도달하면 모름지기 身이 죽은 곳이 된다. 두 運이 유기有氣하면 곧 해롭지 않고, 모여 이르면 一年 재운災運으로 괴롭다.

『남男은 본명本命에서 순수順數로 9辰에 이르면 양극陽極이 되고, 女는 本命에서 수數가 6辰에 이르면 음극陰極이 된다.』

원수源髓가 있는데 가歌에 이르기를 水,木이 巳를 만나고, 金이 寅을 만나고, 生火, 生金이 本身을 손상 시키고, 五行, 命 안에서 모두 이것을 막아야 하고, 만난 者는 일찍 죽는다.

● 이상의 모든 설명은 힘을 다하여 상세히 살펴야 한다. 먼저 오행의 生旺, 死絶을 살피고, 다음은 격국의 손괴損壞 유무有無를 살핀 후에 모든 신살神煞을 보고, 유년流年과 태세太歲를 참고하면 맞추지 못하는 것이 없을 것이다.

간혹 말하기를 사람의 죽음은 부모에게 내려 받는 것인데, 즉 부父에게 정(精: 생명의 근원)을 母에게 혈血을 받는데, 그 성쇠盛衰가 부동不同하여 사람의 수명은 차이가 있는 것이다 한다.
터基가 生의 초에 있고, 받은 氣, 두 개 모두 다 왕성한 者는 上中의 수명을 얻고, 받은 氣가 치우쳐 성盛한 者는 中下의 수명을 받는다.
받은 氣와 터 둘 모두 쇠衰한 者는 몸을 잘 보호하여 길러야 겨우 下의 수명을 보호할 수 있고 그렇지 않으면 요절한다.
또 상리常理의 엉망진창인 것으로 논하는 것은 불가하겠고, 풍風, 한寒, 서署, 습濕은 외外에서 감응하고, 기포饑飽 노역勞役은 내內에서 상상傷한다.
어찌 품품의 원기元氣를 하나하나 제 멋대로 할 수 있겠고, 천수天壽대로 끝나는 것이 아니겠는가! 군자君子는 命을 알아 수신修身하면서 기다려야 할 따름이다.

06
論논 女命여명

◉ 혹 부인婦人에 이로운 것이 무엇인가 묻는데, 부성夫星의 존재가 이로운 것이다. 부夫가 이로우면 부인도 반드시 유익함이 있게 되고, 夫가 곤困하면 부인도 반드시 곤困하게 된다. 부인은 남편을 따르니 먼저 부성夫星의 출신出身과 귀천貴賤의 정해짐을 관찰하고, 다시 자식 星으로 만년晩年의 영욕榮辱 관찰한다.
官.煞.財가 득지得地하면 부부는 이롭고 食神이 득지得地하면 자식에 이롭다.
부夫에 이로움이 있으면 곧 출신出身이 부귀하고 일생 福을 누릴 수 있고, 자식에 이로움이 있으면 만년晩年에 후양厚養하고 포총고봉褒寵誥封하게 된다.
그리고 夫가 旺한 者는 食神이 財를 生하고 財는 官을 生하게 되어 도리어 좋지 않게 된다.

◉ 女命에서 나를 剋하는 者가 夫가 되고 내가 生한 者는 자식이 된다. 모두 득시得時하여 生旺의 氣를 타는 것이 중요하고 그렇지 않다면 旺氣가 오직 時에서 갖추어지게 되면 또한 가능하다.
官이 夫가 된다면 煞을 보는 것을 꺼리고, 煞이 夫가 되면 官을 보는 것은 좋지 않다. 오직 일위一位만 있어야 좋다.
두 개의 官星은 있지만 煞로 인해 잡雜하지 않고, 사주에 煞이 순수하고 官이 섞여 있지 않으면 모두 어진 부인이 된다. 다시 본신本身이 자왕自旺을 얻게 되면 더욱 아름답다. 다만 身이 旺한 것은 좋은데 태과太過한 것은 좋지 않다.

食은 자식이 된다. 時에서 旺함을 만나고, 다시 이덕二德을 얻어서 身을 도우면 지아비가 貴하고 자식에 영화가 있는 命이 된다.

중첩重疊되어 身旺하면 좋지 않고, 암장暗藏한 부신夫神 및 傷官, 七煞, 괴강魁罡이 相刑하거나 羊刃이 태중太重하거나 合이 많아 정情이 지나치면 모두 主는 불미不美하고, 歲,運 또한 그렇다. 팔법八法 팔격八格을 모름지기 세밀히 살펴야 한다.

● 순純.

순純은 하나만 있는 것이다.

가령 순일純一한 官星 혹은 순일한 煞星에 財, 印이 있고, 刑沖은 없고, 서로 혼잡 되지 않은 것이다.

가령   丙 辛 戊 癸

           申 酉 午 巳

본신本身이 전록專祿으로 旺하여 화化되지 않는다. 辛은 丙이 官으로 부성夫星이 되는데, 5월은 화왕火旺하니 부夫가 건강하고, 丙은 癸가 官이 되고 癸가 좌坐한 巳는 癸의 貴(천을귀인)가 되고, 戊에게 丙은 食이 되고, 丙과 함께 巳에 귀록歸祿한다. 辛金이 癸水를 生하니 자식이 되고, 水의 장생長生 地인 申時에 인입引入한다.

天干의 癸戊, 辛丙은 수화기제水火旣濟가 된다.

地支의 巳午, 酉申에 財庫(未土)가 공협拱夾한다. 소이 가부嫁夫로 官이 되고 食은 천록天祿이 되니 夫는 영화롭고 자식은 貴한 命이 된다.

가령   甲 丙 甲 癸

           午 戌 寅 亥

丙은 癸가 부부가 되는데, 癸가 임관臨官 亥를 坐하였고, 甲은 印인데 坐에 寅으로 甲은 건록建祿을 坐하였고, 身의 坐는 자신의 庫가 되고, 己土는 자식으로 時 午에 귀록歸祿하였고, 자식 궁으로 자기 궁에 거주한다. 甲木은 己土의 官이 되고, 사주가 순일純一하고 잡雜하지 않다. 그래서 主의 자식은 貴한 음덕이 있게 된다. 남은 것도 이에 준하여 추리한다.

● **화和**

화和는 편안하고 고요하다. 가령 身이 유약하고, 오직 하나의 부성夫星이 있고, 柱에 공격攻擊, 충파衝破의 神이 없으면 품품稟이 중화中和의 氣로 화和가 된다.

가령　　一命
　　　　己 己 辛 壬
　　　　巳 卯 亥 辰

己는 甲이 지아비가 되는데, 亥는 甲의 長生 地가 되니 천시天時를 얻어 이로운 地가 되었다. 甲은 辛이 官이 되는데, 金은 巳가 장생長生이 되고, 金은 己의 자식으로 巳에서 生하니, 일컬어 부부가 官星을 행하고, 자식은 長生을 얻었다. 그래서 主의 지아비는 풍부하여 좋고 자식도 왕성하여 좋다.

비록 자좌自坐의 卯支가 煞이 된다고 하더라도 巳中의 庚이 制하니 거살유관去煞留官*로 논하니 貴한 女命이 된다.

또　　　己 丁 壬 丁
　　　　酉 酉 寅 丑

丁은 壬이 지아비가 되고, 甲은 正印으로 지아비의 식록食祿이 되고, 丁酉日은 貴生(천을귀인)을 찬 것이고, 己土 자식이 또 酉金 천을귀인天乙貴人을 차고 있다. 壬水 지아비는 己土 官을 얻었으니 主의 지아비는 貴하다. 己土는 甲이 官이 되니 主의 자식은 貴하게 된다. 酉는 財가 되고 旺하다. 그래서 지아비가 영화롭고 자식은 음덕이 있다.

** 거살류관去煞留官 : 煞은 제거되고 官은 머무른다.

『 註釋 正官이 약하고 투합이 있어 좋은 命이라고 보기는 어렵다. 천을귀인이 도왔다. 』

● 청清

청清은 정결淨潔로 칭한다. 女命에 오직 한 개의 官, 혹은 한 개의 煞만 있어 혼잡混雜하지 않으면 清하다 말한다. 부성夫星은 득시得時를 요하고, 柱에 財가 官을 생하고 印이 身을 돕고 한 점의 혼탁混濁한 氣가 없으면 청귀清貴하게 된다.

가령　　一命.

　　甲 乙 壬 己
　　申 未 申 未

乙은 庚이 지아비가 되고, 庚의 祿은 申이 된다. 丁은 자식으로 未로 인해 旺하다. 壬은 印이 되는데 壬을 申이 生한다. 坐下의 지신支神 未는 乙木의 財가 되고 財旺하여 官을 生하는 것이 가능하다. 사주에 형刑. 충沖. 파破. 패敗가 없다.

경에 이르기를 財.官.印綬의 삼반물三般物이 女命에 있으면 필히 지아비가 旺하다 하였다. 그래서 양국兩國에 봉封해진 부인의 命이다.

『 註釋 申이 두 개 있는데 年干 己의 천월귀인에 속하고, 또 正官에 속하고, 日干과 암합한다. 印星 壬은 長生 申에 뿌리내리고, 偏財 未도 있고, 甲은 未에 뿌리내려 偏財 己를 견제하고, 食傷은 庫에 들어 있고, 즉 두루두루 견제하고 돕고 하니 좋은 命에 속하지 않을 수 없다. 申이 두 개이니 고관대작 두 명의 남편을 섬길 命이다. 』

또   戊 丙 癸 甲
      子 寅 酉 寅

丙은 癸가 지아비가 되고 좌坐에 酉가 있어 자생自生한다. 癸는 戊가 官이 되고 癸는 자식 궁에서 자식 戊를 얻었다. 곧 지아비가 祿을 얻어 貴하다.
丙火는 戊土가 자식이 되고, 등용지봉각登龍池鳳의 각閣으로 主의 자식은 貴하다.
남은 것도 이와 같이 추정하면 된다.
용지살龍池煞은 申子辰 人의 용龍은 午, 봉鳳은 酉이고, 寅午戌 人은 龍은 子, 鳳은 卯이고, 巳酉丑 人은 龍는 卯, 鳳은 子이고, 亥卯未 人은 龍은 酉 鳳은 午가 된다.

● 귀귀貴

귀귀貴는 존영尊榮한 이름이다.
命中에 官星이 있고, 財氣를 얻어서 官星을 돕고, 삼기三奇를 얻으면 종宗이 되고, 또 사주에 귀병鬼病이 없는 이러한 女命은 요순堯舜과 같다.
경에 이르기를 煞이 없는 여인의 命은 一貴가 어진 사람을 만든다 하였고, 또 이르기를 女命에 煞이 없고, 이덕二德을 만나면 양국兩國에 봉封해진다 하였다. 이덕二德은 천덕天德, 월덕月德의 이덕二德이 아니고, 財가 一德, 官이 一德으로 이에 印食이 더해지면 貴하게 된다.

가령   壬 丁 丙 甲
       寅 未 寅 午

丁은 壬이 官이 되고, 壬의 食은 甲이 되고, 甲은 主의 印이 된다. 壬의 財는 丙이 되고, 壬의 祿은 亥가 된다. 二寅이 未와 암합暗合한다. 부성夫星이 실시失時했다고 하더라도 運이 西,北으로 좋게 나아가니 夫가 旺한 運이 되어 主가 大貴하게 되었다.

『 註釋 丁壬合 化土한 것으로 보는 것이 타당하겠다.』

가령 癸 辛 丙 乙
   巳 卯 戌 亥

辛은 乙이 財가 되고 亥를 좌하여 旺하다. 丙 남편星은 고庫를 좌坐하였고, 자식궁 巳土에 귀록歸祿하였고, 巳의 天干 癸水는 남편 丙의 官되고 辛金이 生하니 癸는 자식이고 癸가 좌坐한 巳土는 남편의 祿이 되니 남편의 祿과 官이 같은 위치에 존재하게 되었다. 또 巳는 癸의 천을귀인이 되고, 또 財官이 쌍미雙美하다. 그래서 남편과 자식이 함께 貴하게 되어 크게 봉해졌다.

● 탁濁

탁濁은 혼잡混이다. 오행이 실위失位하고, 水土가 상호 傷하게 하고, 身이 太旺하고, 정부正夫가 불현不顯하고, 편부偏夫가 총잡(叢雜:혼잡)하고, 주柱가 서로 구분되어 가르는 것이 많다. 財.官.印.食이 없으면 하천下賤한 촌탄村濁*이 되거나 혹 창기娼妓나 비첩婢妾등 음교淫巧한 사람이 된다.

가령 己 癸 乙 己
   未 丑 亥 亥

癸水가 10月에 생하여 크게 범람하다. 癸는 戊가 夫인데 불현不顯했고 時에 己未 편부偏夫가 있다. 더 싫은 것은 丑未로 土가 혼잡混雜하게 된 것이다. 柱中에 財도 없고 乙木 食神이 干旺하여 己土가 剋을 받고 있다. 귀鬼가 身에 패림敗臨하였고 오행도 실위失位하였다.

主는 먼저 청淸하고 후後에 탁濁하여 복을 누리는 것이 힘 든다.

57

또   乙 辛 甲 癸
       未 酉 寅 未

辛酉는 팔전八專*으로 자왕自旺하다. 丙火가 남편이 되는데 長生 寅을 월령에서 얻어 남편이 旺하여 근본이 좋다. 다만 辛이 乙未 庫中의 財를 탐하여 未中의 丁火가 일어나 이끄는 암부暗夫가 되는데 두 개의 고庫에 암부暗夫가 있고, 명부明夫가 중과重過*하게 되니 명암明暗이 교집交集하여 비록 정부正夫가 있다고 하더라도 암중暗中의 夫를 훔쳐 財를 얻으려는 것은 면하지 못하는 탁난濁亂한 상象이다.

** 팔전八專 : 壬子에서 癸亥까지의 12일 中 丑, 辰, 午, 戌의 나흘을 제한 나머지 8일 동안의 일컬음. 壬, 癸는 모두 물이라는 뜻으로, 이 동안에 비가 많이 온다고 하며 1년 중(中) 여섯 차례가 있음.
< 壬子. 癸丑. 甲寅. 乙卯. 丙辰. 丁巳. 戊午. 己未. 庚申. 辛酉. 壬戌. 癸亥 >
** 중과重過 : ①선량한 관리자로서의 주의를 현저히 결한 행위. ②중대한 과실.

● 람濫

남濫은 탐욕이다. 柱中의 뛰어난 명부明夫가 있지만 암자暗者에 財가 旺하게 되어 있는 것이다. 干支에 또 煞이 많으면 반드시 주색酒色에 인연하여 사사로이 암暗으로 財를 얻는다. 이와 같은 등급의 命은 간혹 노비奴婢도 되고, 혹은 극부剋夫하고 재가再嫁하게 된다.

가령   丁 庚 丙 庚
         亥 申 戌 寅

庚申은 팔전八專으로 자왕自旺하다. 丙火가 夫가 되는데 寅戌 회국會局하고 時干에 또 丁이 있어 사랑이 중중하여 정情을 태우게 된다. 庚申 金은 寅亥 木인 財를 암극暗剋하고 亥中의 壬水는 食으로 生財한다. 이 사람은 비록 미모美貌에 福이 있지만 재물을 얻기 위해서 람濫하게 되었다.

『 註釋 만육오 선생의 육친법은 甲의 남편은 乙의 남편과 같이 陽金 庚으로 사용한다. 타 十干도 마찬가지다. 하부 육친 장에 상세히 기록되어 있다.』

또　　丁 己 甲 戊
　　　卯 未 寅 子

1월의 甲木이 旺하다. 卯木은 회국會局하고, 偏,正으로 지아비가 많다. 子는 또 旺한 財가 된다. 甲己 合으로 궁宮에 음양이 배필로 맺어졌다. 그래서 비록 총명 수려하지만 람濫하다. 게다가 도삽도화倒插桃花*(卯)도 있다. 土 제매娣妹를 좌坐하였고, 이는 官星이 되지 못하는데 어찌 어진 부인이 되겠는가?

** 도삽도화倒插桃花 : 卯人이 寅午戌. 酉人이 申子辰. 子人이 亥卯未, 午 人이 巳酉丑이 日月時에 있는 것.

또　　壬 癸 丁 己
　　　戌 丑 丑 酉

柱中의 명명에 己 지아비가 있고, 두 개 丑과 한 개 戌로 세개의 夫가 암장暗藏되어있다. 丁은 財가 되어 戌에 귀고歸庫하고, 丑과 相刑이 된다. 二陽이 득령得令했고 火는 또 진기進氣에 속하는데 사내가 많고 財가 旺하고 丁壬이 태과太過하다.

또　　辛 丙 癸 甲
　　　卯 子 酉 辰

丙子 日은 음양살陰陽煞이 되어 主는 남자를 유혹한다. 丙은 癸가 남편이 되는데, 辰子 合水로 사내가 많다. 日時에 丙辛 合, 子卯 刑이니 支刑 干合으로 황음곤랑荒淫滾浪하고 주색혼미酒色混迷하다. 酉 正財가 월령으로 財가 旺하고, 癸 지아비에 전좌專坐했다. 2개의 명조는 모두 기생의 命으로 매춘하여 돈을 벌게 되었다.

● **창娼**

창娼은 기妓다. 身旺하고 지아비는 절絶되어 있고, 官이 쇠衰하고, 食이 왕성하게 되어 있고, 柱中에 官煞이 없고, 상관상진傷官傷盡, 혹 관살혼란官煞混亂하고, 또 食神이 왕성한 命은 창기娼妓의 命이 되고, 만약 그렇지 않으면 비구니 비첩婢妾이 된다. 지아비를 剋하고 음분淫奔하다.

가령　　庚 戊 庚 丁
　　　　申 辰 戌 亥

戊는 甲이 지아비가 된다. 9月에는 木 지아비가 실시失時되니 무기無氣한데다 또 庚에 극절剋絶된다. 時의 申에 인입引入한 庚은 食이 되고, 申은 건록建祿이 된다. 戊辰은 괴강魁罡으로 申을 生하여 태왕太旺하고 亥中의 壬 財도 旺하다. 일컬어 身旺한데 生을 만나 탐재貪食하고 탐재貪財하여 지아비가 없는 수려한 창녀가 되었다.

또　　　 丙 甲 丙 乙
　　　　寅 子 戌 亥

甲은 庚辛이 지아비가 된다.
9月의 金은 氣가 약해져서 차츰 물러나게 되고, 時에 食神 丙의 長生 寅을 좌하였다. 木地가 局(寅亥)을 이루었고 甲木이 귀록歸祿하여 身旺하다. 庚金이 寅地에 이끌려 이르게 되면 寅은 金의 절지絶地이니 무기無氣하고, 丙 食神은 태왕太旺하여 金지아비는 傷하게 한다. 일컬어 자왕自旺하고 食이 성盛하여 의식衣食이 비록 좋지만 창기의 풍진風塵은 면하기 어렵게 되었다.

또　　　 庚 戊 庚 癸
　　　　申 辰 申 丑

戊는 乙이 지아비가 되는데, 월령月令이 申으로 절絶이 되었다. 戊日에 庚申은 食神이 되고, 月,時에 겹쳐서 있으니 食旺하여 지아비가 끊어져 없게 된 것이다. 그래서 主는 창娼이 되었고, 무릇 陽干의 女命은 食神이 많으면 창娼이 되고, 陰干의 女命은 食神이 많으면 기妓가 되는 것이다.

● 음淫

음淫은 옥(沃;물대다,기름지다)이다. 本身이 득지得地하고 부성夫星이 명암교집明暗交集한 것이다. 일컬어 日干이 자왕自旺하고 주중柱中에 모두 官煞인 것을 말한다. 干에 있는 것은 명명이 되고 支에 있는 것은 암암이 된다. 사주에 태과太過한 것은 가령 한 개의 丁이 세 개의 壬을 보아 이에 辰子가 많으면 일컬어 교집交集한 것이 된다. 이렇게 되면 사내가 들어가지 않을 수 없다.

가령 癸 壬 壬 戊
    亥 戌 辰 辰

壬辰, 癸亥는 자自가 득지得地한 것이 되고, 명명의 戊土가 정부正夫가 되고, 辰戌은 암암으로 편부偏夫가 된다.

또 甲 乙 戊 庚
    申 酉 子 戌

乙은 庚이 명부明夫가 되고 자좌身坐의 酉와 時의 申은 암부暗夫가 된다. 운행運行이 서방西方의 金旺의 地가 되었다.

앞의 명조와 이 명조 2개는 모두 夫星이 명암교집明暗交集한 것이 되는데 어찌 음란하지 않다고 말할 수 있겠는가!

또 　　壬 丁 壬 癸
　　　　寅 丑 子 亥

丁火가 水의 무리 가운데 있는데 명암明暗에 지아비가 많이 존재하여 음란하고 부끄러움을 모른다.
경에 이르기를 丁이 壬을 태과太過하게 만나면 필히 음淫을 범하여 그릇되고 혼란한 삶이 된다고 하였다.

또 　　乙 己 甲 癸
　　　　亥 卯 子 卯

己는 甲이 지아비가 되고 甲에게 子는 敗가 되고 卯는 암부암부暗夫가 된다. 日干 己의 좌坐에 亥卯가 合하여 명암교집明暗交集이 되었다. 정부正夫가 主를 장악하지 않고 암부암부가 득세得勢하여 들어오니 정부正夫를 피하게 된다.

● **旺夫剋子 왕부극자**

여인의 命에서 남편이 旺하여 자식을 상傷하는 것은 무엇인가? 이 법은 모두 時上에서 추리하는데, 時는 되돌아가 쉬歸宿는 地가 된다. 남편과 자식 이 두 성星이 時에 끌려 들어가 남편 星은 生旺하게 되고 자식 星은 쇠패衰敗하게 된 것이 이것이다.

가령 　　一命
　　　　辛 丁 丙 丙
　　　　亥 巳 申 戌

丁의 좌에 巳로 자왕自旺하다. 壬水는 夫가 되는데, 時地에 夫星 官이 임臨하여 있고, 月支의 申金은 夫星의 長生 地가 되고 辛金은 財星이 된다. 7月은 金이 旺한 계절이 되고, 2개의 丙이 상호 견주는데 모두 夫의 財(丙)가 되고, 또 印(申)을 좌坐 했다. 그래서 主의 夫는 빼어나게 총명하고 부귀하다. 丁은 戊가 자식이 되는데 時上에서 亥를 봤다. 亥中의 甲木은 능히 戊土를 剋한다. 자식 星이 剋당하게 되어 얻기 어렵다. 그래서 主는 夫가 旺함으로 인하여 자식이 傷하게 된다.
남은 것도 이에 준한다.

◉ 旺子傷夫 왕자상부

자식이 旺하여 夫를 傷하게 하는 것은 무엇인가? 이 법은 오로지 月,時로 판단한다. 득시得時하여 유기有氣하면 夫는 발복發福하게 된다. 만약 干의 좌지坐支가 실위失位하고 月氣를 불득不得하고, 柱中에서 衝剋을 만나고, 時上에도 旺氣가 없는데 자기가 生한 자식은 時上에 장생長生, 임관臨官, 제왕帝旺의 地가 되고, 또 刑剋이 없다면 왕자상부旺子傷夫旺子傷夫가 된다.

가령　 －命

　　　戊 乙 甲 己

　　　寅 卯 戌 卯

乙은 庚이 夫가 된다. 9月의 庚金은 무기無氣하다. 乙은 丙이 자식이 되고, 丙火의 長生은 寅이 되는데 戌과 會局하니 모두 火에 속한다. 월령月令은 이미 金氣가 없고, 時는 절지絶地가 되었고, 또 火에 剋 당한다. 그래서 부성夫星이 傷하게 되는 것이다. 곧 자식이 旺하여 부성夫星을 傷하게 하는 것으로 旺한 자식이 지아비를 傷하게 한다.

◉ 傷夫剋子 상부극자

夫가 傷하고 자식도 剋되는 것은 부성夫星이 干支에서 실위失位하고 生月에 득시실時하고 柱中에 또 衝剋을 만나고 時支에 또 생부生扶가 없는 것이다. 겸해서 印綬를 重하게 만나면 夫의 氣를 도둑질하고 자식도 剋됨이 심하게 되는 것을 말한다.

가령　一命

　　　丙 乙 庚 丙
　　　子 亥 子 子

乙木은 庚金이 부성夫星이 된다. 12月의 金은 한한寒하고 水는 냉냉하다. 金에 子水는 사지死地에 해당하고, 支의 亥子水가 金氣를 도적질한다. 柱에 土가 없어서 생조生助되지 못하고 傷官이 많이 있다. 그래서 夫가 손상된다.

乙木은 丙火가 자식인데 子時가 되어 水가 旺하여 火가 멸멸하는 地가 된다. 비록 年, 時干에 二火가 있다고 하더라도 水의 무리에 피해를 당하니 지아비와 자식이 모두 사망하였다. 그래서 말하기를 상부극자傷夫剋子라고 하는 것이다. 다른 것도 이에 준하여 추리한다.

◉ 安靜守分 안정수분

안정하여 분수를 지키는 것은 부성夫星이 유기有氣하고 日干이 自旺하고 상정相停하여 無剋하고, 刑衝이 없고, 財食을 얻은 것이다.

가령　一命

　　　丁 乙 庚 癸
　　　亥 卯 申 巳

乙 좌坐가 卯木 祿이 있어 自旺하고 時支에 亥와 합국合局한다. 이는 本이 身旺한 것이 된다. 庚金이 夫가 되는데 7월의 庚이 祿인 申을 얻었고 年支에 巳火 金의 장생지長生地가 있어 夫星이 旺하다.

亥中의 壬水는 夫의 食神으로 천주天廚가 된다. 그래서 主는 夫의 食이 天祿이 된다.
이와 같은 것에서 자기와 夫星이 함께 旺하여 서로 傷하지 않고 각 旺氣을 타고 혼란이 없어 서로 침범하지 않아 화목하여 안정수분격安靜守分格이 된다.

천간	甲	乙	丙	丁	戊	己	庚	辛	壬	癸
천주	巳	午	巳	午	午	酉	亥	子	寅	卯

● 橫夭少年 횡요소년

소년에 일찍 죽는 것은 조화造化의 궁절窮絶, 격국의 변이變異에 의하여 사망한다. 대들보에 매달리고, 물에 빠지고, 피를 봐서 젊을 때 사망은 하고, 살인을 당하는 것은 어떤 것인가! 이는 신약身弱하고 煞을 중重하게 만났을 때이다.

煞이 많아 身을 剋하고, 또 刑.衝.破.敗의 종류가 있고, 혹은 命中에 원元이 官星에 상해를 받는데 行運에서 거듭 官이 들어 올 때, 혹은 무관無官한데 傷을 보고 運에서 官이 들어오는 종류들, 혹은 刃이 있는데 제어 하지 못하고, 運行에서 刃과 合하는 地가 들어오고, 망신, 겁살 등의 종류가 있을 때 모두 비명횡사한다.
女命만 해당하는 것이 아니고 男命도 그 형태形態가 동일하다.

가령　 一命.

　　　丙 庚 癸 丁
　　　子 辰 丑 卯

庚에게는 丁이 官으로 癸水, 子辰 傷官을 겹쳐서 만나니 剋을 당하고 있어 剋이 태중太重하고 水가 많아서 金이 침몰 당하고 있다.

丁巳運에 傷官이 官을 보고(傷官見官), 또 丙을 만나서 煞이 剋身하니 물에 빠지는 재해를 만나게 되었다.

● 福壽兩備 복수량비

복福과 수명壽 두 개 다 갖춘 것은 조화造化가 중화中和되고 격국이 순수한 것이다. 一生 동안 향유하면서 사는 것과 노년까지 어렵게 사는 것은 어떤 것인가! 이것은 신좌身坐가 旺하고, 月氣에 통통하고, 支干이 서로 돕고, 財.官.印綬가 있어서 각 그 위치를 얻고, 탈재脫財, 괴인壞印, 傷官이 局을 이루지 않고, 더욱 좋은 것은 食神, 천주天廚가 득위得位 하고, 身旺한데 運行이 財食으로 行하는 것이다. 이와 같은 것은 모두 수복福壽 두 개를 갖춘 命이 된다.

가령　　一命

　　　癸 辛 庚 丙
　　　巳 酉 子 午

辛의 좌坐는 酉支가 된다. 전녹專祿이니 自旺하다. 時의 癸 자식이 月支 子에 귀록歸祿하고 이는 食神이 되고, 食神은 수명성壽命星이고, 자식 星으로 득지得地하였다. 辛에게 丙火는 官이 된다. 丙은 巳에 귀록祿歸하니 부성夫星도 득지得地하였다. 또 12月 生人으로 금백수청金白水清한 象이 된다. 겸해서 支干 上下가 서로 돕고 있어 모두 손상되지 않는다.

身은 종화從化하지 않고, 그래서 主는 사람이 미모에 단정하고 夫와 자식이 상정相停하고, 수복福壽 두 개를 갖추었다. 다른 것도 이와 동등하게 추리하면 된다.

● 正偏自處 정편자처

정편자처正偏自處는 어떤 것인가! 이는 부부夫婦 상합相合으로 다시 比肩의 분쟁을 만난 것이다. 가령 한 개의 부성夫星이 두 개의 처성妻星과 서로 合하는 것으로 일컬어 쟁합爭合을 말한다.

만약 本身이 자왕自旺한데 저편은 신쇠身衰하고 사주에 衝이 없으면 나는 정正이 되고 저편은 편偏이 된다.

무릇 내가 生旺하여 氣가 있으면 夫는 나를 따라서 正이 되고 나의 身이 쇠衰한데 다른 위치가 旺하면 夫는 다른 위치를 따라서 내가 반대로 偏이 된다.

일컬어 저편이 旺하여 나의 夫를 쟁탈하여 가져가고 나는 오직 偏만 얻게 된다.

혹 自旺이 태과太過한데 柱에 夫星이 없으면 또한 偏이 된다.

또 관살혼잡官殺混雜, 傷官이 태중太重하면 偏이 되고 음란하다.

가령　　一命

　　　　辛 辛 丙 壬

　　　　卯 酉 午 子

辛은 丙이 夫星이 되고, 나의 坐는 酉支 전녹專祿으로 自旺하다. 비록 時에서 丙을 合하여 끌어간다고 해도 辛卯의 金은 무력無力하다. 그래서 나는 正이 되고 저편은 偏이 되는 것이다.

이것이 두 여자가 夫를 쟁탈하는 것으로 정편자처正偏自處라는 것이다.

또　　　壬 癸 壬 癸

　　　　子 巳 戌 未

癸는 土가 夫가 되고 癸巳는 水가 약하고, 壬子는 水旺하다. 약왜은 旺을 이기지 못하니 壬水에 戊土 정부正夫를 쟁탈 당하여 저편이 쇠약한 나에게 승리하게 되니 나는 오직 偏을 얻을 뿐이다.
또 壬水의 범람이 심하고 도화桃花를 차고 있으니 자신이 정착할 곳이 없다.
다른 것들도 이와 같은 방법으로 추리하면 된다.

● 招嫁不定 초가불정

초가부정招嫁不定은 어떤 것인가! 월령月令 中에 부성夫星이 있고 투간透干한 것과 자기가 상합相合하여 자기의 身에 굴복하여 따르는데, 夫星이 무기無氣하고 時에 夫星 혹 殺星 있어 旺地를 타고 와서 자기의 身을 극하게 되면 다시 偏夫에게도 굴복하여 따른다. 그래서 초가부정招嫁不定 이라고 한다.
만약 夫星이 旺하지 않고 혹은 剋制를 받으면 반드시 夫에 시집가는 것이 늦게 되거나 혹은 시집갈 夫가 명확하지 않거나 夫가 무능하고, 혹은 외정外情이 있다.

가령　　一命

　　　　乙 己 甲 癸
　　　　亥 未 子 酉

己는 甲이 夫가 되는데 11월에 태어났으니 실시失時하여 旺하지 않다. 時에서 亥를 만났으니 甲木의 長生이 된다. 그래서 夫가 旺하여 도리어 合하지 못한다. 또 乙木이 己未를 制하고 未는 乙木의 고지庫地가 된다. 甲이 子月에 生했으니 夫의 坐가 패지敗地가 된다. 時의 乙亥, 亥中에서 또 甲을 生長하니 甲을 원하고 또 乙을 초대하고자 한다. 이것이 초가부정招嫁不定이 된다. 남은 것도 이에 준하여 추리한다.

● 논하여 보면 무릇 女命은 먼저 남편과 자식의 흥쇠를 관찰하여 영고榮枯를 궁구하고, 다음은 日, 時의 경중輕重을 분별한다.

- 官은 남편이 되고 財는 아버지가 된다. 財旺하면 남편에 영화가 있고, 食은 자식이 되고 印은 어머니가 되니 印이 성성盛하면 자식이 쇠衰하게 된다.
- 日干이 태왕太旺 한 것은 마땅하지 않고, 月氣에서 중화中和를 내려 받아야 한다.
- 日主가 旺相하면 남편의 권리를 빼앗게 되어 고독하고 괴롭게 된다.
- 월령月令이 日主의 휴수休囚가 되면 본분이 있어서 가정을 지키게 되고 편안하게 된다.
- 官星이 득지得地하면 主의 남편은 영화가 있다.
- 傷官이 尅을 받지 않으면 자식에게도 貴함이 나타나게 된다.
- 官이 있으면 殺을 보는 것은 좋지 않고, 殺이 있는데 官을 만나는 것도 불가하다.
- 설사 官殺이 혼잡混雜하다고 하더라도 사람이 어찌 경사스러움은 얻지 못하겠는가!
- 官星이 尅을 받지 않고 이덕二德을 얻으면 양국兩國에 봉해진다.
- 七殺을 制하고 삼기三奇를 만나면 일품의 貴가 있게 된다.
- 食神이 制殺하고 生財하면 경사스럽고 傷官은 尅夫하고, 도기盜氣하여 나쁘다.
- 탐재괴인貪財壞印은 어찌 어진사람이 되겠는가?
- 殺을 사용하는데 官을 만나면 절개가 있는 부녀자가 되지 못하고, 가난하여 고독하고 하천下賤하게 된다.
- 대개 日主가 사死, 휴休, 수囚에 임하면 富貴가 가파르게 되는데, 다만 지아비가 흥하고 자식이 旺하게 된다.
- 官이 태왕太旺하면 공평무사하나 수명이 길지 않고, 財가 중첩重疊되어 있으면 모친이 일찍 죽는다.
- 身이 旺地에 있으면 비록 부자는 되지만, 남편과 자식이 형상刑傷된다.
- 日이 쇠衰하면 빈한貧寒하나 지아비와 자식은 완전하다.
- 자왕自旺하면 부인婦人이 직업으로 공교하고, 日이 쇠衰하면 옹졸한 여공女工이 된다.

• 귀신貴神 一位는 부유하거나 영화가 있고, 합신의 수數가 많으면 비구니 아니면 기생이 된다.
• 貴人이 역마驛馬에 오르면 主는 풍진이 많은 아름다운 기생이 된다.
• 官星이 도화桃花를 차면 깊은 곳에 있는 집의 아름다운 사람이다.
• 食神이 홀로 있으면 안화安和하고 자식이 있고 수명이 길다.
• 合이 重한 者는 교미嬌媚 서럽고, 천賤하고, 정情이 많다.
• 도화桃花 도삽倒插은 마땅하지 않고, 목욕沐浴, 나형裸形을 최고 꺼리는데, 범犯한 者는 시비侍婢가 되고, 또는 사니師尼가 된다.
• 네 개 중(四仲:子午卯酉)이 온전한 자는 주색酒色 황음荒淫한 여자가 되고, 사맹(四孟:寅申巳亥)이 갖추어지면 총명聰明 생발生發한 사람이 된다.
• 未,丑 刑은 꺼리지 않지만, 戌辰이 衝하는 곳은 좋지 않다.
• 대체로 보아서 夫星은 건왕健旺을 要하고, 자신의 身은 모름지기 중화中和를 내려 받아야 한다.
• 食神은 刑傷을 당하면 좋지 않고, 자식 星은 生地을 얻기를 원한다.
• 印綬는 身을 生하는데 一位가 좋다.
• 財神은 발복發福하는데, 많지 않아야 하고 상해를 당하지 않아야 한다.
• 財가 강강하고 신약身弱하면 발복發福되지 않고, 신강身强한데 財가 약弱하면 편안을 얻고 어질다.
• 傷官을 중첩하게 만나면 夫星를 剋하여 재가再嫁하는 사람이 된다.
• 印綬를 중하게 만나면 사별死別하지는 않으면 생이별한다.
• 형刑, 충衝, 양인羊刃은 거칠고 악하고 무지無知하고 파破, 해害, 금신金神은 생산 시 핏빛의 재앙이 생긴다.
• 사주에 夫가 없으면 편방偏房이 아니면 속실續室로 정해진다.
• 팔자에 공망이 있으면 과곡寡鵠이 아니면 고란孤鸞이 된다.

◉ 대체로 보아서 귀천貴賤을 살필 때는 夫의 위치를 보아 財官의 영榮과 고枯를 궁리한다. 이와 같은 것은 天은 地에 의依하고 地는 天을 부附하는 것이다. 그래서 夫가 貴하면 夫를 따라서 貴하고 夫가 빈貧하면 夫를 따라서 빈貧하게 된다.

앞의 팔법八法은 현기(玄機:깊고 묘한 이치)하고 뒤의 팔격은 오지(奧旨:매우 깊은 뜻)한데 분명하지 않아서 결오缺誤하니 잘 살펴 가려야 한다.

또 설명하면 건乾의 도道는 남男을 이루고 곤坤의 도道는 여女를 이룬다.

음양의 강유剛柔가 각 그 체體가 된다. 그래서 女命은 유柔가 근본이 되고, 까닭에 강剛은 刑이 되고, 까닭에 청淸은 기奇가 되고, 까닭에 탁濁은 천賤이 된다. 그래서 삼기三奇가 득위하면 양인良人이 만리萬里나 되고, 이덕二德은 왕후에 봉해져 귀항歸垣하고, 자식은 귀하게 되어 구추九秋를 걷는다.

月에 一官 一貴는 머리에 금관을 쓰게 되고, 사살四殺 사공四空은 호월만회皓月滿懷 제옥저관啼玉著官한데 官運으로 나아가면 거울이 깨어지고, 비녀가 나누어지고, 財가 들어오는 재향財鄕은 夫는 영광이고, 자식이 상喪하고, 의금衣錦과 보물이 감추어진다.

官星에 氣가 있으면 금옥金玉이 언덕을 이루고, 財庫에 손상이 없게 된다.

대개 官이 많으면 영화가 없고, 財가 많으면 부富하지 않고, 正印을 사용하는데 효효梟를 만나게 되면 추운 밤의 계단에 있는 난초 꼴이 된다.

◉ 효신梟神을 사용하는데 印을 만나면 구슬나무가 봄의 영광을 맞이하는 것과 같다.
- 금청수냉金淸水冷은 일쇄란대日鎖鸞臺하다. [金水로 한냉(寒冷)하게 된 사주팔자는 지아비 없이 혼자 살아갈 팔자.]
- 토조화염土燥火炎는 야한원장夜寒鴛帳한다. [火와 土의 기세가 강한 사주팔자는 지아비 없이 혼자 살아갈 팔자.]

- 군음군양群陰群陽은 청등자수淸燈自守한다. [陰의 무리만 있는 사주팔자나 陽만 있는 사주팔자도 지아비 없이 혼자 살아갈 팔자.]
- 중관중인重官重印은 녹빈고면綠鬢孤眠, 전원광치田園廣置하다. [官이 아주 많거나 印이 아주 많은 사주팔자도 지아비 없이 혼자 살아갈 팔자.]
- 食神이 득위得位하고 官을 만나지 않으면 오곡과 비단이 풍부하다.
- 印綬가 실시失時하였고 殺을 만났고, 다시 傷官이 官星을 보지 않으면 오히려 정조貞操가 굳고 행실行實이 결백潔白하다.
- 食이 없는데 많은 印綬를 만나면 도리어 刑傷된다.
- 궁한 梟가 食을 보면 생산하는 자리의 꽃이 마른다.
- 악살惡殺에 官이 혼잡하면 봄에 낙엽이 된다.
- 원합遠合 구정勾情은 夫를 배반하고 主를 다시 찾는다.
- 官을 衝하여 食이 깨면 자식을 버리고 종인從人한다.
- 財가 衰하고 印은 絶되면 어려서 집을 나간다.
- 身旺하고 印이 강강하면 일찍 夫가 刑된다.
- 五殺은 잠화簪花*로 주야로 손님을 맞고 환송한다.
- 삼형三刑에 귀鬼를 대帶하면 시종始終 자식을 헸하고 夫를 상하게 한다.
- 유비楊妃의 미모를 띤 것은 祿의 곁에 도화桃花가 있기 때문이다.
- 재주가 높은 여자는 身이 사관詞館을 탄乘다.
- 화개華蓋 임관臨官은 정정이 승도僧道로 통한다.
- 고신孤神이 印을 坐하면 여승이 되고, 포태胞胎가 항상 떨어진다.
- 신왕食旺하고 신쇠身衰하면 난새와 고니와 같이 빈번하게 헤어진다.
- 官은 경輕한데 비比는 중중하면 제매娣妹가 강강剛强하다.

◉ 이와 같이 부녀자에 관한 설명을 보충하였다.

- 財官이 死絶되면 마땅히 상속에 화禍가 있고, 官에 財地가 임하면 반드시 夫가 영화롭다.
- 身에 財가 들어오면 모름지기 자식을 剋한다.
- 殺梟가 연근連根의 祿을 깨면 물과 불에 살이 굳어 훼손된다.
- 比,刃이 형刑을 만나 국局이 깨어지면 먼지와 모래에 의해서 옥골玉骨*이 가려진다.
- 교치交馳가 역마驛馬를 만나면 어머니가 황량荒凉하다.
- 차착差錯 대 고신孤神은 부가夫家가 영락零落한다.
- 五馬와 六財는 比肩의 地에서 깨어지고 八官과 七殺은 형해刑害가 있는 곳에서 분리된다.
- 형공刑空과 官殺은 시집에 관심이 없고, 印,財가 충극하면 家에 대한 만족도가 떨어지니 두터운 복을 이루기 어렵다.
- 財가 감추어져 누출되지 않고, 명살明殺에 傷은 없고, 印이 重한데 財를 만나고 財가 많은데 印을 만나고, 사패四敗도 아름다운 사람에게는 행복이 있고, 사충四 衝도 어진 부녀자에게는 어찌 싫다고 하겠는가!

    ** 잠화簪花 : 경회(慶會) 때 남자 머리에 꽂는 조화(造花)
    ** 옥골玉骨 : 빛이 희고 고결한 사람.

◉ 水가 모여 旺하게 되면 꽃 거리의 여자가 되고, 金이 수려하게 되면 복숭아 마을의 신선이 된다.

- 사생四生인 사마四馬가 달리면 부득이 고향을 등져 떠나고, 三合이 三刑을 帶하면 傷夫하고 패업敗業한다.
- 암살暗殺이 刑을 만나면 다듬잇돌의 고초로 좋지 않고, 명관과마明官跨馬하면 夫와 主는 영화가 증진된다.
- 황금이 주머니에 꽉 차는 것은 一財을 득함이고, 홍안紅顔인데 짝을 잃는 것은

양귀兩貴에 가家가 없는 것이다.
- 먼저 比가 있고 후에 財가 있으면 가난에서 다시 부자에 이르게 된다.
- 官을 衝하고, 食과 合하면 자식에 기대어 夫를 刑한다.
- 사절死絶 포태胞胎는 꽃이 말라 외롭고, 쓸쓸하고, 長生은 근본으로 자손이 번성한다.
- 합귀合貴와 합재合財는 구슬이 가득하고, 금으로 된 집이 된다.
- 파재破財와 파인破印은 가난하다.
- 왕후 음률의 이름으로 천하를 달리면 오직 陰과 아울러 양강陽이 강강한 인연이고, 푸른 구슬의 身이 망루 앞에 떨어지는 것은 모두 효효梟의 衝과 殺의 위치가 된다.
- 추수秋水가 통원通源하면 눈동자를 찔러 절개를 세우고, 동금冬金이 좌국坐局하면 쇠뇌자루를 끊어 훌륭한 명성을 후세에 남긴다.
- 제매娣妹가 동궁하면 마땅한 것은 아니어 미리 한을 품는다.
- 命에 財가 유기有氣하면 짝인 夫와 노老에 도달하여도 근심이 없다.

◉ 통명부에 이르기를 女人의 命은 一貴가 좋다 하였다. 食이 重하면 고아나 과부가 되고, 貴(官殺)가 많으면 음천淫賤하다.

『 貴는 官殺을 말하는 것으로 食傷 官殺은 고극孤尅한 星이란 설명이다. 官殺이 첩첩으로 있으면 음란한 象이 된다.』

- 이덕二德은 진정한 貴가 봉증封贈되고, 삼기三奇는 참으로 좋아 국호國號에 스스로 이른다.
- 金木은 견고한 마음이 있어 맑은 덕이 되고, 水火는 난성亂性하여 허화虛花가 된다.
- 치우친 오행은 휴휴수囚가 좋고 사주가 生旺한 것은 마땅하지 않다.
- 부귀富貴 빈한貧寒은 오로지 夫와 자식에 의해서 결정된다.

『 이덕二德은 천월덕天月德이다. 女命에서 얻고 다시 財官이 있고 순수하고 잡雜하지 않으면 반드시 봉작되어 증정된다.

삼기三奇는 甲.戊.庚인데, 財.官.印.食도 삼기三奇가 된다. 女命 中에 이것이 있으면 반드시 국호國號를 받는다.

덕德은 순일하여 잡雜하지 않은 것을 일컫고, 金木의 성性이 순수하면 근본으로 女人은 수절하고, 수류水流는 주가 음란하고 화염火炎은 주가 난폭하고, 水火가 많으면 성性이 문란하고, 사람이 허화虛花, 불순不純, 폭악暴惡하다.

陰은 부드러운 것이고, 陽은 강剛한 것이다. 여女는 陰이고 남男과 상반되어서 는 휴수休囚가 좋고 生旺은 꺼리는 것이다.』

● 계선편에 이르기를

• 女人에 殺이 없고 一貴가 있으면 좋은 사람을 만들고, 귀貴가 떼지어있고 合이 많으면 반드시 여승, 기생, 노비가 되고, 傷官이 헌하고 食이 絶되면 외롭고 괴롭고, 夫가 건왕健旺하고 자식이 빼어나면 身에 영화가 있다 하였다.

• 옥진부에 이르기를 陰命에 印이 重하면 자식이 끊기게 되는데 運行이 官殺이 되면 도리어 吉하다 하였다.

『 夫가 旺하면 子을 生하는 이치는 일반적인 것이다.』

女에 傷官이 犯하면 짝을 헌하는데 運에서 旺한 財가 들어오면 좋다 하였다.

『 傷은 財를 生한다. 財는 官을 生한다. 그래서 무정無情한 것은 유정有情하게 되도록 사용한다는 것이다.』

· 命을 버리고 殺을 취하면 반드시 짝은 명가名家에 있고, 전록專祿 식신食神은 단수고명斷受誥命*하고, 고란孤鸞은 七殺이 최고 좋고, 도화桃花는 官星을 차는 것이 좋다 하였다.
『이 사격四格은 모두 主가 부귀하고 夫가 풍부하고 자식이 旺하다.』

· 官貴가 아주 많으면 편방偏房이 아니면 춤추는 기녀가 된다.
· 회합會合이 과하게 많으면 중매는 아니고(결혼하지 않고) 여승이 된다.
『女命은 비록 官貴가 싫은 것은 아닌데 많으면 불길하다. 天干 地支에 三合 六合이 많이 있는 자는 반드시 이와 같은 사람이 된다. 중매는 두 개의 성姓이 이어져 한 가족을 이루고, 니고尼姑는 만인萬人을 받고 가족을 버리는 것이다. 참고하면 인사人事의 일들에 확실하게 나타나게 된다.』

· 甲木의 좌坐에 申이고, 庚金이 투출한 사람은 모두 서자西子가 된다.
· 丙火의 좌坐에 申이고, 壬水 時가 되면 대교소교大喬小喬*와 같다.
[이 설명은 이 二日은 오로지 殺을 사용하고 진실로 혼잡하지 않으면 이러한 女는 나라를 기울게 하고 성城도 기울게 하는 色이 있다.]

　　　　　　　　　　** 단수고명斷受誥命 : 벼슬을 받는 것을 말하는 것임.
** 대교소교大喬小喬 : 강동의 귀족 교공喬公에겐 매우 아름다운 두 딸이 있었는데, 대교大喬와 소교小喬로 사람들은 두 자매를 강동 이교라 불렀다. 손책이 주유와 함께 환현을 함락(건안 4년)시키면서 교공의 두딸을 얻으니 손책은 대교를 주유는 소교를 아내로 맞았다. 이때 주유와 손책의 나이가 동갑내기 25세였으니 강동의 젊은 두 영웅에게 시집을 간 절색의 두 자매다. 불행하게도 손책은 가객家客의 기습을 받아 중상을 입고 죽었는데, 이 때 그의 나이는 26세. 대교는 일년 만에 청상과부가 되어버린다. 주유는 후일 적벽대전을 통해 조조의 백만 대군을 격파하여 사해만방에 이름을 떨쳤으나 익주益州 함락을 눈앞에 두고 병으로 죽으니 그의 나이 36세다.

◉ 부에 이르기를

- 庚寅, 戊寅(或戊申)은 설령 破,敗를 만난다 할지라도 오히려 얻음이 있고, 己卯, 癸未는 휴교休敎 홍염紅艷이 상침相侵한다.

『 이 4日은 모두 자좌自坐에 官의 장생長生이되고 남편이다. 가령 庚은 寅을 얻고 戊는 申을 얻으면 선비의 처가 되고, 乙이 巳을 얻고 癸가 巳를 얻으면 어긋나지 않고 아름다운 부인이 된다.
단 五陰日은 홍염紅艷, 도화桃花, 二殺은 마땅하지 않고, 五陽이 만나면 심하지 않고 또 양신養身하게 된다.』

- 官이 묘墓. 절絶의 地에 임하면 늙어서도 아리땁게 되어 곤란하고, 夫가 잡기雜氣 中에 있으면 아름다운 부인으로 최고 마땅하다.

『 가령 庚은 丁이 夫가 되고, 11月(亥) 生, 辛은 丙이 夫가 되고 8月(酉)에 생하면 비록 이름이 夫가 된다고 하더라도 실제 계절은 아니어서 설령 모양이 있다고 하더라도 필히 괴로움을 받는다. 소위 홍안紅顏은 박명薄命이 많다는 것이 옳은 것이다. 가령 癸日이 未月에 생했으면 잡기雜氣 中에 丁,乙,己가 있다. 곧 부성夫星 자식子息 재백財帛이 완전하다. 비록 잡기 중에 있지만 꺼리지 않는다.』

- 官이 득령得令하고 傷을 만나면 도리어 노비가 되고, 殺은 당면한 권력인데 制하게 되면 당연히 정실正室이 된다.
- 日刃이 殺을 만나면 첩이 아니면 여승이 되고, 月에 傷이고 刃이 겹치게 되면 노奴가 아니면 비婢가 된다.

『 日刃이 殺을 만난 것은 가령 壬子日 戊申 時가 예가 된다. 月의 傷에 첩인疊刃은 가령 丁卯月 , 甲辰日이 예가 된다.』

◉ 傷官은 夫의 권력을 빼앗고, 殺을 化하면 夫의 바탕(혹 재물)을 돕고, 도화桃花는 官星과 함께하면 좋고, 홍염紅艷은 殺과 동반하지 말아야 한다.

- 차가운 이불을 원망이 하는 것은 命에 고란孤鸞이 있기 때문이고, 일찍 과부가 되어 홀로 자는 것은 日에 과곡寡鵠이 임했기 때문이다.

『 柱中 官殺이 없고 혹은 絶되면 이러한 日은 꺼린다. 가령 官殺 등항等項에 기대어 의지하면 비록 고란孤鸞, 陰陽 차착差錯 등 日은 반길反吉하고, 과고寡鵠는 고란孤鸞을 말하는 것이다.』

- 고란孤鸞이 만약 부성夫星을 만나면 필히 자녀가 많고, 천덕天德이 殺을 化하면 노비婢奴가 많고, 한 조각의 比肩도 官地가 있으면 쟁부爭夫 한다는 것을 의심하지 말아야 한다.
- 身이 혼탁하고 설기泄氣가 심하면 印星은 자식을 구하는데 뛰어난 역할을 한다.
- 旺한 夫는 자식을 손상시키는데, 이는 관령官令에 효효가 강하기 때문이고, 旺한 자식이 夫를 손상시키는 것은 食 時로 官이 絶되기 때문이다.
- 印이 풍부하면 부유한 夫를 만나고 많은 자식을 얻는다.
- 食이 청淸한 값이 되면 건장한 매妹를 얻어야 필히 夫가 영화롭다.

『 부유한 夫는 官星이 財를 찬대帶 것으로 논한다.』

- 印이 重하고 官이 경輕하면 부권夫權을 빼앗고, 봉鳳이 춤추고 난鸞이 날면 노비의 命이다.

『 고란일孤鸞日은 왕독旺毒한 辰이다.』

● 天月 이덕二德에 다른 혼란스럽게 하는 것이 없으면 옷과 비단과 금관이 되고, 羊刃 七殺은 선善하지 않아 身이 분쇄되어 흩어지고, 하나의 陰殺을 만나면 절개를 지키지 않고 필연 아이가 없고, 양투兩透한 양상陽傷은 요염한 신체가 되고, 사내를 극하지는 않는다.

『 五陰日이 五陰殺을 보면 凶하다. 陽 傷官이 重한 印을 얻으면 도리어 身에 영화가 있고 남편을 훤하지 않는다.』

• 일인日刃은 생산生産에 최고 꺼리는 星이고, 食神이 깨어지면 임신이 어렵고 또는 잉태하지 못한다.

『 일인日刃, 동인同刃이 충冲을 만난 것이다.

　如　癸 壬 庚 丙
　　　卯 子 寅 午　　　이 명조는 年刃과 日刃이 相冲한다. 食神 寅을 梟 庚이 破한다.

　如　丙 戊 庚 丙
　　　辰 戌 子 申　　　月의 庚 食이 時의 丙에 훤당한다.』

• 官이 사절死絶에 임하면 夫가 상상喪하고 효梟의 구제驅除를 만나면 자식이 오는 것으로 본다.
• 夫가 貴를 얻는 것은 어떻게 알 수 있는가!
자식이 官을 얻는 것을 자세히 살피고, 食은 官에 의지 한다는 것을 알아야 하고, 官은 食으로 나아간다는 것을 알 수 있어야 한다.

『 가령 :   　時 日
　　　　　　　辛 己
　　　　　　　亥 未

甲己合하고 辛은 甲에 붙어있다. 官,食神이 건왕健旺하고 자식의 貴가 破를 만나 못나고 어리석다. 』

- 선후의 흥쇠, 부성夫星이 의지하는 것의 좋고 나쁨, 시종始終의 성쇠, 자식 運의 영고榮枯들을 살펴야 한다.

『 가령 一命 戊日 봄생 甲寅 時는 偏官으로 戊의 夫가 된다. 비록 건장하지만 財星을 보지 못했다. 동방東方으로 行하여 이르니 金이 없어 木을 制하지 못하여 이름이 없고 이득이 없다.

午運이 이르러 夫星은 올바른 食神을 얻었지만 도리어 甲木은 午가 死地가 되니 夫를 剋하여 재가再嫁하였다. 未,申 두 運에 큰 재물을 얻고, 대발大發한 運이 酉 5년까지 이르렀다. 갑태甲胎는 수명성壽命星이 되니 戊土와 丙火는 酉가 死가 되고 七殺(甲)이 傷官(酉)을 보니 甲은 의지할 곳을 잃어 사망하였다.』

◉ 호중자가 이르기를
- 등명登明은 많이 곱고 태을太乙은 음란하다 하였다.

『 亥는 입야入夜한 時가 되고, 巳는 밤을 마중하여 보낸 때가 된다. 女命에서 亥가 많이 있으면 맵시가 있고, 巳가 많은 者는 호색好色하다. 』

- 木이 성성하면 요사하게 아름답고, 水가 맑으면 청결하고, 金이 많으면 요절하고, 火가 치열하면 강강하고, 土는 부후富厚하다.

• 天月 이덕二德은 아름다운 예복과 금관金冠이 되고, 祿. 命. 身이 각 財를 얻으면 夫에 영화가 있고 자식이 貴하다.

『 歲干이 剋하는 者는 祿財, 歲支가 剋하는 者는 命財, 납음이 剋하는 者는 身財다. 이 三財의 소속은 오행으로 命中에서 一財도 모자라지 않고 완전하게 얻는 者는 夫는 필히 영화가 있고, 자식은 필히 貴하게 된다.』

• 매우 싫은 者는 陰刃으로 존친尊親에 방해되고, 최고 꺼리는 者는 순음純陰으로 자식에 마땅하지 않다 하였다.

『 祿 후의 一辰을 陰刃이라고 하고, 남男이 얻으면 처와 족친族親에 해롭다. 女가 얻으면 夫의 족친族親에 해롭다.

또 命의 年.月.日.時의 干支에 모두 陰에 속하고, 또는 5月 후 , 11月 전 者는 음극陰極으로 陽이 生하지 못하는 순음純陰으로 이러한 命은 자식이 없는 경우가 많다. 무릇 陰 홀로 生하지 못하고, 陽 단독으로 이루지 못하기 때문이다.』

◉ 골수파骨髓破는 내외에 재앙이 있고, 천침성薦枕星은 시비是非가 있다.

『 골수파骨髓破는 백의살白衣殺로 얻은 者는 내외內外 이족二族에 刑이 미치게 되고, 천침성薦枕星은 관대冠帶의 위치로 얻은 者는 일생 동안 많은 시비是非가 발생한다.』

• 원앙은 水를 보는 것을 두려워하는데 나라가 기울고 성城이 기운다.

『 무릇 三支, 三干 , 봉황鳳凰 기린麒麟 봉소鳳沼 三格으로 女命에 존재하면 변화여 원앙살鴛鴦殺이 되어 主는 음란하여 더럽게 되고, 命中에서 또 많은 水를 보면 主는 풍진風塵하고 염질艶質이 많다.』

- 관귀官鬼가 귀원貴垣에 旺하면 봉관鳳冠 하피霞帔하고, 화채花釵와 도화桃花가 같이 범하면 저녁에 비, 아침에 구름을 만나고, 貴人은 天과 한가지로 쟁과爭窠에 기쁘고 천원穿垣 건유騫牖한다.

『명전命前의 一辰은 화침살花釵殺이 되고, 후後의 一辰은 도화살桃花殺이 된다. 같이 보아야 하고 한 쪽만 본 것은 해당하지 않는다. 主는 창녀가 많다. 삼기三奇를 얻으면 이렇게 논하지 않는다. 天乙이 있는 곳은 貴人이 되고, 旺氣가 머물러 있는 곳은 희신喜神이 있는 곳으로 本生에 帶하고 또 동궁同宮하게 되면 보금자리를 다투게 되니 主는 음분淫奔한 첩이 되는데 공망에 떨어지면 이와 같이 논하지 않는다.』

◉ 부에 이르기를
- 女人에 殺이 없으면 一貴가 어찌 장애가 되겠는가!
- 천월덕天月德을 만나는 것은 좋고, 살관혼잡殺官混雜은 꺼리고, 貴(官)가 무리를 지어면 기생이 되고, 合이 많으면 몰래 암약暗約 투기偸期 한다.
- 오행이 건왕健旺하면 예법禮法을 존중하여 지키지 않고, 관대冠帶와 상호 만나면 추한 명성名聲이 된다.
- 회모도삽廻眸倒插, 범수도화泛水桃花, 목욕라형沐浴裸形, 명령중견螟蛉重見은 노비, 첩, 기생, 비구니가 많고, 삼정三貞, 구열九烈이 적게 있고, 쌍어雙魚, 쌍녀雙女는 음란淫亂성으로 칭하는데 범하는 것은 마땅하지 않다.
- 官星, 七殺은 主의 夫가 되는데 겹쳐서 보는 것은 꺼린다.
- 寅申은 서로 보면 황당荒唐한 성性이 되고, 巳亥가 상봉하면 뜻을 멈추지 않는다.
- 傷官의 위치는 멀리 시집가지 않으면 夫를 剋한다.
- 효인梟印인 겹쳐있으면 생이별 아니면 사별한다.
- 사주에 관귀官鬼가 입묘入墓하여 있으면 夫星은 이미 황천에 들어갔다.
- 歲運에 夫가 있는데 절절絶이 되면 이혼한다.

● 女命을 관찰하고자 하면 먼저 官星을 보아, 官이 대살帶殺하면 빈천하고, 官이 令을 얻으면 안영安榮하다.

- 傷官이 태중太重하면 반드시 夫에 해롭고 성중性重한 사람이 되고, 도식倒食을 겹쳐서 만나면 감복減福되고, 다시 고신孤神이 범하면 어떻게 견디겠는가!
- 殺이 겹쳐지면 귀실貴室을 따르고 合이 많으면 정조가 손상된다.
- 좌록坐祿은 수레에 오르고, 편안하여 평온이 겹쳐지고, 衝을 만나고 마馬를 만나면 말과 행동이 신중하지 못하고 가볍다.
- 도화桃花는 음탕한 행동이 넘치고 부끄러움을 모르고, 일록日祿이 귀시歸時하면 貴가 重하여 사람들이 흠모한다.
- 天月 이덕二德은 命의 근본이 되니 印綬, 貴와 같이 만나면 마땅히 양국兩國에 봉해진다.
- 時,日의 양인羊刃은 근본이 강강剛한 神으로 부궁夫宮에 불리하고 평생 성性이 손괴損壞된다.
- 時에 건왕健旺한 金神이 범하면 팔자가 강강하게 나타나기를 원하고, 단일한 食은 자식에 영화가 있고, 偏印은 절대 꺼린다.
- 안방을 지키(=절개)고 올바르고 고요한 것은 반드시 陰日이 중화中和를 얻은 것이다.
- 夫와 사나이가 교체되어 경영經營함은 陽 干支가 매우 旺하기 때문이다.
- 정록正祿을 만나는 것을 흠모하고 함지咸池를 범하는 것은 두려워한다.
- 청수淸秀는 長生의 도움을 얻은 것이고, 탁하고 잡한 것은 폭패暴敗에 귀歸함이다.
- 사주에 패敗가 많고 身을 충衝하고, 合을 만나는 것을 최고 꺼리니 一生 바쁘게 되는 기생이 아니면 중매쟁이가 된다.
- 印이 重하면 공고公姑와 서로 시기하고 食이 전일하면 자식을 얻는다.
- 官殺을 중봉重逢하면 모름지기 음란을 막아야 하고, 제매娣妹가 투출하면 夫를 두고 싸운다.
- 괴강魁罡은 영혼이 변하는 분기점이 되고, 日貴는 안상安常한 福을 얻는다.

● 女命을 보는 것은 남男과 차이점이 있는데, 부귀한 者는 一生동안 官旺하고, 순수純粹 者는 사주가 휴수休囚가 된다.

- 탁람濁濫한 者는 오행이 충왕衝旺하고, 창음娼淫한 者는 관살교차官殺交差하고, 官이 없고 합이 많으면 불량하다.
- 殺이 많아 柱에 꽉 차 있으면 剋制는 좋지 않고, 印綬가 많으면 늙도록 자식이 없다.
- 傷官이 旺하면 젊어서 夫가 상傷하고, 사주에 부성夫星을 보지 못하면 정결貞潔하다고 할 수 없다.
- 오행에 자요子曜를 많이 만나면 황음荒淫을 면하기 어렵고, 食神 일위一位가 生旺하면 자식이 임금에게 발탁되고, 官殺이 잡잡하지 않고, 印의 도움을 받으면 시집간 夫가 벼슬길에 오른다.
- 차가운 방을 지키는 청결함이 있는 것은 금저(金猪;辛亥) 목호(木虎;甲寅)를 서로 만난 것이다.

『 이 2日은 비록 剋夫하지만 올바르게 지킨다.』

- 공허한 휘장을 치고, 고독하게 잠을 자는 것은 토후(土猴;戊申)와 화사(火蛇;丁巳)를 만난 것이다.

『 이 2日은 剋夫하는데 올바르게 지키지 않는다.』

- 財旺하여 生官하고 食이 상해하지 않고 보조하면 夫가 영화롭고 子가 귀하다.
- 官, 食祿이 旺하고 하나의 印이 도우면 임금의 총애를 받는 비妃가 되고, 傷官이 겹쳐있는데 財,印이 없으면 패실敗室하고 부夫를 刑한다.
- 官殺이 三合으로 겹쳐지면 황음荒淫하고, 수치도 모르고, 합이 많고, 官이 중중하면 음란을 탐하고 색色을 좋아하는 사람이다.
- 官이 잡잡하고 氣가 쇠약하면 욕욕慾을 즐겨 夫를 刑하는 첩이 되고, 身旺은 官에 흉하여 비구니 아니면 창비娼婢가 된다.
- 食神은 덕德이 변하여 먼저 빈천하고 후에 영화가 있다.

● 구결에 이르기를 무릇 女命을 논할 때는 오직 月支 中을 보아 財.官.印 삼건(三件)을 사용하면 뛰어나다 하였다.

• 제1 印을 논한다.

財가 없으면 印에 손손損이 없고, 天月 이덕二德이 日干 上에 있는 女命은 가문의 자재資財가 결정되어 있어 복덕福德이 매우 크고, 온후溫厚한 사람이 되고, 흉을 만나도 흉하지 않고, 명망이 따르는 夫가 되고, 어질고, 자식이 貴하게 되고, 봉封을 받는 命이 된다.

歲, 運도 같이 논하고 화복禍福은 財는 꺼리고 官은 좋다.

• 제2 官을 논한다.

支 中에 소장所藏한 것이 무엇인가 보아 존재하는 一位가 특별하게 된다.

一. 官이 많은 것은 꺼린다.

二. 傷이 겹치는 것을 꺼린다.

三. 合을 차는 것은 꺼린다.

四. 煞이 혼잡한 것은 꺼린다.

五. 日主가 유약柔弱 한 것은 꺼린다.

이 5개의 꺼리는 것 외에 대략 사소하게 적은 財는 요하고, 이 5개의 꺼리는 것을 제외한 여명은 부귀한 가문의 출생이고, 夫는 부유하고 자식은 어질고, 아울러 각박刻剝한 근심이 없고 정명精明 영리伶俐한 사람이고 존중尊重한 복이 있다.

• 제3 財를 논한다.

月支 中에서 취하기를 요하는데, 財는 많은 것을 좋지 않고 오직 일위一位가 마땅하다. 歲 中의 일위一位 官星을 얻으면 이 女命은 부모에 기력力氣이 있고, 금보金寶를 얻는 복이 있고, 夫가 유익하고 자식도 유익하여 집안 좋게 유지 된다.

이상의 삼격三格 외는 버리는데 이하의 15格은 모두 부인의 命에는 마땅하지 않다. 대개 15格은 아마 傷官, 七殺, 羊刃, 건록建祿, 충동衝動, 요합遙合 일 것이다. 아무리 뛰어나도 官星이 없다면 傷, 財, 印이 있어도 이른바 취할 수 없는데 부인婦人은 官星을 夫로 사용하기 때문이다.

傷官을 보면 夫를 傷하게 하고, 生하여 나타나는 것은 자식이 된다. 가령 甲日 生人은 木에 속하고 丙.丁.巳.午.寅.戌는 자식에 속한다. 火가 시령時令을 얻으면 자식이 많게 된다. 火가 묘지墓絕의 地, 水局, 壬癸가 相剋하면 자식이 없는 것으로 판단한다. 만약 火가 절묘絕墓의 地가 되지만 사주에 衝이 있으면 만년晚年에 자식을 얻어 종년終年에 고독하지 않다.

● 또 六壬日 壬寅 時를 삼명에 이르기를 陽干이 양陽을 생산하면 아들이 되고, 陰을 생산하면 딸 되고, 陰干이 陰을 생산하면 아들이 되고, 陽은 딸이 된다 하였다. 寅은 木의 분야分野로 甲木이 임관臨官의 地의 生하면 영귀榮貴하고 福과 수명이 긴 아이가 된다.
만약 木이 午.未.申.酉의 時에 있으면 火土의 분야로 木이 墓.死.絕의 地가 되어 자식은 적고 설사 있다고 할지라도 빈하고 질병이 많고 그렇지 않으면 승도僧道, 양아들, 양자 등의 종류가 된다.
또 乙木 生 人은 庚이 夫가 되고, 庚은 丁이 官星이 되고, 丁은 乙의 食神으로 자식 星이 되고, 丁이 生旺한 時를 얻으면, 즉 夫의 명분을 食의 旺相에서 취하게 되니 곧 官이 명랑明朗하면 夫가 영화로울 뿐만 아니라 자식도 貴하다. 남은 것은 이와 같은 방법으로 추리한다.

● 또 이르기를 女人의 命에서 七殺을 보면 편부偏夫가 되니 正官과 겹치면 편정교집偏正交集이 되는 까닭에 좋지 않다.

만약 偏官 일위一位만 있고 柱에서 제복制伏을 하게 되면 음란淫亂하지는 않고, 다만 主는 夫를 업신여기고 권력을 빼앗고, 반드시 가정을 가지게 되어 지키고 성질이 강건하다.

만약 日主가 건왕健旺하고 배록背祿 혹 月, 時에 의지할 곳이 없고, 혹 부성夫星이 死絶, 혹 고신孤神, 육해六害는 출가하여 여승이 되는 命이기도 하고, 그렇지 않다면 추운 방에서 원망하면서 절개를 지킨다. 가령 夫가 묘墓. 절絶이 되고, 아울러 귀상鬼傷의 곳이면 主는 겹치는 혼인으로 재가再嫁한다.

무릇 命이 강강하면 결혼은 하지만 一生 동안 불화不和하고 생이별, 사별하기도 한다.

官星이 生旺한 地에 있고, 殺星은 쇠衰, 약弱, 사死, 절絶이 되면 청정淸正한 재록財祿의 命을 만드니 혼잡混雜으로 논하지 않고, 殺星이 많은 것은 꺼린다.

합신合神을 대帶하고, 官이 衰한데 食은 旺하고, 財, 殺의 무리는 창기娼妓로 흐르거나 음람淫濫한 여인이 된다.

● 또 이르기를 女命은 많은 산액産厄이 있는데, 이는 食神이 효효梟를 차고, 효신梟神이 태중太重하고, 또 生年의 간두干頭에 傷官을 차거나, 時에 羊刃이 범하여 충衝, 형刑, 극剋, 해害하고, 다시 유년流年과 運이 효인梟刃과 충합衝合하면 산액産厄이 있다.

만약 팔자가 안온安穩하고 극剋, 전戰, 형刑, 충衝의 근심이 없고, 日干이 건록健祿, 殺星을 수강受降하고, 다시 천을天月 이덕二德을 만나면 일생에 산액을 범하지 않고 혈광血光의 험함을 당하지 않는다. 이것은 흉을 만나도 구원이 있기 때문이다.

● 또 설명하면 무릇 부인婦人은 日主가 약하고 比肩이 旺하면 主는 비첩婢妾에게 권력을 빼앗긴다.
가령　　辛 己 己 甲
　　　　未 卯 巳 寅

이 命은 日主 己의 좌坐에 卯가 있어 유약하고 무력하다. 己巳 比肩과 동류同類인데, 4月生 巳火로 火土가 되니 印旺한 계절이 되었다. 比肩은 득지得地하였고, 年上의 甲 夫星과 月上 己巳와 합하여 가고, 日主는 쇠약하여 사용하지 못한다.
이 부인은 평생 첩에게 권리를 빼앗겼고 남편과 화합하는 기운을 얻지 못했다. 남은 것도 이렇게 추리하면 된다.

● 또 설명하면 무릇 女命을 볼 때 모름지기 오행이 청담淸淡하면 生旺은 요요하지 않고, 폭패暴敗가 거주하지 않고, 임관臨官이 범犯하지 않은 사주는 화기和氣를 얻어 아름답다.
휴수休囚, 사절死絶 上이 되면 貴人, 역마驛馬, 왕록旺祿, 합신合神을 차지 않으면 좋고, 만약 生旺, 임관臨官, 겸해서 貴人, 역마驛馬, 왕록旺祿, 합신合神을 범하면 모두 아름답지 않다.
망신亡神, 겁살劫殺, 삼형三刑, 육해六害, 양인羊刃, 비인飛刃은 모두 좋지 않다.

● 신백경에 이르기를 역마가 貴神을 만나면 종내 풍진風塵에 떨어진다 하였다. 합절合絶을 합귀合貴라 하지말라! 이 법은 사람들이 만나기 어렵다. 다만 日을 근거로 하여 年으로 하는 이 결訣은 성인이 전하였다.

찬 祿이 生旺하면 생산 시 사망한다고 대답하고, 찬 祿이 쇠衰하면 비록 禍는 있지만 재앙은 없다.

- 사마계주가 이르기를 무릇 女命을 추리할 때는 貴人 一者는 어질고, 번잡하고 슴이 많으면 계집종이 아니면 기녀가 된다 하였다.
- 침지에 이르기를 도화가 쌍원합雙鴛合이 되고, 貴人이 쓸데없이 섞여 있으면 참된 재주가 있는 기녀가 된다 하였다.

도화가 임관臨官 上에 馬가 되면 일컬어 도화마桃花馬라고 하고, 임관臨官 上에 겁살을 본 것이 되면 일컬어 도화살桃花殺이 라고 한다.

- 또 일반살一般殺이 있는데 巳酉丑 生人이 午를 보는 예가 된다. 이것은 또 함지살咸池殺이라한다. 온전히 본 것은 편야도화살遍野桃花殺이라 하여 女命에서 가장 꺼린다.
- 쌍원합雙鴛合은 가령 하나의 己가 두 개의 甲을 보고, 한 개의 乙이 두 개의 庚을 보고, 한개의 辛이 두 개의 丙을 보고 한 개의 丁이 두 개의 壬을 보고, 한 개의 癸가 두 개의 戊를 보는 것이다. 사주에 甲己가 있고 또 乙庚, 子丑, 寅亥 두 개, 두 개가 슴하면 쌍원합雙鴛合이라고 한다. 女命에 이것이 있으면 모두 좋지 않다.

만약 도화살을 犯하고 다시 쌍원살雙鴛煞이 있으면 더욱 좋지 않다.

● 이우가에 이르기를 貴人이 공망 속에 떨어지는 것은 祿馬가 배위背違되는 것과 같은 것은 아니다 하였다. 가령 성격이 아주 총명한데, 男은 영륜伶倫 같고 女는 창기娼妓가 된다. 또 귀족貴族으로 태어나고, 자못 음란함이 있다. 모름지기 命에서 겹쳐 있으면 3월의 복숭아꽃이 봄바람에 휘날리는 것과 같다.

원수에 이르기를 복숭아꽃이 물을 따라 표류하고 달밤에 화려한 바구니에 검은 욕정을 넉넉하게 담고, 다정한데 다만 헛된 슴으로 상함이 있게 되고, 이상은 모두 도화살桃花煞을 논한 것으로 犯한 者는 모두 불량하다.

만약 삼형三刑, 육해六害, 망신亡神, 겁살劫煞, 고진孤辰, 과숙寡宿이 범하면 상부喪夫하고 극자剋子한다. 무릇 女命에서는 임관臨官, 제왕帝旺이 완전하면 두려워하는데 부부가 서로 손상을 당하게 된다.

원수가에 이르기를 임관臨官, 제왕帝旺은 좋지 않아 재가再嫁 중혼重婚 또는 일찍 손상된다 하였다. 만약 부처가 상적相敵*이 되면 첫 남자와 첫 여자는 마땅히 요절한다 하였다. 만약 羊刃이 범하고 또 조원양인朝元羊刃은 모두 산액産厄이 있다 하였다.

원수가에 이르기를 刃이 時에 있고, 태胎에 들어 있고, 日刃이 조시朝時에 들어오고, 또 支干에서 서로 극박剋剝하면 처가 산임產妊의 재앙으로 근심이 생긴다 하였다. 이 의견은 부명夫命도 범犯하면 主의 처妻에 산액產厄이 있고, 부인의 명이 이와 같다면 산액產厄의 근심이 있는 것으로 과감하게 결정해도 된다.
다시 卯酉 二時 生은 낙태는 면하지만 자식을 훼한다.

• 소위 조원양인朝元羊刃은 가령 卯年 生 人이 甲日과 甲時를 본 종류이고, 혹은 辰日이 時干에 乙을 보는 것이다. 모두 조원양인朝元羊刃이라고 한다. 남은 것은 이에 준한다.

** 령륜伶倫 : 중국 황제 때의 한 사람. 음률을 정하였다 함.
** 상적相敵 : 양편의 실력이 서로 비슷함.

◉ 또 설명하면 무릇 女命에서 年은 옹부翁父가 되고, 胎는 파모婆母가 되고, 月은 축리妯娌, 日은 부기夫己, 時는 자손이 된다.
女命의 子,午,卯,酉日 生은 子,午,卯,酉의 부명夫命과 합가合嫁가 가능하고, 사맹四孟, 사계일四季日도 마찬가지로 합가合嫁가 가능한데, 만약 日干合, 支神 三合, 六合을 하는 者는 모두 해로諧老하지 못한다.

사주에서 납음은 上이 下를 剋하면 마땅하여 主에 福이 뛰어나고, 下가 上을 剋하는 것은 마땅하지 않아 主는 속이고 주제를 넘는다.

만약 年의 납음이 時의 납음을 剋하면 자식에 좋지 않고, 만약 극剋, 전戰, 형刑, 파破하면 主는 아들은 적고 딸은 많다.

만약 절絕 중에 生이 있고, 旺 중에 死가 있고, 공망 중에 파破가 있으면 오행이 무정無情하여도 吉하고, 刑, 衝으로 무정無情하여도 上이 되고, 단지 무정無情하면 다음이 된다.

일좌日坐의 年의 祿은 영광된 神으로 군국郡國에 봉해지고, 日이 부록夫祿을 차면 이에 재물 창고가 있다. 다음의 영광 된 神은 춘春의 甲乙, 하夏의 丙丁의 예가 된다.

만약 生中에 絕이 있고, 死 中에 旺있고, 공망에 合이 있는데, 다시 고과孤寡 원진元辰을 범하게 되면 천賤하다.

● 무릇 女命에서 印이 허虛하다면 고庫가 실實하기를 원하고, 오행의 안정하여 무정하지 않으면 상등上等의 청렴淸廉한 格이 된다.

만약 貴人, 천월덕天月德이 있고, 日上에 官이 있으면 主는 현숙하고, 祿이 쇠衰한데 身旺한 것은 크게 꺼리고, 日의 관대冠帶, 임관臨官, 제왕帝旺은 불길하다.

또 하나는 고庫는 허虛하기를 要하고, 貴는 공망이 없기를 원하고, 印에 氣가 있으면 夫의 권리를 빼앗고, 庫에 氣가 있으면 夫는 財를 모은다.

전쟁이 있다고 해서 인정과 도리가 없는 것은 아니고, 시샘한다고 해서 꺼리는 것은 아니고, 노비는 궁에 부침살浮沈殺이 있으면 主는 노비에 맞아 죽는다.

무릇 女命의 生日에 관귀官鬼가 있고, 사死, 묘墓, 절絕 上이 되면 主는 부夫를 극하고, 관귀官鬼가 공망이 되거나 日이 공망이 되고, 또 生日이 無氣한 者는 夫가 없는데, 설령 있다고 하더라도 없는 것과 같고, 旺氣를 차서 煞을 刑하는 者는 夫를 剋하여 하천한 命이 된다.

● 고가에 이르기를 오행의 夫의 위치에 공망이 되고, 다시 身이 낮다면 어찌 사내가 있겠는가! 풍진風塵이 되거나 비첩婢妾이 되고 지위가 낮은 夫를 따르고 身은 창娼이 된다 하였다.

척벽에 이르기를 納音이 金인 命은 火가 夫가 되는데 고과孤寡가 첩첩하게 임하고 戊亥 2궁은 夫의 死絶이 되어 출가出嫁가 헛되고 공허한 곳이 된다 하였다.

무릇 女命에 生年 生日이 一位로 같은 者는 극부剋夫하고, 年과 生日의 납음이 같으면 몇 번 시집간다.

生年과 生日이 六甲이 있는 者는 이름이 대갑帶甲으로 主는 夫를 剋하고, 月과 日도 마찬가지다. 가령 甲午年 生이 다시 甲午日을 만나면 10중 9는 극부剋夫하고, 金神이 甲을 차면 이 예보다 더욱 더 그렇다.

만약 生日에 旺氣를 차帶는 것, 가령 丙子, 庚子, 戊午, 癸酉, 辛卯 등의 日은 이름이 승왕부承旺夫라 하여 하천下賤하지는 않지만 夫를 해치고, 충분十分한 복덕福德을 차게 되면 내인內人이 되고, 5, 6分의 복덕福德이 있으면 貴官이 좌우하고, 3, 5分의 복덕福德이 있으면 貴上을 접대하는 기녀가 되고 다음은 비첩尼妾이 되고 심한 者는 음탕하게 된다.

● 혹 말하기를 戊午는 貴가 많고, 癸酉, 辛卯는 다음이고, 丙子, 庚子는 하천下賤하다 하였다.

또 이르기를 戊午, 癸酉, 辛卯는 크게 아름다운데 조금 흠집이 있고, 만약 壬, 癸 生人이 丙子, 癸亥, 申子辰 人을 보면 첩첩이 壬, 癸를 본 것이 되는데 이름이 유수살流水殺이라 하여 主는 하천下賤하고 정결貞潔하지 못하다.

水가 많은데 土가 없으면 主는 음란하고, 火가 많고 水가 없어도 主는 음란하고, 팔전八專이 胎로 月,日,時를 범하면 主는 음란하고 피로하여 질병이 있다.

구추九醜가 많은 者도 음탕하고, 산액産厄으로 사망하고, 목욕沐浴, 함지咸池는 주색酒色의 神으로 主는 음란하고, 십악대패十惡大敗도 主는 음란하여 가정이 깨어진다. 도화, 겁자劫者는 主가 젊어 기녀가 되고, 늙어서 빈곤하고, 寅午戌 生 人이 겨울의 3개월과 亥時, 巳酉丑 生 人이 춘春 3개월과 寅時, 申子辰 生 人이 하夏 3개월과 巳時, 亥卯未 生人이 추秋 3개월과 申時가 이에 속한다.

고시에 이르기를 도화와 겁겁 2개가 침범하면 도적이 되지 않으면 간음姦淫을 하게 되고, 홀연히 女子를 만나서 이루게 되고, 젊어 기녀가 되어 늙어 가난하게 된다 하였다.

● 무릇 女命에 합이 많고, 다시 貴人을 차면 상류上游 관기官妓가 되거나 그렇지 않다면 貴人의 측근이 된다.

만약 生日이 무기無氣한데, 좌坐에 貴人이 있고, 사주에 천을덕天月德이 있고, 日祿이 귀시歸時하면 主는 천한 가운데 귀한 아들을 낳는다. 혹 봉封을 받는 者는 福이 日,時에 있어서 그렇다.

시종始終 하천下賤한 것은 함지咸池 자패自敗가 있어서 그렇다. 대모大耗, 천중天中이 있고, 훼剋,刑,衝을 범하고, 자형自刑으로 氣가 흩어지고, 殺을 차帶면 성性이 천하고, 음탕한데 설령 貴格이 된다 하더라도 풍성風聲은 있게 된다.

괴강魁罡이 교충交衝하면 사납고 불순하다. 혹 표탕飄蕩*한 것은 生旺이 태과太過한 中에 겁살劫煞이 왕래하여 상충相衝하게 된 것이고, 또 성품이 다열多烈하고, 육친과 불목 하지만 정조는 깨끗하여 음란하지는 않고, 우환은 있다.

93

만약 함지咸池와 대모大耗(元辰)가 동궁同宮하면 음란하고 남을 헐뜯는다.

天中(空亡)과 폭패暴敗가 서로 이어져 있으면 정성情性이 이상야릇하여 간음하고, 刑, 衝이 있으면 반드시 간음하는데 관청에 발각된다.

日,時上에 死,絶이 되고 殺을 帶하면 主는 빈곤 하천하고, 혹은 시장에서 장사하고, 풍진 용렬한 여인이고 예의가 없다.

혹 印이 天中이고 합묘合墓 中의 대모大耗 者는 무당과 약장사의 무리가 되고, 中에 建祿과 貴人이 있는 者는 시장에서 관청의 물건을 판매하는 여인이 된다.

　　　　　　　　　　　　　　　** 표탕飄蕩 : 정처 없이 흩어져 떠돎.

● 生日에 대모大耗, 함지咸池가 있으면 부처夫妻에 외심外心이 있어 서로 요란스럽고, 관부官符를 보면 흉폭하고 악한 부부를 만나서 능욕당하고, 主를 돌보지 않고, 혹은 매사에 방해를 하여 一生 夫로 인해서 번뇌한다.

生時의 겁살劫殺, 대모大耗(元辰殺), 공망은 아들을 낳지만 이루어지는 것이 적고, 근심으로 마음 졸이고, 시끄러움이 많고 혹은 도리에 어그러져 패악하고 불순한 아들이 되고, 함지咸池를 보면 유산이 많다.

日時에 구교勾絞, 반안繫絆은 자식을 낳기가 어렵고 혹은 목을 매어 자살 한다.

歲,運에서 대모大耗를 보는 것은 흉하여 夫,子가 상샹스럽지 않고 시끄럽고 다시 身을 훼하면 왕왕 사망을 하는 경우가 있다. 만약 日,時에 화개華蓋, 정인正印이 있으면 主는 남편과 자식이 없다. 8數는 陰의 종終으로 크게 흉하다.

刑害, 공망, 충파衝破, 비인飛刃, 양인陽刃, 겁망劫亡, 파쇄破碎, 대패大敗 등의 殺은 夫를 훼하고 자식이 해롭게 된다.

다시 오행의 가감 경중을 살펴서 같이 논하여, 있으면 一生에 아녀兒女를 낳지 못하고 혹은 유산이 많이 발생한다. 또 있으면 시집을 가지 못하고 설령 자식이 있다고 하더라도 효도를 하지 않는다.
공망空亡, 원진元辰, 함지咸池, 화개華蓋, 반안攀鞍이 있으면 악한 여인이 되어 剋夫하고 자식이 적고 병이 많고 시기한다.

◉ 무릇 女命에 6개의 自刃이 日,時가 있으면 主는 지아비가 없고 자식도 없다. 곧 이것은 충분히 좋은 命이라 해도 모름지기 剋은 있게 된다.
- 羊刃과 원조양인朝元羊刃이 많으면 主는 산액産厄이 있고, 월경이 과다한 질병이 발생하고, 중년 후에 主는 냉병이 발생한다.
- 卯酉가 많으면 主는 유산하고, 옆구리 통증이 피를 짜는 듯하다.
- 사주에 전부 陽이면 남아를 낳지 못하고 전부 陰이면 여아를 낳지 못한다.
- 時에 陽干은 처음에 남아를 낳는 경우가 많고 陰干이면 처음에 여아를 낳는 경우가 많고 이것이 둘째라면 두 번째에 아들을 낳는 경우가 많다.
- 맏 계절도 동등한데 寅.申.巳.亥가 많은 者는 쌍둥이를 낳는 경우가 많고, 亥가 많은 者는 쌍둥이 남아를 낳는 경우가 많다.
- 巳가 많은 者는 쌍둥이 여아를 낳는 경우가 많다.
- 三年 一胎, 二年 一胎, 一年 一胎 者는 모두 時의 납음이 水一, 火二, 木三, 金四, 土五의 수에 그 효과가 있는데, 日,時의 납음으로 부자부자父子夫子의 수數를 정한다.
- 火氣가 많은 者의 主는 평생 낳아 기르지 못한다.
- 오행이 조기燥氣하고 반음복음返伏吟이 같이 있게 되면 자식이 중년에 불리하고 만년에는 반드시 줄어들게 된다.

- 복음일伏吟日은 主가 극부剋夫하고 오직 歲와 같은 者는 면할 수 있다.
- 月이 복음伏吟이 되면 수제매嫂娣妹에 마땅하지 않고 胎가 복음伏吟이 되면 골육骨肉에 불리하다. 반음返吟도 동등하다.

◉ 무릇 女命에서 평온한 가운데 귀격貴格이 되는 것은 祿馬, 貴人을 차고, 자생自生, 자왕自旺하기 때문이다.
- 六合이 있는 者는 主의 성성性이 재주가 있고, 어질고 덕이 있고, 맵시가 수려하다.
- 크게 왕성한 것은 다치게 되어 불가하고, 공핍恐乏 유순柔順한 것은 死絶이 지나치게 되는 것은 불가하다. 즉 음란하고 性이 구차하다.
- 오행의 염화恬和를 얻고 또 긴요한 福氣가 日時 上에 모이면 아름답다.
- 日은 지아비가 되고 時는 자식이 된다.
- 일체 福神이 日, 時 上에 더해져 있으면 모름지기 부자부자父子夫子로 인해서 貴하게 된다.
- 女人의 福은 부자부자父子夫子에 있고, 겹쳐 봉해지면 貴한 이름으로 일찍 어진 남편을 맞게 된다.
- 만약 日,時 二位에 복력福力이 긴요하지 않으면 보통 命이 되고, 가령 月,胎 上에 복이 모이면 다만 이것은 부귀한 가문에 태어난 것이 되고, 남편의 福이 아니다.

◉ 무릇 女命에서 최고 좋은 것은 금여金轝이다. 六合으로 자왕自旺하면 복이 두텁고 골육에 이롭다.
- 印綬, 녹귀祿鬼를 보고 혹은 수화기제水火旣濟, 혹 금수상생金水相生되면 자질이 미려美麗하다.
- 自生 自旺하고 관부官符를 차帶고 혹 오행 支干의 왕래가 무정하지 않으면 내정

內政, 청백淸白, 엄의嚴毅하고 음잡淫雜은 좋아하지 않는다.
- 만약 祿이 死絶이 되면 검소하고 화려하지 않다.
- 印綬가 煞을 차면 권력이 임중任重하고, 六合이 相生하면 골육이 무성하고 두루 아름답다.
- 時上에 貴人, 역마가 있으면 어질고, 효도하는 자식을 낳고, 아들의 잉태와 생산에 염려가 없다. 日上에서 보면 어질고 아름답고 총명한 남편이 되고 평생 쾌락하다.
- 부음負陰 포양抱陽한 者는 남자를 낳고, 부양負陽 포음抱陰한 者는 딸을 낳는다.
- 그래서 남명男命은 命이 旺한 것이 이롭고, 쇠쇠衰한 것은 불리하고, 女命은 命이 쇠衰한 것이 이롭고, 旺한 것은 불리하다.

男은 旺하면 福이 있고 쇠衰하다면 福이 없는데, 女는 쇠衰하면 福이 있고 旺하면 복이 없다.

** 엄의嚴毅 : 엄숙하고 굳셈.

◉ 고가에 이르기를
- 財.官.印綬, 삼반물三般物이 女命에 있으면 반드시 夫는 旺하다 하였고, 煞이 많지 않고 혼잡하지 않고, 신강身强한데 제복制伏이 있으면 훌륭하다 하였다.
- 女命에서 傷官은 복이 참되지 않고, 財와 印이 없으면 외롭고 가난하다.
- 국중局中에 傷官이 투출하면 반드시 대청 앞에서 사람을 부른다.
- 夫와 합하면 올바르게 되고, 합이 있는데 夫와 합한 것이 아니면 편偏이 되어 옳지 않다.
- 官殺이 겹치게 되면 하격을 이루고, 傷官이 겹쳐서 合하면 말할 필요가 없다.
- 官이 도화를 차帶면 복이 있고, 수명이 길고, 도화가 殺을 帶하면 경사慶事롭고 복된 조짐이 적다.

- 合이 많으면 최고 꺼리는 것은 도화를 범하는 것이고, 比劫, 도화는 크게 불량하다.
- 女命 傷官格은 내심 불만스럽고, 財, 印을 차면 복력이 굳건하고, 傷官이 旺하면 夫가 傷하고, 파료상관파료傷官은 수명이 손상된다.
- 비천록마飛天祿馬, 정란차井欄義를 女命이 만난 것이 가장 아름답지 않다.
- 한 갓 좋은 것은 편처偏妻 혹은 기녀가 되었는데 財가 있으면 영화를 누린다.
- 사람의 마음을 빼앗는 눈썹과 비취색 버들 같은 뺨으로 꽃과 같은 것은 祿馬, 長生에 貴氣가 있는 것이고, 자목紫木, 태양太陽이 사정四正에 임하면 남편에 유익하고, 자식에 그늘이 되고, 가정을 보존한다.

『 祿馬가 長生을 만나고 혹 묘고墓庫을 帶하고, 한 개의 소중한 貴에 미치면, 소위 長生, 祿馬, 貴人이 時일때 자식이 貴하고 남편이 영화롭고 자태가 반드시 뛰어나게 된다는 것이 이것이다. 』

** 삼반물三般物 : 불교(佛敎)의 세 가지 명처(名處). 곧 그늘이 안지는 땅, 메아리가 안 울리는 산골, 뿌리가 없는 나무, 이 세 가지를 일컫는 말.

● 한 개의 중중重重한 망겁亡劫 및 羊刃이 天乙을 같이 만나고, 祿馬의 장소에 生하면 색정이 없고, 사람이 지조가 굳고 깨끗하고, 부부에 영화가 자익自益하고 세력이 왕성하고 번성한다.

- 역마를 많이 만나면 예의가 없고, 임관臨官, 제왕帝旺은 사람이 번뇌하고, 柱中에서 다시 함지咸池를 만나면 차등此等의 가인佳人은 찾지 말아야 한다.
- 망신, 겁살, 고신, 삼형, 과숙, 격각, 쌍신, 평두, 화개는 모두 같은데 꽃다운 냄새가 있는 곳에 고신이나 과숙을 당하면 문발을 쳐 놓고 달마다 보름 이상을 침상에서 홀로 지새운다.

『 망신亡神, 겁살劫殺, 고신孤辰, 과숙寡宿, 격각隔角, 평두平頭, 고진雙辰, 화개華蓋, 육해六害, 삼형三刑은 소위 오행 神殺로 매우 꺼리는 것으로서 작용이 중하다. 』

• 양인羊刃, 겁劫, 망亡, 휴휴가 합동合動하면, 합동合動은 고당高堂의 운우몽雲雨夢이 되고, 합귀合貴, 합마合馬, 합함지합咸池는 반드시 존경받지 못한다.

『가령　　　　壬丁己庚

　　　　　　　寅亥丑申　　이것이다.』

生月과 상궁上宮(日主)이 합하면 뛰어나다.
다시 겸해서 時의 무리와 합하면 凶과 동일한 것이다. 밖으로 보기는 존중한 모습이나 진실은 그렇지 않다. 내란을 막아야 하고 끝내 좋게 끝나지 않는다.

『가령　　　　乙己甲乙

　　　　　　　亥巳申亥　　이것을 두고 말하는 것이다.』

◉ 命에 함지咸池, 세일성洗日星은 사람의 性이 공교하고, 다능多能하다. 남인男人은 상식相識하고 여자는 중승衆僧을 범한다.

• 상궁上宮에 염정廉貞을 帶하는 것은 절대 꺼린다. 자기는 음란하지 않고 처는 반드시 음란하고, 설사 부처夫妻가 모두 올바르다고 해도 관사官事가 처로 인하여 미치게 된다.

『上宮은 日干을 말한다.』

• 女命에 함지咸池가 日上에 더해지면 총명하고, 의義를 지키고, 간사하지 않지만 남편이 전도顚倒되어 걱정이 있게 되고 도박하고 탕진하여 파가破家한다.

『가령　　　　丁乙乙甲

　　　　　　　亥卯亥戌

　　　　　　　土水火火

丁亥土는 旺土로 乙卯水의 水를 制하여 水가 敗한다. 대족大族을 생하고 자기는 음란하지 않는데, 夫가 유탕遊蕩하여 파산破産하였다.』

- 함지살咸池殺은 가장 괴려乖戾*하다. 나를 剋하고 나를 生하거나 모두 불리하다. 比와 화합하고 또 천賤한 성星의 이름이고 호색好色하고 탐재貪財하고, 貴에 이르기는 어려운 이름이다.

『 가령   庚 丙 己 癸

              寅 午 未 酉   스스로 탐색貪色하고, 처도 음란하다.

또 甲戌, 癸卯日 者는 夫가 다학多學하나 무성無成 음탕淫蕩하다.』

　　　　　　　　　　** 괴려乖戾 : 사리(事理)에 어그러져 온당(穩當)하지 않음

● 함지咸池는 主가 음사淫邪하다. 모름지기 그 중에 있는 심천深淺을 살펴야 하고, 다른 곳에서 制剋하면 복이 되고, 많은 사람의 정은 얻지 못하는 것을 알아야 한다.

- 패享와 도화, 사정四正(子午卯酉)이 어찌 역마와 같겠는가! 공교한 목소리와 색을 거느리고, 대중과 화합하기 어렵다. 지혜가 적고 간사한 곳에 부질없이 마음을 사용한다.
- 亥子를 겹쳐서 만나는 것은 마땅하지 않다. 시어머니와 동서를 참고하여 헤아려야 한다. 男子는 장모에 거듭 절하여 처가에 한바탕 무너진 것에 대한한 방면을 구하여야 한다.
- 상궁上宮(=日干)에 망겁亡劫이 있고, 다시 刑衝을 남녀 命에서 만나면 하나의 규칙으로 凶하다. 보월寶月 수진修眞은 하나의 법도가 아니고 붉은 줄을 다시 이어서 반드시 거듭 만난다.

『 가령   丁 己 丙 甲

              卯 巳 寅 子   재가再嫁하였다. 』

양인羊刃, 망겁亡劫이 상궁上宮(=日主)에 있으면 처를 극하고 병이 발생하는 가장 흉하게 된다. 진신進神이 같이 오면 사별死別, 생이별, 질병이 바람과 같이 온다.

고과孤寡가 쌍진雙辰하고, 아울러 격숙隔宿을 時, 日에서 만나면 골육이 刑되고 양자. 사내를 구할 만한 가치가 없는 것으로 남녀 모두 치욕을 만난다.

『 가령　　　　丙 戊 戊 丁
　　　　　　　　辰 申 申 未　　　　男은 도적이 되고 女는 음분淫奔하다. 』

『 **註釋** 각角은 寅申巳亥. 격隔은 辰戌丑未. 고孤는 방위(亥子丑 등)가 진進한 것으로 巳申亥寅. 木는 巳, 火는 申, 金은 亥. 水는 寅으로 즉 각角과 같다. 과寡는 방위(亥子丑 등)가 퇴退한 것으로 戌丑辰未. 水는 戌. 木은 丑, 火는 辰, 金은 未로 즉 격隔과 같다. 』

● 여인 命에 羊刃이 많은 것은 마땅하지 않다. 合, 剋, 나문羅紋에 도과倒戈를 帶하면 미녀로 인하여 내부가 요동하여 禍가 일어나고, 화려한 용모는 언덕이 높아 말로도 피하기 어렵다.

『 가령　　　　壬 戊 壬 丙
　　　　　　　　子 午 辰 戌　　　　다툼이 심하고, 풍진風塵이 흘러 떨어진다.

또　　　　　　戊 戊 癸 乙
　　　　　　　　午 午 未 卯　　　　羊刃이 합하여 흉사凶死하였다. 』

일중一重의 羊刃은 권력을 부릴 수 있는데 2,3개가 겹치면 凶이 가장 심하게 되어 황음荒淫 간투奸妬가 많아서 창녀가 되고 흉폭凶暴 악惡하여 단명한다.

부인에 망겁亡劫은 가장 상서럽지 못하다. 時日에서 있으면 성성이 반드시 강剛하고, 死絶과 겸하게 되면 더욱 主를 훤하고 합하여 相生하여도 재앙이 있다. 동서와 시어머니 모두 과부가 되고, 나쁜 소문이 퍼진다.

『 註釋 水의 劫煞은 巳로 水가 絶하는 곳으로 타 오행도 이와 동일하다. 즉 財가 劫煞이 되니 시어머니에 해당한다. 水의 亡神은 亥가 된다. 方의 첫 글자가 된다. 타 오행도 동일하다. 즉 동서同壻에 해당한다. 』

● 年.月.日.時를 싸워서 항복 하는 것으로 구분하는데, 명궁命宮에 풍광風光을 완전히 帶하면 기뻐다.
男은 최자崔子*가 화류花柳를 찾는 것과 같고, 女는 양귀비가 해당화에서 조는 것과 같다. 『 子.午.卯.酉는 앞에서 설명한 것에 준한다. 』

『 註釋 男命에서는 子午卯酉를 좋지 않은 것(淫亂)으로 비교적 설명하고, 女命에서는 寅申巳亥를 좋지 않는 것(淫亂)으로 본다. 』

** 최자崔子 : 최저[崔杼] 미상 ~ BC 546년 춘추 시대 제齊나라 사람. 대부大夫. 최무자崔武子 또는 최자崔子로도 불린다. 영공靈公 때 정鄭나라와 진秦나라 등의 정벌에 공을 세웠다. 자신의 처와 사통한 장공莊公을 시해하고 경공景公을 세워 전권을 휘둘렀지만 집안의 불화를 틈탄 경봉慶封에 의해 멸문을 당했다.

女人에 天乙이 2,3개가 겹치면 貴가 많이 번성하여 吉이 凶을 만들고, 현관絃管이 떨리는 中에 살아갈 방도를 만든다. 死絶, 休囚는 같지 않다. 貴人을 일좌一坐하면 좋은 命이 되고, 貴人이 이좌二坐하면 마음이 일정하지 않은 것이고, 삼좌三坐한 貴人은 창녀가 되고, 만년晩年에 재산財産이 많고 세력勢力이 있는 가문家門을 만든다.
『 가령   乙 己 己 丙

           亥 亥 亥 子   창녀다.

또   乙 己 辛 丁

        亥 亥 亥 酉   나이가 들도록 시집가지 못했고 늙도록 자식이 없다. 』

색色으로 인하여 나라를 기울게 한 것은 등명登明한 것인데, 내가 상중桑中의 태을 성太乙星이 기약한 것이다.

역마를 다시 겸하고 六合을 만나면 一生 음란한 소리를 면하지 못한다.

『 가령　乙 己 甲 乙
　　　　　亥 巳 申 亥

색色이 있고 음란하다. 세 명의 夫가 사망했다. 또 복내服內에서 간통을 범했다.』

『 **註釋** 官殺 혼잡하고, 합이 많고, 역마를 겸했다. 』

● 자목紫木이 陽 사정四正에 배치되어 늘어서고, 貴人이 印, 殺을 겸해서 충개衝開하면 夫는 영화롭고 자식은 貴하고 사람이 단아하고, 양국兩國에 봉해진다.

祿馬, 함지咸池, 협귀夾貴가 오고, 태양太陽, 자목紫木이 아울러 삼대三台하면 총명 성교性巧하고, 사람이 화순和順하고, 권이卷耳 정회情懷 류서柳絮의 재주가 있다.

모란牡丹을 고대부터 화왕花王으로 부른다. 풍류와 염기艶氣의 방향으로 점단占斷한다. 꽃을 좋아하여 조소도 견디고 자식도 낳기 어렵고, 매년 좋은 때의 빛을 헛되게 보낸다.

貴人, 祿馬는 세밀하게 나누어야한다. 時上에서 만나면 봉모鳳毛*, 탁영卓犖, 영호英豪하여 보통의 사람들 보다 월등히 뛰어나고 유기惟岐, 유억惟嶷하고 복福이 견고하다. 貴人, 祿馬가 時에 있으면 主에게 많은 백미白眉의 남자가 있고, 자식을 많이 낳고, 남아男兒는 뛰어나 조상을 빛내게 한다.

오행이 욕심慾心이 없고 담백淡白하면 복성福星이 임한다. 중후重厚 온공溫恭하면 반드시 참되게 되고, 천사天使 누라嘍囉가 반점半點도 없고, 교완交頑하면 복이 重하여 천근이 된다.

만반滿盤한 印綬가 부성夫星을 얻고, 運이 夫로 行하면 자식을 낳는다. 조화造化되어 겁탈을 당하지 않으면 夫가 흥하고, 자식이 旺하여 둘 다 정이 있어 좋다.

『 印綬가 많으면 主는 자식이 없고, 運이 財官으로 行하면 도리어 자식이 많다. 陰干에 梟印이 重하다고 아들이 없다고는 못한다. 설洩하고 剋하는 運으로 行하면 主는 아들이 많고 뛰어난 아들이 있게 된다.

가령   癸 乙 癸 癸
               未 酉 亥 未

이 命은 남방南方 火土 運으로 나아가니 財食의 地가 되어 財가 梟梟를 制하니 食神이 손상을 입지 않아 7명의 아들을 낳았고 부부가 해로하였다.

또 하나의 命은 壬午 時가 되는데 5명의 아들을 낳았고, 夫를 刑하여 절개節槪를 지키지 않았다. 』

                      ** 봉모鳳毛 : 뛰어난 풍채(風采) 또는 뛰어난 글재주를 비유하는 말.

◉ 잡기격雜氣格에는 祿이 가장 좋다. 간두干頭가 혼잡하여도 뛰어나고 運이 財地로 나아가면 겁탈에 상해를 받지 않고, 시집가서 재주 많은 신랑을 만나서 복을 누리고 세상을 떠난다.

『 甲乙, 丑月이 예인데, 夫가 숨어 있어 간두干頭에 갖추어져도 혼잡混雜하다고 하지 않는. 이러한 月을 설명한 것이다.』

壬辰, 壬戌은 좌坐에 夫가 있고, 庚戌. 庚寅은 絶되고, 壬午, 甲申. 戊寅 日은 부인이 偏을 얻게 된 것이다.

『 이 것은 日로써 헤아린 것으로 좌하坐下에 부성夫星이 있는 것이다. 다만 一位가 좋아 福이 된다. 日로써 설명한 것이다.

一命　　　　庚 庚 己 庚
　　　　　　　　　辰 寅 丑 申

대부大富한 명조가 되고, 8명의 아들이 있다. 수명은 50여년이다.』

丙子, 庚午도 각 나누어서 추리한다. 己卯와 己未는 偏으로 마땅하고, 乙日은 巳酉丑이 뛰어나고 癸는 己未 時가 좋다.
『이것도 자하坐下의 日을 설명한 것이다. 부성夫星이 파지破支 되는 것은 좋지 않다. 홀로 보면 吉하다.』

煞星은 오직 印格에서 청청淸하고, 身主가 청고淸高하면 부귀富貴를 이룬다. 官星이 혼잡한 格은 좋지 않다. 봉공封恭 숙중淑重한 이름으로 칭한다.
『女命은 煞印이 최고 吉하다. 가령 己卯, 己未, 癸丑, 乙丑, 乙酉, 癸未, 辛未, 甲申, 庚寅, 戊寅, 壬戌, 壬辰, 丙寅 등의 日을 말한다. 다시 혼잡을 보지 않으면 夫가 貴하게 된다.』

● 五陰의 부녀婦女는 身이 衰한 것이 좋다. 만약 강강剛强을 만나면 재해와 병이 오고 歲,運에서 다시 身旺한 地로 나아가면 풍우風雨 앞의 꽃과 같이 한스럽게 꺾인다.
『五陰日은 약한 것이 좋다. 강강은 재해가 발생한다. 건록建祿, 旺地를 만나고 柱에 官殺이 없으면 상부傷夫하고 자식이 해롭게 된다.』

고란일孤鸞日은 근본으로 아이가 없지만, 하나의 官星을 보면 뛰어난 아들을 얻고, 運이 旺한곳으로 나아가면 자매姊妹가 많다. 망루는 아름다운데 바람이 부니 원망스럽다.

『 고란일孤鸞日이 柱中에서 官星을 볼 때 도리어 아들을 얻고, 陰日은 좋지 않다. 혼잡하면 아들이 없는 것으로 판단하고, 運行이 身旺하면 比肩이 쟁탈하니 진고란眞孤鸞이 된다. 』

부성夫星이 득지得地하면 아들이 많지만, 자매姉妹가 교가交加하면 도리어 없고, 財旺을 다시 만나면 아이의 위치가 길하고 傷官을 보면 처음과 같다.
『 부인의 命에서는 夫가 主가 된다. 부성夫星이 득시得時하면 반드시 자식이 많고, 만약 比肩이 분탈分奪하면 도리어 외롭고, 아들이 없다. 그래서 財가 生하면 좋다고 한 것이다. 다시 傷官을 보면 초初에 논한 것과 같게 된다. 』

● 일위一位의 부성夫星에 자매姉妹가 많고, 傷官이 歲.運에서 지나가면 문 듯 어렵게 된다. 설령 夫가 있다고 하더라도 손상되니 찬 이불에 홀로된 침상을 어찌하겠는가!
『 官星은 오직 一位만 있으면 比肩이 분탈分奪 하는 것이 두렵다. 하물며 歲,運에서 또 傷官을 만나면 반드시 夫가 해침을 당한다. 만약 傷官格이라면 柱中에서 官을 보지 않았다면 무해無害하다. 行運에서 官을 만나면 전투하여 원수가 되어 夫를 剋한다. 』

格에 傷官을 사용한다 하여도 두 개는 두렵다. 만약 食旺한 格을 만나면 夫에 財가 더해져야 한다. 財星이 旺한 곳은 官을 生하여 旺하게 된다. 食과 財가 없으면 印이 오면 기쁘다.

『 傷官이 득시得時한 者는 무해無害하다. 단지 旺하다면 印을 사용하여 破하여야 한다. 食神을 用하면 득시得時했을 경우 더욱 뛰어나다. 印을 보는 것은 좋은데 다만 印이 많은 것은 좋지 않다.

一命　　　　庚 庚 乙 癸
　　　　　　　　辰 子 卯 未

傷官이 財를 用하는 것으로 貴한 夫에 시집갔고 封을 받았고 아들은 1명이 있다. 』

부인婦人의 격국은 청화淸和를 바란다. 夫의 氣가 휴수休囚가 되면 어려움이 많은데 運에서 財官을 만나 旺相하게 되면 옷과 비단이 줄이어 나타나니 웃음꽃이 피어난다.
『 가령 辛日 生의 子, 酉月은 간두干頭의 丙火는 허虛하게 되니 비록 官을 사용하지 않아도 主는 공교하고 가난하고, 다시 辛壬을 보면 夫가 剋된다. 만약 煞官 運과 財運으로 나아가면 火木이 일어나 生하여 吉하다. 남은 것은 이를 참조하면 된다.』

● 傷官의 성정性情은 권여權輿*인데 比劫을 重하게 만나면 소통하지 못한다. 印綬日은 맑고 도리에 어긋나지 않고, 丁壬이 화합하면 시서詩書에 밝다.
『 이 설명은 傷官의 성정性情은 재주가 있고 총명聰明하다는 것으로 여자들 중에 있는 사나이와 같은 성격의 여자를 두고 하는 말이다. 』

金水가 상함相涵하면 수려秀麗하고 아름답다. 比肩도 金水가 뽐내게 만든다. 丙이 壬을 만나면 제안制顔하여 구슬 같다. 甲이 金을 만나면 극모剋貌하여 꽃과 같다.
『 金水가 함涵되면 빼어나서 아주 아름다운 모양(얼굴)이 된다. 壬이 丙을 剋하고 甲이 金을 보면 一殺이 홀로 푸르니 그 모양(얼굴)도 아름답다고 성정性情도 정靜하고 혼잡混雜한 者는 음천淫賤하고 얼굴도 추하다. 』
印綬는 身을 生하니 煞을 만나면 좋다. 傷官은 재물을 많게 하여 높은 집에 앉게 한다. 死絶, 양견陽肩(陽刃)으로 나아가고 입묘入墓하면 독수공방하고 아들이 죽는다.

『 살인상생殺印相生 , 상관생재傷官生財는 모두 上格이 된다. 만약 財殺이 死絶로 나아가고, 陽刃, 比肩 및 傷官이 입묘入墓의 地가 되면 상부傷夫하고 자식이 극剋된다.』

　　　　　** 권여權輿 : 權은 저울대, 輿는 수레 바탕 곧 저울을 만들 때는 저울대부터 만들고,
　　　　　　수레를 만들 때는 수레 바탕부터 만든다는 뜻으로, 사물의 시초.

● 음양이 자왕自旺하고 日은 평상平常으로 身이 건강하여도 의지하지 못하면 좋은 것은 아니다. 運이 夫가 경쟁이 일어나는 곳으로 향하면 얼굴빛을 다시 고쳐 규방을 채운다. 도화桃花, 홍염紅艶 2개가 교차交差하면 화장대에 빈번하게 앉고 머리 손질을 자주한다. 官星이 장藏과 투투透해 있으면 좋은 집안에 시집가니 福에 거리낌이 없다.
『 2개의 殺은 불길하여 부인은 가장 꺼리고, 官星을 보면 힘입어 도리어 福이 있다.』

도화와 殺이 같은 길途이 되면 두렵고, 官이 도화를 보면 도리어 夫가 旺하게 된다. 金水가 상봉相逢하면 비록 얼굴이 아름답지만 官이 없으면 귀실貴室이 더럽게 된다.
『 官星 도화는 어진 사람에게는 해롭지 않고, 煞星 도화는 창부娼婦가 많다. 도화살은 비록 하나이지만 官을 만나고 殺을 만나는 대상에 따라 판이하게 다르다. 金水 傷官에 官煞이 없으면 의지가 일정하지 않다.』

食神이 홀로 왕승旺勝하면 모두 상祥스럽고, 金水 傷官은 火를 얻어야 좋고, 수기受氣(胞胎)는 자매姉妹가 마땅하지 않고, 殺星 一位는 어질다.
『 한 개의 식이 生旺을 만나고, 金水가 火를 보고, 포태胞胎에 比肩이 없고, 煞星 일위一位가 득시得時한 이 같은 格을 부인 命에서 만나면 모두 길하다.』

● 官星이 득록得祿하면 夫가 貴하고, 食이 임관臨官을 만나면 아들이 어질고, 복위청용격福位靑龍格은 煞食의 위치가 된다. 구노驅奴 사비使婢는 부권夫權을 빼앗는다.

『 가령 己은 甲이 夫로 寅月을 얻고 甲의 食은 丙으로 자식이 되는데 巳月을 얻으면 主의 夫.子는 함께 좋게 된다. 만약 殺格, 食格이 祿神을 만나 사용하면 청룡복위靑龍福位 者로 主는 夫의 권력을 빼앗고 총명하고 얼굴이 매우 아름답다. 』

食神이 암합暗合하면 자기에 夫가 들어오고, 旺한 食이 뒤섞이지 않아야 富貴하게 되고, 財星이 투출한 것이 제일 좋고, 梟.殺과 합하는 곳은 두렵다.

『 食神은 財가 약한 것이 마땅하지 않고, 또 태과한 것도 좋지 않고, 청청한 者가 제일이고, 官은 다음이다. 梟. 殺을 상견相見하면 불길하다. 』

乙庚이 하월夏月에 태어나면 남편 金이 고달프게 되어 運이 서방西方으로 향하여 夫가 득시得時하여야 하고, 丙 아들이 오지 않아야 하고 金水에 좋고, 동방東方 乙은 貴을 나누어 가져간다.

『 乙에게는 庚이 夫가 된다. 하월夏月의 金은 실시失時하여 西로 나아가 도움이 생겨야 吉하게 된다. 丙은 庚을 해치고 乙은 庚과 쟁합爭合한다. 그래서 모두 좋지 않다. 』

● 辛의 官(丙) 夫는 金水月에 약하고, 다시 辛.壬을 만나면 두 번 시집가고, 運行에서 木火을 만나도 福이 넘치기 어렵고, 자기는 상해가 없고 다른 사람을 상하게 한다.

『 辛에게는 丙은 官이 되고, 辛이 추동秋冬에 生하면 丙은 약해진다. 또 그 때에 辛.壬을 만나면 剋되어 丙은 더욱 약해진다. 運行이 火木으로 나아가면 夫가 비록 득시得時하였다 하더라도 그 복을 감당하지 못하여 두렵고, 사람을 해치고 자기도 상한다. 』

己의 夫가 추목秋甲이면 支가 암상暗傷된다. 乙을 간두干頭에서 보면 2번 결혼하고, 동방東方의 旺한 木을 만나면 감면되고, 金木이 부딪쳐 상해傷害하고 또 서로 맞대어 대립한다.

『己가 추월秋月에 생했으면 甲 지아비는 支의 傷官 金에 상해를 당한다. 다시 乙未를 보면 저쪽을 제거하여 이쪽을 따르고 甲과 己가 합하게 된다.

乙이 전극戰剋 당하면 官을 취하기 어렵고 殺을 부르니 主는 두 번 결혼하고, 동방東方 木旺의 地로 行하거나 火가 있으면 金을 몰아내어 비록 좋지만 夫가 손상 되는 것은 면하기 어려워 재가하거나 혹은 과부로 지낸다.

甲己甲辛
戌未午未　　왕비

甲己辛丙
子未丑午　　아들은 진사　여왕비(女王妃).』

● 庚이 金水月에 태어나 지아비 丁을 만났는데 壬.丙 두 개를 보아 싸우게 되면 부귀는 춘풍春風이고, 이부자리와 베개는 차갑게 된다. 傷官이 支에서 정情을 나누어 갈까 두렵다.

『庚은 丁이 官이 된다. 추동秋冬에 壬를 만나면 金水가 득시得時하게 되어 앞의 남편은 피극被剋되어 丙火를 따르게 되고 만약 丙戌 時가 되면 夫는 입묘入墓한다. 子時는 부夫가 피상被傷된다. 비록 부귀에 거처하지만 종내 에는 과부가 되고 자식은 적다.』

甲 夫가 巳午 및 寅宮에서 丙과 합한 辛이 되면 火에 용융을 당한다. 身旺하고, 食神 가家는 부富가 풍족한데 과부가 된다.

『 甲日은 辛이 夫가 되는데 辛 夫가 춘하春夏를 만나면 때時를 잃은 것이다. 丙火를 만나면 吉로 논하기 어렵다. 부인은 夫가 주체가 되는데, 夫 官星이 벌써 상해를 받았으니 비록 財食이 풍부하지만 남편이 傷하는 것은 면하기 어렵다.
만약 柱에 辛이 丙丁을 보지 않았는데 運行에서 辛을 보면 吉하다.』

● 丙의 夫 癸는 하월夏月에 상傷하여 숨는다. 만약 庚辛 西地를 만나면 상祥스럽고, 木火가 투간透干하면 설수泄水하게 되어 夫 財는 비록 크게 발發하나 길게 유지되기는 어렵다.

『 丙에게는 癸가 夫가 되는데, 하월夏月의 癸水는 휴수休囚가 된다. 내장內藏한 土는 傷官이 되는데, 가령 戊己가 투출하지 않고, 辛金을 얻어 돕고, 運行이 西로 행하면 吉하다.
柱에 木火가 있으면 癸水의 氣를 도둑질해가니 끝내 오래 지속되지 못하고, 癸를 보지 않았다면 食神이 사용되어 다시 吉하고 傷官을 보면 좋지 않다. 』

癸水가 寅卯 月에 生하였으면 戊와 합하고 남지南地로 行하는 것이 마땅하다. 다만 干中에 甲을 보는 것은 두려운데 가련한 침상이 되니 누구에게 의지할 것인가!
『 癸日이 춘春에 태어나고, 戊는 부인데 남방南方으로 행하면 夫 戊의 印地가 되어 이롭고 해롭지 않다.
만약 甲이 투출해있으면 癸가 분탈分奪되어 상부傷夫된다.
戊를 보지 않고 다만 甲만 보면 戊 運도 상부傷夫 된다.
만약 원原에 戊가 없고 食神, 傷官을 사용한다면 火地로 행하면 吉하다.』

壬,癸의 계월季月(辰戌丑未 月) 생과 여름의 土가 旺한 계절도 같이 논한다. 寅,甲을 연이어 보는 것은 좋지 않고, 겹쳐서 보면 상해를 입게 되어 도리어 공공功이 없다.

『 壬,癸가 辰,戌,丑,未 月 및 여름의 중복에 태어나면, 부성夫星이 득시得時하여 가장 길하다. 다만 태과太過는 마땅하지 않다.

만약 甲寅을 아울러 보면 食神이 겹치게 되니 傷官으로 논한다. 단독인 甲 혹은 寅은 길하다.

　　—命　　　　戊 癸 癸 庚
　　　　　　　　午 酉 未 辰

부귀하고 준아俊雅한 남편인데 4명의 아들을 낳고 봉封을 받았다.』

甲乙이 가을에 生했으면 정正 남편에 해당한 계절이다. 殺.官이 만약 확실하게 나누어져 서배거류舒配去留로 格이 이루지면 길하고, 丙.丁을 겹쳐 만나서 時地에서 강하게 하면 金이 손상되어 해롭다.

『 甲乙은 金이 지아비 星인데 庚辛이 추령秋令을 얻고 官殺을 중견重見하였지만 거류去留되어 혼잡混雜하지 않으면 총명 부귀하다.

丁,丙을 겹쳐서 보고 時地에서 강하게 끌어 들이면 金이 상해를 입어 해롭게 된다.』

戊己가 봄에 生했으면 木이 올바르게 청青한 것이다. 殺.官이 뛰어난 곳은 곧 정정이 되고, 支干이 슴을 만나면 吉하고, 水가 모여 있고 金이 重하면 평평하다.

『 戊己가 봄에 태어나면 두 가지로 논한다. 己日은 비록 官.殺이 혼잡混雜하여도 甲과 슴하면 貴하게 되고, 戊日은 마땅히 청정淸하여야 貴하게 된다.

모두 殺이 이롭게 사용되고, 모두 金水가 많은 것을 두려워하고, 水는 土에 스며들고 金은 木을 상해한다. 남운南運은 꺼리지 않는다.』

● 庚辛의 하월夏月은 丙丁이 장藏하여 간두干頭에 투출하지 않으면 편안하고 어질다. 다만 두려운 것은 殺.官이 혼잡된 것인데 불길하지 않으면 크게 싸우게 된다.

『庚辛이 巳未月 혹은 寅.卯.戌月에 태어나면 財官을 갖춘 것이다. 그러나 丙丁이 많이 투출 한 것은 좋지 않다. 殺.官이 혼잡하고 서로 손상시키고, 두 개의 丙이 한 개의 辛과 쟁합爭合하면 모두 불길하다. 金이 춘하春夏 월에 생하면 이미 잃어 부드러운데 다시 투출하면 태과太過하기 때문에 좋지 않다.』

丙丁은 동월冬月과 가을 다 동등한데, 기이하게 어지러워 공허하게 된다. 殺.正官이 청청하면 부귀하고, 혼잡混雜하면 흉하다.

『水는 겨울에 旺하고, 가을은 보통相인데 丙丁이 추동秋冬에 태어나면 남편 星이 득지得地하게 되어 官.殺이 모두 아름답다. 官을 보면 다만 官으로 논하고 殺을 보면 다만 殺로 논하여야 하고, 혼잡은 마땅하지 않다. 청청한 者는 부귀하고 난란亂한 者는 탁음濁淫하다.』

財가 旺하여 官을 生하는 格은 매우 희소한데, 財官이 서로 만나면 매우 우수하여 지아비는 영화롭고 자식은 貴하다. 財가 旺하기 때문이다. 정결貞潔 현량賢良하고 오복五福이 마땅하게 들어온다.

『　一命　　　甲己癸丁
　　　　　　子未丑丑
　　　　　　金火木水

夫가 貴하고 세 명의 아들이 있고 봉封은 받았지만 수명은 길지 않았다.

『 註釋 甲 부성夫星이 약한 편인데 運이 寅卯辰 동방으로 흘러 남편이 귀하게 되었나 보다. 財官의 기세가 좋다고 할 수 있다.』

　一命　　　甲己癸丁
　　　　　　子巳丑酉　　봉封을 받았고 아들을 낳고 上同.』

● 총가總歌

- 올바른 氣가 있는 官星이 제일 좋은 格이고, 財官이 같이 旺하면 또한 동등하다.
- 官星이 대합帶合하고 겸해서 좌록坐祿하면 女命은 진실한 복을 만난다.
- 官星 도화는 어진사람이고, 슴을 차고 煞을 겸하면 어질지 않다.
- 印綬 천덕天德은 가장 오묘하고, 日貴, 財官 또한 印綬는 천덕天德과 같이 논한다.
- 오직 殺은 制하여야 하고, 羊刃도 마찬가지로 制하여야 하고, 상관생재傷官生財는 흉하지 않다.
- 귀록歸祿은 재물을 만나는 것으로 확실하게 단정할 수 있고, 食神이 生旺하면 더욱 뛰어나고 풍요롭다.
- 煞을 화化하는 印綬 격국格局은 순수하고, 이덕二德이 身을 도우면 貴가 뛰어나다.
- 삼기三奇가 합국合局되면 참된 조화造化가 되고, 공록拱祿 공귀拱貴도 두렵지 않다.
- 殺.官이 혼잡한데 제어하지 못하면 여인은 시집가지 못한다.
- 傷官이 태중太重하고 또 官을 보는 것과 탐재파인貪財破印은 좋지 않다.
- 比肩 겹쳐 있으면 시기하여 싸움을 많이 하고, 財官이 劫을 만나면 부유하지 않는 것으로 판단한다.
- 재다신약財多身弱은 여연如然하고 羊刃이 충형沖刑하면 시신이 완전하지 않다.
- 金神이 대인帶刃하면 흉악한 것으로 판단하고, 도화가 대합帶合하면 음란淫亂한 것으로 본다.
- 官이 없고 슴이 많고, 官이 슴을 보면 거짓말과 도화桃花로 안방이 어지럽다.
- 身旺한데 의지할 곳이 없으면 지아비와 자식이 傷하고 이 같은 여인은 매우 좋지 않다.
- 도식倒食이 많이 겹치면 감복減福하고, 다시 과숙寡宿이 있으면 主는 고독하게 잠을 잔다.
- 고란孤鸞, 홍염紅豔, 음양차陰陽差 이러한 神殺은 모두 좋지 않다.
- 만약 官印이 합당한 貴한 命은, 소소한 신살神殺은 병이 되지 않는다.

● 아내를 고를 때는 모름지기 성정이 차분히 가라앉고 조용한 것을 택하여야 하고 상세한 것은 부성夫星으로 판결하여야 한다. 夫星은 강하고 건강한 것이 좋고 日干은 마땅히 유순柔順하여야 한다.

- 이덕二德이 正財에 坐하면 부귀는 자연히 온다.
- 사주에 휴수休囚를 대帶하면 이름이 나고 수명이 길다.
- 貴人의 一位는 올바르고 2,3 位는 첩이 된다.
- 金水가 만약 상봉相逢하면 반드시 아름다운 용모가 된다.
- 네 개의 貴와 一位의 殺은 권력과 부귀한 가문으로 설명한다.
- 財官이 만약 고庫에 저장되어 있으면 충衝하여 열면 부유하게 된다.
- 寅.申.巳.亥가 완전히 있으면 고독하고 음란한데 속마음은 편안하다.
- 子午에 卯酉가 있으면 따르는 사람이 달아난다.
- 辰戌에 丑未가 겸하면 부도婦道에서는 크게 꺼린다.
- 辰이 있으면 戌을 보는 것은 꺼리고 辰,戌이 만약 상견相見하면 음란하고, 사람과 헤어진다.
- 유살有殺은 합을 두려워하지 않고, 무살無殺은 합을 두려워한다.
- 合神이 많으면 기녀는 아니고 다만 가수일 뿐이다.
- 羊刃이 傷官을 대帶하면 일이 박잡駁雜하고 다단多端하다.

印이 만반滿盤하면 자식이 손상된다.

- 天干 一字로 연이어 있으면 고독하고 깨어지고 화禍가 연이어진다.
- 地支에 연이어 一字가 되면 두 번 결혼하는 글자다.

이러한 것들이 女命의 비결이다. 천금千金과 같으니 경시輕視하지 말아야 한다.

07
論논 小兒소아

● 소아小兒의 命을 볼 때는 씨種, 꽃花, 나무木의 법으로 관찰한다. 배양培養이 좋은 것은 즉 뿌리와 싹이 무성하고, 꽃과 과실이 흥륭하다. 배양이 좋지 않으면 반대가 되는데, 이렇게 추리한다.

무릇 사람의 종種, 화花, 목木은 반드시 뿌리가 土에서 튼실하게 재배되어야 싹이 무성하게 되고, 반드시 水가 체體에 흡수되어야 體가 건장하고, 꽃이 무성하게 되고, 빛을 따뜻하게 받아야 꽃이 피게 되어 화실花實이 열매로 익게 되고, 금도金刃로 가지를 속아주어야 줄기가 튼튼하게 된다.

土가 허虛하면 뿌리가 얕고, 水가 적으면 싹이 마르고, 태양이 난폭하면 꽃이 메마르고, 바람에 꺾이고 과실은 떨어트린다.

이것이 모두 잃고, 중화되고, 下는 배양의 기운으로 화목花木이 편안하고 메마르지 않는 이치가 된다.

● 사람의 팔자는 年은 뿌리가 되고 月은 싹이 되고 日은 꽃이 되고 時는 열매가 된다. 그 이치가 모두 그러하다. 그래서 소아小兒의 命을 추리하는 것은 日干의 유기有氣, 월령月令의 생부生扶, 年上의 재근栽根, 印綬에 상해가 없고, 財官은 制가 있고, 七殺은 화化를 얻어야 하고, 傷官은 合을 만나고, 氣는 중화中和되고, 刑.衝.破.害가 없고, 이와 같으면 기르기 쉽고 장수하는 命이 된다.

살중신경殺重身輕, 재다신약財多身弱, 상관첩우傷官疊遇, 식신중봉食神重逢, 日干이 심히 旺하여 의지할 곳이 없고, 크게 부드럽고. 印은 적고 氣가 중화中和를 잃고, 柱中에 刑.衝.破.害가 있는 이와 같은 命은 기르기 힘들고 수명이 재촉된다.
이 두 개의 종류가 재배의 법이다.

● 또 이르기를 소아小兒의 命은 時辰을 올바르게 논하여야 한다. 먼저 관관과 煞을 보고 다음은 격국을 본다.
日主가 강하고, 財官이 旺하고 관관關은 있고 煞은 없고, 日主가 약하고, 財官이 적으면 병이 없고 기르기 쉽고, 日干이 약하고, 財官이 많고, 煞이 있고 관관關이 있으면 기르기 어렵다.

무릇 관관關은 무엇인가! 偏官은 관관關이 되고, 偏財는 煞이 되고, 오로지 日干을 主로 하여 생성生成을 헤아려 판단하여야 한다. 關을 이제 비유하면 관애關隘로 지세가 높고 가파르며 험하여 막히고, 끊어져 있는 地(땅)로 人에 關이 이르면 글에 밝지 않고, 굳세지 못하고, 사사롭게 건너고, 어기는 者로 반드시 禍에 이르게 된다.

소아小兒의 命에 이 關이 있으면 불리하다. 柱中에 日干이 강건强健하고, 제복制伏이 순수純粹하고, 印綬에 상해를 받지 않으면 글에 밝은 아이가 되고, 순수하게 통달하여 기르기 쉽고 수명도 긴데 반대가 되면 그렇지 않다.

● 또 왈 고대부터 요즘까지 三命에는 關으로 판단하여 왔는데, 가장 중요重要하지만 사용하지 않는 者가 많다. 오성五星 학파에도 관살關煞종류가 있다. 三命에만

關의 학설이 있고 子平에서는 關을 煞로 논한다. 가령 처음 태어난 어린아이가 甲日이면 庚이 關이 되고 柱에 戊土가 있으면 煞이 된다. 이것은 關은 중중하고 財는 없는 것이다.

日主가 건왕하고 印의 生을 얻어 關을 해화解化하는 者는 關이 경경하게 되어 해害가 없게 된다. 甲日이 庚을 보면 9세歲 關, 丁이 癸를 보면 6歲 關이 되고, 戊가 甲을 보면 3歲 關이 되고, 丙이 壬을 보면 一歲 關이 되고, 壬이 戊를 보면 五歲 關이 되고, 癸가 己를 보면 반세半歲 關이 된다.

『 註釋 후천수....壬1, 丁2, 甲3, 辛4, 戊5, 癸6, 丙7, 乙8, 庚9, 己0 』

◉ 사주에 원래 있는 者는 해당하고, 運 및 태세太歲 유년流年에서 만난 者는 아니다. 陽干이 煞을 보고, 陰干은 陰煞을 보고, 陽은 단년單年 단수單數를 꺼리고 陰은 쌍년雙年, 쌍수雙數를 꺼린다. 가령 一,六은 水에 속하는 數가 되고, 壬은 陽의 1수一數로 丙人이 보면 일주一週 반관半關이 되고, 癸는 陰 6수六數로 丁人이 보면 6세 關이 된다. 특별하게 간두干頭를 취하는 것은 아니다.
七煞이 關이 되는 것으로 그 가운데 숨어있는 者는 또한 긴긴緊하게 된다. 남은 干도 이와 같은 방법으로 추리한다.

소아小兒에 關이 범하면 하도와 낙서의 생수生水 성수成水를 가지고 판단한다. 이에 백일관百日關, 철사관鐵蛇關, 계비관雞飛關, 염왕관閻王關, 심수관深水關, 귀문관鬼門關, 사계관四季關, 사주관四柱關, 장군전將軍箭. 그 설說은 백가지가 되는데 참고해볼만하다. 그러나 효과가 있는 것은 아니다. 그래서 기록하지 않았다.

● 또 설명하면 소아小兒가 關을 범하면, 가령 甲子, 壬子, 戊子 삼순三旬에 태어난 사람은 申上의 數를 따라서 일으켜 갖추고, 庚子, 丙子, 양순兩旬에 태어난 사람은 寅上의 수數를 일으켜 따라서 갖춘다.

가령 辛未 命은 甲子 순중旬中에 태어난 사람으로 甲子가 申上의 數를 순행으로 일으켜 一位가 一辰으로 卯上에 도달하면 본년本年 辛未의 關이 된다.

명궁命宮이 어떤 궁이 존재하는가를 보아 만약 이것이 형제兄弟, 노복奴僕, 천이遷移가 사궁四宮의 상모相貌로 關을 범한 것이 된다. 남은 것은 宮이 아니다.
3宮은 불과 3세, 62宮이 다음 차례로 의거한다는 말이다. 오직 제9宮은 30세까지 사망이 나타나지 않는다.
만약 行年 太歲의 大小 運이 아울러 衝하면 면하지 못하는 것으로 판단하여 일컬어 대관大關이 된다.

● 또 辰.戌年 生은 관關이 辰.子에 있고, 亥.酉年은 亥.午에 있고, 丑.未年은 卯에 있고, 寅年은 巳年, 未年에 있고 卯年은 子에 있다.
命宮의 어떤 宮에 있는 가를 보아야 하는데, 만약 煞이 3, 6, 9, 12宮에 있으면 이것은 사관死關이 된다.
6, 9는 300日에 불과하고, 3, 5는 주기가 같고 12宮에 다시 악살惡煞이 겸해서 오면 흉하다고 결정한다. 일컬어 소관小關이 된다.

또 하나의 예로 子卯, 丑未, 寅巳, 卯子, 辰辰, 巳申, 午午, 未丑, 申寅, 酉酉, 戌未, 亥亥는 三刑이 된다. 가령 子生인 人은 卯上에서 煞이 일어나고 그 煞은 3, 6, 9, 12宮에 있으면 主는 요절한다.

또 춘春에 丑巳, 하夏에 辰申, 추秋에 未亥, 동冬에 戌寅는 고진孤辰 과숙寡宿이 되고, 또 1, 7月에 巳亥, 2, 8月에 辰戌, 3, 9月에 卯酉, 4, 10月에 寅申, 5, 11月에 丑未, 6, 12月에 子午, 1月에 巳. 7月에 亥는 六衝이 된다. 이것을 時에 범한 者는 기르기 어렵다.

● 또 生時의 납음納音은 年을 剋하는 것이 불과하다. 가령 生年의 납음이 金에 속하면 午時는 꺼리고, 火에 속하면 귀관鬼關이라고 말하고 범한 者는 많아야 30세에 요절한다.
金木은 巳酉 時가 범하는 것은 불가하고, 火는 辰申 時가 범하는 것을 불가 하고, 水土는 寅戌 時가 범하는 것은 불가하다. 이름하여 삼관살三關煞로 主는 사망한다.

만약 生月의 旺氣를 타거나 혹은 鬼가 자절自絶하고 元氣가 상해를 받지 않으면 主는 중간의 수명은 된다. 만약 사주에 부모를 대帶하면 사주에 一位 二位를 비록 關이 범한다고 하여도 죽지는 않는다.

또 戌上을 따라서 正月에 일어나고, 역행하여 本 生月에 멈추고, 日을 향하여 子에서 일어나고 순행順行하여 本 生時에 멈추고, 辰.戌.丑.未는 관살關煞이 된다.

또 寅.申.巳.亥月이 子.午.卯.酉時를 보고, 子.午.卯.酉月이 辰.戌.丑.未 時를 보고, 辰.戌.丑.未月이 寅.申.巳.亥 時를 보면 반드시 범하여 응하게 된다. 이상에서 모두 설명했는데 증험이 매우 좋은 것은 아니다.

◉ 또 소아小兒의 運의 예가 있는데, 양남陽男 음녀陰女는 寅이 卯에 이르면 寅上이 1세, 卯上이 2세, 辰土이 3세가 되고 음남陰男 음녀陽女는 申이 未에 이르면 申上이 1세, 未上이 2세, 午上이 3세로 一年에 일위一位 씩 나아간다.
무릇 辰.巳.戌.亥 年을 접하게 되면 재앙이 있게 된다는 어린아이의 運이라 부른다.

또 하나의 법은 一命에 二財는 三개의 질병이 있고 사처四妻 오복五福이 순행으로 나아가, 水가 본년本年 15세에 도달하여 만약 흉살을 만나게 되면 근심이 있게 된다. 이것은 성반星盤 中을 보는 소아小兒 법이다.

◉ 고대에 남녀의 生時 日로 보는 점이 있는데, 陰陽 귀천법貴賤法이라 한다.
가령 金命이 天陰 生의 主는 官貴는 평범하고 혼암昏暗은 빈천貧賤하고 大小의 풍기風起는 불문不問하고 수명은 길지 않다.

- 木命이 天陰 生이면 대부大富, 청랑晴朗에 官이 있으면 장수長壽하고, 천혼天昏은 의식衣食이 평범하고 수명이 짧고, 설우雪雨는 身이 貴하고 효순孝順하다.
- 水命의 天陰 生은 마음이 악惡하고, 의식衣食이 풍부하고, 명랑 大貴하고, 혼암昏暗은 단명하고, 빈천貧賤하고, 풍기風起하고 후에 貴人과 오래도록 제휴한다.
- 火命의 天陰 生은 대부大富하고, 청랑晴朗하고, 비록 부유하지만 수명은 짧고 혼암昏暗은 官分이 있으면 大小 불문하고 풍기風起하고, 의식衣食은 있고, 대설大雪에 단명短命한다. 설우雪雨 15년쯤의 좌우로 병이 있다.
- 土命의 天陰은 불과 15세에 사망하고, 미우微雨는 불과 13세에 대부大富하고, 혼암昏暗은 부귀하고, 官分은 요절한다. 대풍大風은 거슬려 단명短命한다. 우설雨雪은 외재外財가 있고 청랑晴朗은 부귀가 영원하다.

● 무릇 소아小兒의 日時에 甲乙을 대帶한 者는 인당印堂이 넓고, 눈이 장신藏神하고, 인중印中이 길고, 눈썹이 수려하다.
  • 丙丁을 帶한 者는 눈이 크고, 수염이 길고, 이마가 좁고, 소년에는 부스럼이 있다.
  • 戊己를 帶한 者는 머리가 크고 이마가 넓다. • 庚를 帶한 者는 얼굴이 모角가 나고 이마가 확 트였다.
  • 辛을 帶한 者는 봉황의 눈이고 귀의 어귀에 진주가 드리워진 것과 같다.
  • 壬癸를 대帶한 者는 눈이 크고 술을 좋아하고 담이 크다.
  • 辰.巳.申.酉가 많은 者는 主의 눈, 귀, 입이 좌지우지 된다.
  • 寅.丑.亥.戌이 많은 者는 한 짝 다리는 크고 한 짝 다리는 짧다.
  • 3, 4개의 卯와 辰이 있는 者는 왼쪽 손을 사용한다.

● 심지에 이르기를
  • 소아小兒에 丁丙 字가 많은 者는 정수리가 겹쳐있고, 다시 충파衝破로 수극受剋되면 뇌가 크고 난쟁이고 수명이 짧다.
  • 時에 卯酉가 있으면 日月 문호로 눈이 크고, 혹은 사시斜視가 있고 평생 옮겨 다니기를 좋아하고, 도로道路와 친리親離하고, 만약 煞, 刑剋이 있으면 눈이 크고 완전하지 않다.
  • 소아小兒 命의 生時에 辰.戌.丑.未가 있고 또 사주 中에 묘墓가 많은 者는 양아들이 되고, 午未가 많은 者는 이름이 집요살執拗殺로 성격이 집요執拗하다.
  • 戌이 많은 者도 그렇다. 子,亥가 많은 者는 아래쪽 배, 허리 등이 치우쳐 아프고 子時 者는 응하지 아니한 것이 없고, 壬子, 丙子는 더욱 그렇다. 生時와 胎도 동시에 辰上 있는 者도 또한 그렇다.
  • 火가 많으면 소년에 농혈濃血이 있고, 丁.午가 많고 未가 있는 者는 머리가 크고

창절瘡癤, 파흔疤痕, 독창禿瘡이 있고, 大人은 뇌저腦疽의 해害가 있다.
- 사맹四孟(寅申巳亥)이 月上에서 金火가 相剋하면 부스럼과 경질(驚疾:놀람)이 많고, 金水火가 서로 剋制하면 피부병이 있고, 金水가 많으면 말이 늦고, 木을 보면 말을 일찍 하고, 오행 一位가 3, 4位를 生하면 일찍 젖을 잃는다.
- 戊寅, 戊申, 癸巳 日,時는 모母가 곁에서 지켜주지 못한다.
- 사맹四孟 혹은 사계四季(辰戌丑未)가 많은 者은 부父가 돌아오지 않고, 극함剋陷되는 것은 아니다.(고과살孤寡煞)
- 사맹四孟은 모母가 먼저 사망하고 辰.戌.丑.未는 부모를 극한다 하였다.

◉ 척벽에 이르기를
- 辰戌은 극부剋父하고, 丑未는 극모剋母하고, 巳午가 많은 者는 18,19세 전에 부모가 剋된다. 巳午 時는 더욱 그렇다.
- 태년胎年과 태생胎生 원명元命이 같은 위치 者는 먼저 모母가 剋된다.
- 오행이 완전한 者는 청준淸俊 영리伶俐하고 조숙하다.
- 오행을 生月부터 時上까지 차례로 구하여 生旺하고 刑沖이 적은 者는 吉하고 장수하고, 그릇을 이룬다. 반대는 요절한다. 설사 많은 복신福神이 구원한다고 하더라도 성인이 되기 전에 소년에 10이 生했다면 9는 死한다.
오행이 生旺을 내려 받았다면 氣가 튼실하여 장수하고, 오행이 死絶되면 氣가 박박薄하여 단명短命한다 하였다.

● 무릇 月.日.時의 支干이 착란錯亂하고, 태세太歲에서 거듭 보면 원성元星이 重하다하고 主는 양자로 들어간다.
- 초생初生 혹 食神이 중첩重疊 혹 偏印이 태왕太旺하면 모두 主는 젖이 없다.
- 사주에 財가 많으면 主는 서출庶出 태생이고, 혹은 양자가 되고, 혹은 부모가 剋되어 해롭고, 유년운幼年運이 財가 旺한 곳으로 행하여도 마찬가지다.
- 生旺한 氣가 된 者는 정실에서 소생하고, 胎元이 命에 유기有氣하고 다시 年과 時支에 胎元을 刑.剋.衝.破하는 者는 모母가 올바르지 않다.

● 네 개의 水를 대帶하면 배를 타고 있는 중에 때어났다.
- 세 개의 金은 역여逆旅중에 生하고, 혹 종소리, 숲을 고치는 소리가 나는 곳에서 태어나고, 혹은 효자孝子(喪中)가 있거나 흰옷을 입은 여인이 보조했거나 도움을 받았을 때이다.
- 세 개의 木을 보면 시끄러운 소리 때문에 공포감을 느꼈을 때, 혹은 정당正堂에 있지 않았을 때, 혹은 근처에 산림, 촌장정사村莊庭舍가 있느 곳에서 태어났다.
- 세 개의 土는 살고 있는 곳의 근처에 무덤, 산꼭대기, 둑, 댐, 土를 쌓아둔 곳, 土를 사용하는 공사장 등이 주위에 있다.
- 세 개의 火는 이웃집에 초상이 있을 때 가중家中에 근심과 공포 이별한 일이 있을 때 때어난 아이에 3개의 火가 있다.

● 만약 胎元, 生年의 坐에 역마가 있으면 胎中에서 빈번히 발로 배를 차고 움직이고, 生時에 역마가 있으면 탯줄이 머리를 감는다.

- 時에 劫煞이 있으면 목에 쌍선雙旋이 있고, 설령 정선頂旋이더라도 망신亡身을 帶하면 모母에 공포스러운 놀랄 일이 있게 되고, 가중家中에 송사가 있고 난산難産한다.
- 月煞이 있으면 부父가 등져 기르지 않고 편정偏頂이 正印을 帶한 者는 젊어 곡哭소리에 놀라고, 스스로 포대기 하여 무서워하지 않는다.
- 五個의 羊刃이 겹치면 이름하여 만반인滿盤刃으로 많이 기르게 되나 이루지는 못한다.
- 다시 時에 刑.害 者는 사망하여 이루지는 못하고 다시 時에 刑.害 者는 사망하고, 여아女兒는 발육이 늦어 끝내 산액을 면치 못하고 사망한다.
- 生時에 관부官符를 보면 父에 공적인 송사가 있고, 母는 경공驚恐하고, 함지咸池와 겹쳐 합하면 친부모에 양육되기 어렵거나 적모嫡母의 소생으로 태어나지 않는다.
- 공망을 중첩하여 보면 主가 놀라서 유산되고 부모가 헌된다.
- 時가 공망이 되고 자신은 死絶인 者는 7세 전에 병이 많이 발생하고 7세 후에는 갑자기 비만해진다.
- 胎가 공망이 되면 主는 좌左의 안구眼圓가 작다.
- 전전에 상喪, 후後에 조弔를 보면 이름이 상조직장喪弔直帳이라 하여 火로 인한 재해가 있고, 상문喪門 조객弔客을 보면 초생初生 時에 백몽뇨초白懜尿草의 성성이 있고, 生時에 상문喪門을 보면 모씨母氏가 난산難産하고 태어날 때 母에 질병이 발생한다.

● 무릇 속세의 소아小兒에 대한 추리는 정확하지 않다.

命에 고진孤辰 과숙寡宿을 보면 격방隔房 이택異宅이 많고, 세勢가 나아가지 못하고, 氣가 회전하지 못하여 어릴 때 부모와 헤어지게 된다. 가령 戊辰木이 庚辰金을 얻으면 木은 金에 剋되어 그 세勢가 나아가지 못한다.

가령 庚辰金이 己巳火를 보면 金氣가 12支를 선회하다 즉 火에 끊기게 되어 소이 氣가 부전不轉하게 된다. 남은 것은 이에 준한다.

태중胎中에 염정廉貞을 대帶하고 양위兩位가 一位를 衝하면 陰陽이 올바르지 않아 서자庶子가 되고 혹 六害 相刑이 대살帶煞하면 主는 양자가 된다.

胎月, 生時에 크고 작은 묘墓.공空.형刑.절絶이 같은 곳이 되고, 때가 아니면 쌍둥이로, 또는 모母가 어긋나게 되어 반드시 조카가 맡아 기르게 된다.

日, 時에 구문勾絞이 剋身하면 主는 초상이 나고 生時에 祿을 만나면 소년에 젖이 적고, 입에 각이 있고 어린데 술을 좋아한다.

● 고시에 말하기를

時와 年이 해害, 화개華蓋에 임하고, 사계四季 태공胎空 육해六害가 더해지면, 외인外人의 집에서 길러지게 되거나 서출庶出의 출생을 친親이 맡게 되는 이 같은 무리가 많다. 가령 戊寅, 戊午가 戊戌 時를 얻으면 生時와 年干이 같고 화개華蓋가 되는 이러한 것을 말한 것이다.

또 설명하면 時가 공망이 되면 子는 집요拗性하고 天元이 剋을 받으면 강경剛勁하고, 혹 辰戌 등이 宮中에 더해지면 서출이 되고, 그렇지 않으면 두 개의 성姓이 되고, 가령 辰.戌.丑.未 四時가 공망이 되면 서출이 많고, 또 성격이 집요執拗하고 정시定時에 생산된다 하였다. 가歌에 이르기를 子.午.卯.酉가 天을 향하고, 寅.申.巳.亥 곁에 몸을 쉬고, 辰.戌.丑.未가 덮게 되는 이러한 인간은 일정한 시기에 신선이 된다 하였다.

◉ 간혹 우연히 함께 태어나는 것을 질문하는데, 한 어머니에 소생하였는데, 어찌하여 귀천貴賤 영고榮枯가 다른가!

답은 무릇 시진은 8각 12분으로 나눈다. 그래서 전후前後의 천심淺深으로 인하여 길흉이 같지 않게 된 것이다. 동시同時에 한 어머니에서 소생하였어도 천심淺深으로 나누어 日, 時에 陰陽이 미치게 된다. 가령 陽 日時는 형이 되고, 陰 日時는 아우가 된다. 천淺은 선시先時의 氣가 차지하고 심深은 후시後時의 氣가 차지한다.

◉ 고가에 이르기를 쌍생雙生의 법은 기문奇門에 있고, 영고榮枯의 징조를 알려고 하면 日辰을 엿보면 되고, 陰日은 제弟는 강강하고 형은 반드시 약약하고, 陽時의 형은 貴하고 아우는 반드시 빈貧하다 하였다.

- 이구만이 말하기를 무릇 소아小兒가 四生(寅申巳亥)을 대帶하면 主는 쌍생雙生이 많다 하였다.
- 신백경에 이르기를 陽命에서 뒤에 生한 者는 死하고, 陰命에서 먼저 生한 者는 死한다 하였다. 남녀를 근거로 논한 것은 아니다.

◉ 또 일설一說은 1 時를 방향으로 나눈다. 가령 木命이 동반東方을 향하는 者는 生하는 氣를 받고, 서방西方으로 향하는 者는 氣를 剋한다 하였다.

귀천貴賤 수요壽夭는 이러한 까닭에서 다르게 나타난다. 삼하왕씨三河王氏에게 나는 들었다. 형제兄弟 쌍생雙生은 제弟가 먼저가 되고, 형兄은 뒤가 되어 공명功名 수요壽夭가 대략 비슷하고, 형은 필경 동생만 못하다 하였다.

영주이씨潁州李氏의 형제가 쌍생雙生인데 一時 차이로 어긋나게 되어 제弟는 갑과甲科에 오르고 형은 다만 수재秀才가 되었다.

팔자의 日時를 헤아려보니 앞의 설명의 결과와 같았다.

08

論논 六親육친

● 간혹 질문하는데 陰陽이 어떻게 배합되어 부부夫婦가 되고 육친六親을 이루는가? 답은 가령 甲에게 乙은 매妹가 되고 함께 짝하는 庚金의 처가 된다. 丙에게 丁이 매妹가 되고 함께 짝하는 壬水의 처가 된다. 戊,己는 甲이 짝이 되고 庚,辛은 丙이 짝이 되고 壬과 癸는 戊가 짝이 된다. 一陰 一陽이 짝하여 부부를 이루고 부부가 있는 연후에 부자父子가 있고, 父子가 있고 난 연후에 형제가 있다.

● 육친六親은 부모, 형제, 처자가 된다.
六甲은 己에게 장가들어 처가 되어 甲己 합으로 庚辛을 生하여 庚辛이 자식이 된다. 남男은 干을 剋하는 것을 취하여 사(嗣:상속자)가 되고, 여女는 干이 生하는 것을 취하여 식(息:자식)이 된다. 즉 己는 庚辛의 어미가 되고 庚辛은 己의 자식이 된다.
庚은 乙木에 장가가니 乙이 妻가 되고 乙庚 합하여 丙丁을 生한다. 즉 乙庚은 丙丁의 부모가 되고, 庚은 부父, 乙은 모母가 된다. 그러하니 陰干은 나를 生하는 者로 모母가 되고, 내가 剋하는 陽干은 부父가 된다. 나를 剋하는 것은 官으로 자식이 되고, 내가 剋하는 것은 財로 처가 되고, 견주는 者는 형제자매가 된다. 내가 生하는 陰干은 장모丈母가 되고, 처가 剋하는 陽干은 장인이 된다. 내가 극하는 女는 여서女婿가 되고 食神은 손자가 된다.
기타 육친六親도 이렇게 十干 변화를 사용하면 된다.

● 또 六甲 生人은 癸가 母母로 正印이 되고, 己土가 正財가 되고 戊土는 부친이 된다.
『 戊와 癸는 合하니 또한 부모가 된다.』
戊는 偏財가 되고 比劫을 만나면 父가 손상된다.
六乙 生 人은 癸가 母母가 되고, 癸는 偏印이 되고, 戊는 父가 되고, 戊는 正財가 된다.
甲乙은 같이 庚辛이 자식이 되는데 庚金은 男으로 甲에게는 七煞이 되고, 乙에게는 正官이 된다. 辛金은 女로 乙에게는 七煞이 되고, 甲에게는 正官이 된다. 己土은 처가 되고 戊土는 첩妾이 되고, 乙木은 己土를 剋한다.

● 비록 그렇다고 하더라도 陰이 陰을 보면 배합配合을 이루지 못하고, 그리고 陰木(乙)은 剋하여 陽土(戊)를 얻을 수 없다. 또 부인은 陰이 정正이 된다. 그래서 甲乙은 모두 己가 처가 되고 戊는 첩이 된다. 가령 여인 命에 甲 日干이면 庚은 七煞이 되고, 乙 日干이면 庚은 正官이 되는데 모두 남편 星이 된다.

『 註釋 甲乙을 木으로 놓고 보면 己는 陰이니 곧 여자로 본 부인이 되고, 戊는 陽이니 본 부인이 되지 않는다는 것이다. 또 甲乙을 木으로 놓고 보면 庚은 陽이니 甲도 乙도 庚이 남편이 된다는 것이다.』

그리고 여자의 경우 甲 日干에게 庚은 陽이니 남男으로 올바른 夫가 되는데, 즉 陽에 속하게 되기 때문이고, 辛은 陰에 속하니 陰陽의 조화가 되지 않아서 남편이 되지 못한다. 다만 陽이 陽을 보면 무정無情하고 陰이 陽을 보면 부부가 조화가 잘되어 화목하다.

● 혹 이르기를 正財는 처가 되고 偏財는 첩이 된다 한다.
女命에 甲 日干은 辛이 올바른 남편이 되는데, 陰陽의 올바른 합을 취한 것이다.
甲乙 生 人에게 함께 甲은 형자兄姊, 乙은 제매弟妹가 된다. 丁은 할머니로 나를 生

한 아버지의 엄마가 되니 丁은 戊를 生한 것이 된다. 壬水는 할아버지로 壬丁 合하니 부부가 된다.

또 丁火는 나의 처를 生한 장모丈母가 되고, 또 나의 외모外母가 된다. 丁은 己를 生한다. 己는 甲과 짝하여 정처正妻가 된다. 壬은 장인丈人으로 壬丁 合하게 된다. 戊土는 처형, 처의 외삼촌이 되고 癸水는 외삼촌의 처가 되니 외숙모가 된다. 기타 남은 八干 모두 이와 같이 추리한다.

● 여인에 사용되는 것은 남자와 같지 않다.
내가 生하는 者는 자식이 되고 나를 剋하는 者는 남편이 된다. 나의 남편을 生한 者는 시어머니가 되고, 나의 시어머니를 剋하는 者는 시아버지가 된다. 남아있는 부모형제는 모두 男과 동등하게 판단하는데, 단지 陰陽의 분별은 하여야 한다. 가령 甲乙 干은 丙이 아들이 되고, 丁은 딸이 된다.
[蟾彩 : 丙은 陽이니 남자로 甲이나 乙이나 아들이 됨]
庚은 父가 되고 辛은 父의 형제가 되고, 己는 시어머니가 되고, 甲은 시아버지가 된다. 간혹 食神은 아들이 되고, 傷官은 딸이 되는 것으로 陰陽을 따로따로 취하기도 한다.

● 경에 이르기를 年은 조업祖業이 되고, 月은 부모, 형제, 문호門戶가 되고, 日은 처, 첩, 자기가 되고, 時는 자식이 된다 하였다.
마땅히 사주 中에 부모, 형제, 처자의 星에 어떤 地가 있는데 그 地의 왕旺, 상相, 휴수休囚를 보아서 길흉을 설명하여야 한다.
가령 부모星의 坐에 장생長生, 왕고旺庫, 녹祿, 마馬, 귀인貴人의 地가 있으면 부모는 부귀하고, 복수福壽하고 영요榮耀하고, 가령 坐에 공空, 형刑, 극剋, 살煞, 사死, 망亡,

쇠衰, 패敗가 있어 교병交兵하는 地가 되면 主의 부모는 빈박貧薄하고, 깨지고, 상하고, 형刑하고, 요절하고, 밖에서 사망하고, 끝내 좋게 이르게 되지는 않는다.
만약 刑, 破, 害을 차게 되면 비록 왕고旺庫의 地에 거주한다고 하여도 主의 부모는 수명은 있으나 빈천貧賤하다.

● 형제 星이 득시得時, 득령得令하여 生을 얻고 좌坐에 長生, 庫, 旺, 祿馬, 貴人의 地를 얻으면, 主의 형제는 부귀하고 영화를 이루고, 좌坐에 刑. 剋. 煞. 刃. 死 .絶. 衰. 敗의 地를 만나면 형제를 얻을 힘이 없고, 坐에 長生. 旺庫이지만 刑. 衝. 破. 害를 만난 者는 비록 형제가 있다고 하더라도 힘을 얻지 못하여 좋지 않다.

● 가령 처,첩 星의 坐에 生, 旺, 庫, 祿馬, 貴人의 地나 혹은 生하는 물건이 있으면 主의 처,첩은 부귀하여 영화롭고 미모가 있고 재주가 많다.
가령 坐에 空, 刑, 剋煞, 羊刃, 死, 絶, 沖, 敗의 地가 되면 主의 처.첩은 빈박貧薄하고, 모양이 추하고, 형요刑夭하고, 음란하고, 잔질殘疾이 많고, 해산하다 죽고, 얻지 못한다. 坐에 生旺. 祿馬의 地가 되는데 刑. 沖. 破. 害를 당被하면 처는 비록 수명은 있지만 빈박貧薄하다. 가령 祿馬. 貴人. 財庫의 地에 刑. 衝. 剋. 煞을 帶하면 主의 처는 비록 부귀하지만 요절한다.

● 가령 자식星의 坐가 生旺. 祿. 馬. 貴人. 官. 印의 地로 상생相生하면 主의 자식은 영화榮華, 총명聰明하고, 많이 얻어 노년을 편안하게 보낸다.
가령 坐에 祿馬. 貴人이 死絶의 地가 된 것이라면 비록 총명聰明 준수俊秀하나 노년을 보내지 못한다.

가령 生旺의 地에 거주하는데 刑. 衝. 破. 害을 입으면 자식은 있고, 主는 우완愚頑하거나 잔질殘疾로 노년을 보낸다.
가령 死, 絶에 거주하고 또 刑. 衝. 破. 害. 劫財의 地가 되면 힘이 없어서 자식을 얻지 못하거나 자식은 있지만 主의 자식은 잔질殘疾로 파상破相하거나 재주가 없다.

女命에 자식의 거처(자식 宮)가 旺의 地가 되면 主는 자식이 많다.
가령 坐에 祿, 馬. 貴人이 되면 主의 자식은 부귀富貴 복수福壽하다.
가령 坐에 空. 刑. 剋. 煞과 아울러 沖. 羊. 刃. 死, 絶의 地가 되면 主의 자식은 힘이 없다. 만약 첩의 위치에 生旺이 거주하면 主는 뜻밖의 자식을 낳게 된다.

● 부에 이르기를 자기 집에 딸린 식구를 논할 때는 그 死絶을 만났는가를 논하면 된다 하였다.
삼명에 이르기를 사주에서 구족九族을 관찰할 때는 삼원三元으로 그 육친을 분별한다 한 것이 이것이다.
간혹 질문이 하는데 甲乙 日主는 戊癸가 부모가 되는데 사주 干支에 癸水는 없고 단지 戊壬 두 글자가 간두干頭에 나타나 있거나 혹 地支에 감추어져 있으면 어떤 者를 부모로 논하게 되는가!
답은 원래 이러한 것은 명간明干에 있을 때는 明干을 취하고 명명에 없을 때는 암중暗中에서 구하게 된다.
만일 柱에 癸가 없고 단지 戊만 있다면 戊는 甲乙의 父가 되고 장차 父는 母를 구하게 된다. 가령 母가 없으면 壬이 母가 되고, 또한 戊는 父가 되는 것으로 논하는데 戊.壬은 혼배婚配를 잇기 어렵고, 즉 아녀兒女가 정식 결혼하는 것은 아니고 반드시 복내服内(구역)에서 성친成親을 하게 되거나 혹 母가 父의 나이보다 많고 혹 실혼失婚하고 다시 짝을 짓게 된다.

◉ 간혹 질문하는데 甲乙 日主에 月支, 年支에 乙木, 時支에 甲木이 있으면 乙이 먼저 있고 甲이 뒤에 있는 것이 되는데 어떤 것이 형이 되고 아우가 되는가! 답은 선후를 논하지 않고 다만 강강强强이 형이 되고 약약弱弱이 아우가 된다.

무릇 사람의 生에서 上은 부모, 下는 처자, 中은 형제로 본다고 하는데 이것은 연속聯屬 이합離合한 명이 되는 것으로 육친에는 해당되지 않는 편견일 뿐이다.
오직 세인들이 올바른 이치는 통달하지 못한 것으로 五陽干은 母, 처, 딸이 되는 것으로 취하고, 五陰干은 父, 夫, 아들로 취하는 것도 심히 잘못된 것이다.

◉ 이 같은 법을 가르치는 사람은, 甲은 己를 처로 취하고, 乙도 己를 처로 취하고, 戊는 처로 취하지 않아야 한다. 戊는 陽이 되기 때문이다. 甲은 庚이 아들(상속자)이 되고, 戊는 父가 되고 癸는 母가 되고, 乙도 甲과 동일하게 추리한다. 偏正으로 잡지 않고, 陰陽을 분별하여 陽은 男, 陰은 女로 보는 것이 합당한 이치이다. 이에 이렇게 가르쳐야 한다.

『 **註釋** 甲乙의 처는 己가 되고 戊는 처가 되지 않는다.
이유는 己는 陰(女)으로 정처가 되고, 戊는 陽(男)으로 정처가 될 수 없는 偏이란 것이다.
여기서 이 甲乙을 甲은 陽, 乙은 陰으로 구분하지 않고 둘 다 木으로 본다는 것이다.
아들, 부친도 이에 준하여 간명한다.
12운성을 설명 할 때도 이와 그 맥락을 같이 하여 설명하였다.』

◉ 신백경 말한 것을 보면 甲人은 丁이 父가 되고, 壬은 母가 되고, 乙人은 戊가 父가 되고 癸는 母가 된다. 남은 八干은 이 예를 적용하면 된다 하였다.
陽男 陰女를 논하지 않고 오직 陰이 陰을 生하고, 陽이 陽을 生하는 것을 취한다.

즉 나를 生하는 것은 母가 되고 母와 合하는 干은 父가 된다. 夫, 妻가 合한 후에 자식을 生하니 陽干은 傷官이 父가 되고 正印은 母가 된다. 陰干은 正財가 父가 되고 偏印은 母가 된다.

『 註釋 甲일 경우 나를 生하는 것은 壬으로 母가 되고, 壬과 合하는 丁은 傷官으로 父가 된다. 乙일 경우 癸가 生하니 母가 되고 癸와 合하는 正財 戊가 父가 된다는 것』

父를 보았는데 즉 父가 없는데도 나타나고 母를 보았는데 母가 없는데도 나타난다.

年干을 剋하면 父에 불리하고, 月干을 剋하면 母에 불리하고, 간귀干鬼는 父에 불리하고, 도식倒食은 母에 불리하고, 胎와 사주가 교병交倂하면 부모가 어긋난다 하였는데 이 설명은 또한 통한다.

● 또 설명하면
- 춘추春秋을 二分하여 전후에 卯酉가 범한 日時 者는 골육骨肉과 조업祖業이 흩어지고 끊긴다.
- 辛酉 日時는 이름이 백호白虎가 가정에 임한 것이라 하여 日에 있으면 처가 剋되고 時에 있으면 자식이 剋하여 골육에 불리不利하다.
- 戊申, 戊寅은 이름이 육도소허六道消虛*로 主의 친족親族에 불리하다. 壬戌 日時는 이름이 천후실행天后失行*이라 하여 主의 처와 자식에 불리하다.
- 광록에 이르기를 무릇 命의 生時에 辰.戌.丑.未가 있으면 主의 부모에 해롭고, 겁살劫殺, 망신亡神, 원진元辰, 양인羊刃을 많이 대帶한 者도 그렇다.
- 日時 망신亡神이 겹쳐있는 者는 母가 剋되고, 만약 時에 辰.戌.丑.未가 犯했지만 악살惡殺이 犯하지 않으면 剋되지 않는다.
- 천원변화서에 이르기를 무릇 生한 命에 부모의 氣가 絶되어 약弱한 위치의 者

는 반드시 刑헨된다 하였다.
- 殺을 많이 帶한 者는 主와 등져서 헤어지게 되기도 하는데 반드시 사계四季(辰戌丑未) 時에 의한 것은 아니다 하였다.

** 륙도소허六道消虛 : 육개의 길이 소멸하여 비게 된다.
** 천후실행天后失行 : 천후가 길을 잃는다.

◉ 척벽에 이르기를 무릇 時에 劫殺, 羊刃이 범하면 비록 辰,戌,丑.未는 아니지만 헨은 있게 되고, 사유四維(辰戌丑未)는 모母, 사정四正(子午卯酉)은 父가 된다 하였다.
- 직도가에 이르기를 사계四季<辰戌丑未>에 生한 사람은 태양을 등져서 主가 태어나기 전에 父가 먼저 사망한다 하였다.
- 호중자가 이르기를 월좌月坐에 고허孤虛는 산앵두나무 같이 조췌凋悴하다 하였다.
- 척벽에 이르기를 무릇 巳酉丑이 온전하고, 辛을 대帶한 者는 主의 골육骨肉이 타향에 존재하여 되돌아오지 못한다 하였다.
- 장귀곡유문에 이르기를 사묘四墓는 개장蓋藏의 地가 되고, 時의 貴도 해롭고, 사맹四孟은 고절孤絶의 神이 되고, 殺을 대帶하면 필히 헨된다 하였다.

◉ 낙록자가 이르기를 권속眷屬은 水火가 같이 있고, 목욕沐浴을 상봉相逢하면 골육이 중도에서 분리되고, 과숙孤宿은 격각隔角으로써 더욱 싫다 하였다.
- 고가에 이르기를 격각隔角은 亥子의 초초가 분명分明하고, 日時에 나타나 있으면 고독하게 되는데, 조년에 부모와 서로 동떨어져 연락連絡이 끊어지게 되거나 主는 첩이 되어서 외각에 기거하게 되고, 겹쳐져서 있으면 고립孤立되어 도리어 吉하게 된다 하였다.
- 다시 年上에서 日에 구하게 되면 처가妻家의 사람이 상喪되어 없게 되지 않으

135

면 자신의 성姓이 온존하지 못하고, 時上은 자손이 적거나 늦게 보게 된다. 그렇지 않으면 신변을 안전하게 지키는 사람이 없게 되고, 月中에 있으면 형제가 적고 日에 있으면 몇 명의 처가 바뀌게 된다 하였다.

● **처첩인예장 妻妾引例章**

正財는 처, 偏財는 첩妾이다. 또 가령 甲日 生은 己가 正財로 정처正妻가 되고, 戊는 偏財로 편처偏妻가 된다.

- 만약 日干이 건왕健旺하고 사주에 己 정처正妻를 보았는데 시령時令을 얻어 旺하고, 찬 官星을 다스리게 되면 主의 妻는 현명하고, 재주가 있고, 아름답고 처로 인하여 貴를 만나고, 歲, 時 中에 印이 임하여 있으면 主의 妻는 재물과 혼수가 넉넉하다.
- 만약 正財가 쇠衰하고 偏財가 旺하게 나타나있으면 主는 편처偏妻에게 인연을 나누게 된다.
- 만약 己가 낙함落陷하거나 좌坐에 死絶이 되거나 춘령春令에 生하고 日主가 건왕健旺한 甲寅등의 종류는 主의 妻가 剋되어 해로 하지 못하게 된다.
- 만약 처가 旺한 日干을 만나고 坐는 쇠국衰局이거나 사묘死墓의 地가 되면 主는 자연히 一生 엄체淹滯하고 처첩에 속고 혹은 타인에 재가한다.
- 만약 甲申, 甲戌日이 甲寅, 乙卯月에 생하면 主는 크게 旺하여 비록 처가 있다고 하더라도 比肩이 분탈分奪하는 까닭에 타인에 시집가는 것을 면하지 못하여 두렵다. 혹은 타인이 나타나서 차지해 버리거나 처가 별정別情이 있게 된다. 남은 것은 이와 같은 예로 판단하면 된다.

◉ 자식인예장 子息引例章

대를 이을 아들은 官星이 된다. 官星이 득령得令하고, 충극衝剋이 없어 상해를 받지 않고, 日主의 자좌自坐가 旺한 곳이 되면 아들의 효도로 편안한 여생을 보내고 후대가 영창榮昌한다.

가령 甲乙日은 金이 상속자가 되는데 金이 旺하면 모두 4,9명의 자식이 있게 된다.

- 만약 日主가 유약柔弱하고, 坐에 殺을 차면 官星이 旺하게 되고, 다시 三刑, 六害를 차고 격각隔角이 교가交加하고, 合되고, 살국殺局을 이루면 主의 자식은 불효하고, 먼 타향에 거주하고 집안이 망하게 된다.
- 만약 日主가 크게 旺하고 官星의 坐가 공망이 되고, 傷官, 패재敗財를 차게 되면 官星이 무기無氣하여 일생 고독하게 되고, 아들 없이 끝을 보내고, 첩을 얻어서 서출庶出을 보기도 어렵다.
- 만약 時上의 七殺이 태왕太旺하거나 七殺을 태과太過하게 제복制伏하면 모두 아들을 보기 어렵다. 관살상혼官殺相混, 거류불청去留不淸한 이 두 종류는 아들이 있다.
- 오직 殺만 투출한 者는 반드시 먼저 딸을 보거나, 혹은 殺은 편자偏子가 되거나 딸이 된다.

◉ 나(育吾)의 생각으로는 사대부 命의 아들은, 官이 뛰어나면 정출正出이 되고, 殺이 많으면 서출庶出이 되고, 殺이 겹쳐있으면 女가 많고, 官이 겹쳐있으면 아들이 많다.

- 또 干支로서 자녀로 나누게 되는데 干支가 겹쳐진 것을 본 者는 자녀가 함께 많다.
- 만약 時에 공망이 떨어져 있지만 원原에 官殺이 있으면 자녀가 2,3명이 된다.
- 傷官이 없고 財印을 차고 있으면 다르게 논한다. 印은 딸이 있고, 財는 아들이 있다.

- 만약 傷官이 格을 이루고, 서귀鼠貴 형합刑合 등의 格들도 柱에 官殺이 있으면 主는 아들이 있고 공망에 떨어지면 없다.
- 만약 傷官의 좌坐에 殺이 있는 가령 丙日이 己亥 時를 보는 종류는 아들이 있는데 다만 화순하지 못하다.
- 歲, 運에서 아들을 낳는 것을 논하여 보면 官殺이 중중하다면 傷官, 食神이 있는 歲, 運에 아들을 낳는다.
- 官殺이 경輕하면 財 年이나 官殺 年에 아들을 낳는다.
- 官殺이 輕하고 食傷이 重하면 모름지기 偏印, 正印 年에 아들을 얻게 된다.
- 官殺이 重하고 財 또한 많으면 모름지기 比劫, 羊刃을 얻는 歲,運에 아들을 낳는다.
- 혹은 天地合, 三合, 六合 年이 되면 자식을 낳는다.

이와 같은 것들은 활법活法이 되니 참고하여야 한다. 적중하지 않는다고 업신여기지 말라!

● 부모인예장 父母引例章

- 父는 偏財로써 논하고, 母는 印綬로써 논한다. 손상되지 않으면 소년에 방해가 없다.
- 가령 庚日은 甲이 父가 되는데 柱中에 다시 庚을 보게 되거나, 巳酉丑 합하여 金局이 되면 父는 손상된다. 만약 命에 七殺을 차게 되면 무방하게 된다. 가령 日干이 건왕健旺한데 甲에 亥.卯.未.寅이 있거나 동령冬令이 되면 主의 부모는 화순和順하다. 또 父가 봉작封爵을 받는 것도 모두 이와 같은 류(類)에서 추리가 가능하다.
- 또 戊日을 생한 者는 丁火가 母가 되고, 柱中에 正財가 태중太重한 것은 꺼리는데, 태중太重하면 전극인수轉剋印綬, 탐재괴인貪財壞印이 된다.
- 원국의 天地에 財가 있고 運行이 재향財鄕이 되면 母가 일찍 剋하고, 地에만 財가 있고 運도 財로 나아가지 않으면 剋은 더디게 된다.

• 사주에 正官 한 개는 무방하다.

가령 戊日 生이 사주의 원국에 두 개의 壬이 있고 모두 득지得地했다면 主의 母에 夫가 2명 있는 것이다. 正印은 母가 되고 偏印은 계繼. 서모庶母가 된다.

만약 人命에 부모를 온전하게 帶하면 일생동안 조업祖業을 얻고 분명한 인연이 되어 극박尅剝한 근심은 없게 된다.

◉ 형제인예장 兄弟引例章

• 형제는 劫財, 比肩으로 甲이 乙을 보고, 乙이 甲을 보는 종류다.

• 가령 庚日은 좌坐에 寅午戌이 되고, 혹은 사묘死墓의 곳에 임하여 있는데, 이에 반해 아우가 되는 辛酉는 自旺한 地가 되어 있고 時에서 財를 얻게 되었다면 아우가 자연히 명현하게 되고, 형은 동생의 福에 미치지 못한다.

• 가령 형제가 서로 화합하려면 강약强弱이 서로 분별되어야 화합하게 되는 것이 이치이다.

• 가령 불화不和한 者는 사주에 庚.丁.辛.丙의 종류를 대帶했다면 형의 官星이 동생의 本身을 尅한다. 이러한 오행은 자연히 불화하다.

• 본경에 이르기를 불인不仁 불의不義는 庚辛과 甲乙이 교차交差한 것을 일컫는 것이다 하였다. 남은 것은 이에 준한다.

◉ 가歌에 이르기를

• 살관혼잡殺官混雜이 三刑을 대帶하고, 다시 財가 없으면 구차한 삶이 된다 하였다.

• 나는 명명 타他는 암暗 하였는데 타상他象을 쫓으면 父가 사망할 때 부령赴靈하지 않는다.

• 庚金이 化하였는데 火와 대립하면 父가 사망 할 때 피를 보고 죽는다.

- 比肩이 三合하면 가족에 害가 있고, 三刑은 몰락하고 처와도 이별한다.
- 比肩은 아무도 모르게 규방을 손상시키고, 형제가 무정하면 사기에 연루되어 피해를 입고, 比肩이 다른 象을 이룬 것을 차면 형제가 화목하지 않고 배우자가 간통한다.
- 처가 三合 중에 있고 좌坐가 처가 되면 친지親支에서 얻게 된다.
- 坐의 처와 투출한 처가 다른 象을 이루면 主는 처와 헤어지고 다시 장가가 아내를 얻는다.
- 처재妻財가 많이 투출되어 있으면 부인을 두려워하고, 부인이 絶한 곳이 되면 아이를 生하지 못하고, 다른 象으로 변하여 이루어지면 남편이 剋되어 잃고, 主는 남편과의 예의를 속여 어긋난 행동을 한다.

身旺하고 食이 강하여도 이와 같은데, 食이 확실하게 旺相하면 죽음으로 근심을 하게 되고, 陽母(甲이 壬을 본 예)가 전위專位가 되었다면 主는 편생偏生이 되어 母를 쫓아 父를 따르게 되는 두려움이 있다.

- 천시天時는 지리地利만 못하여 산일産日이 경과 된 뒤 태어난다 하였다.

『 註釋 천시지리天時地利는 맹자의 천시불여지리, 지리불여인화(天時不如地利, 地利不如人和)에서 나온 말로 추정되는데 天時는 天干을 말한다고 할 수 있고 지리地利는 地支를 칭한 것으로 추정되는데, 곧 지지가 화합하지 않으면 산월을 지나서 아이를 낳는다고 생각해본다.』

- 七殺이 刑을 겸하면 정수리가 편중되어 있고, 印이 殺地에 들면 母에 질병이 있고, 丙,丁 쌍자雙者는 정수리에 쌍령雙靈이 있다.
- 日祿이 時에 있으면 꿈이 잘 맞고, 소아小兒에 젖이 없는 것은 食神이 衝되었기 때문이다.

- 壬子, 乙酉 時는 편생(偏生:서출)이 되고, 丙,戊,丁,壬은 처가 신령神靈을 얻고, 甲이 乙卯 月에 태어나면 父가 등진다. 이와 같은 時는 중요하니 분명히 기억하여야 한다.

『 註釋 연해자평 논명세법論命細法과 같은 내용이다.』

◉ 부賦에 이르기를
- 양아들을 집에 들이는 것은 年月의 衝으로 구분한다.
- 母를 따라 夫(偏父)를 모시는 것은 財가 공망되고, 印이 旺한 것이다.
- 조년早年에 父가 상상喪하게 되는 것은 偏財가 死絶 宮에 임한 것이다.
- 어린나이에 母와 헤어지는 것은 印綬가 많은 財를 만나고, 印綬가 사지死地에 임했기 때문이다.
- 比肩이 重하면 형제가 무정無情하고, 羊刃이 많으면 처궁妻宮이 손상된다.
- 官이 死絶의 地를 만나면 子를 얻기 어렵고, 만약 傷官이 태심하면 아이가 오래 유지되기 어렵다.
- 제강提綱이 충파沖破를 만나면 主는 조업祖業을 떠나고, 다시 공망을 보면 세 번 번성하게 되고 네 번 쇠퇴하게 된다.
- 印綬가 生을 만나면 母는 현귀賢貴하고, 偏財가 귀록歸祿하면 父는 반드시 한껏 높게 된다.
- 官星이 祿旺의 장소에 임하면 자식은 영현榮顯하다.
- 七殺이 長生의 位가 되면 女는 귀한 남편을 얻는다.
- 자신自身이 소생所生하는 궁宮을 빌리면 主는 사람에 의지하여 살아간다.

- 처성妻星이 실령失令하면 도중에 떠나고, 만약 차궁借宮 소생이면 역시 타인의 의녀義女가 된다.
- 印綬가 旺하면 자식이 적고 생존이 드물고, 七殺이 강강하면 딸이 많고 아들은 적다.

◉ 偏財가 敗를 만나면 主의 父는 풍류風流를 즐긴다.
- 자요子曜가 임림臨하면 파가破家하고 탕산蕩産한다.
- 처가 입묘入墓하면 처재妻財를 得하지 못하고, 父가 고庫에 임하면 父가 먼저 사망한다.
- 比肩이 祿을 만나면 형제의 이름이 높고, 印綬가 피극被剋되면 모친母親이 일찍 사망한다.
- 도화가 煞星이, 처궁妻宮에 坐하면 主는 반드시 음탕淫蕩하다.
- 年이 月을 衝하는 者는 조업祖業을 지키지 못한다.
- 日이 時를 衝하면 처자妻子가 어렵게 되고, 만약 天元에서 형전刑戰을 보면 부모가 온전치 못한데, 地支에서 生을 만나면 흉한 中에 길하게 된다.
- 七殺이 正印을 生하게 되면 자당慈堂의 정신은 늙어도 맑다.
- 傷官은 偏財 돕기를 좋아하니 부친이 백년을 안일하게 보내게 된다.
- 比肩은 비록 형제라고 하지만 重하면 父의 수명이 오래가지 못한다.
- 旺財는 生官 할 수 있고, 財가 많으면 母의 수명이 굳건하지 못하다.

◉ 食神이 比를 빈번히 보면 상속인(아들)을 얻기 어렵다.
- 羊刃을 重하게 만나면 재혼한다.
- 官鬼가 왕성하면 맏과 둘째가 사라져 성기게 되고, 七煞이 흥興하면 자기 身에

불리하다.
- 부부의 해로偕老는 모두 財旺하고 신강身强한데 기인하고, 자녀 영모盈眸는 오직 官이 흥흥興하고 煞이 성성盛하여야 한다.
- 사주의 相生은 길하게 빛나는 값이고 삼대三代가 모두 완전하다.
- 오행이 전극戰剋하고 흉성凶星을 만나면 육친을 갖추지 못하게 된다.
  女命의 추리는 이것들과 어긋나니 상세히 참고하여 살펴야 한다.

◉ 시어머니는 偏財로 만일 傷官이 대하게 되면 수명壽命도 고려하여야 한다.
- 시아버지는 比劫이 되고 七煞을 만나면 命이 연장되기 어렵다.
- 財官이 흥성하면 반드시 부귀한 夫를 만난다.
- 食,比는 권권權을 맡으니 마땅히 어진 효자 자식을 생한다.
- 印綬는 자식을 傷하게 하는데, 財를 만나면 도리어 안강安康을 얻는다.
- 동류同類 간두干頭는 제매娣妹가 된다. 財上 支絶은 夫가 흥하지 못한다.
이와 같은 것들이 육친을 추리하는데 참되고 뛰어난 비결인데 五行의 生剋에서 영고榮枯를 정하여야 한다.

◉ 年에 刃煞을 만나면 유년幼年에 부모를 잃는다.
- 時에 刃傷을 만나면 말년에 도리어 자식이 손상된다.
- 衝者는 형제가 없고 刑者는 육친이 손상된다.
- 외충外衝은 육친이 무력無力하고 내충內衝은 부부가 불협不協하다.
- 歲, 月에 官.財.印이 완전하면 조상의 삼대三代가 부귀했다.
- 日時에 煞刃이 梟를 만나면 도중에 처아妻兒에 손상이 있다.
- 남명에 傷官이 많으면 자식에 손상이 있고, 여명 傷官이 많으면 지아비에 손상

이 있다.

- 傷官이 財를 보면 자식이 있고 七煞을 制하면 아들이 많다.
- 財가 重하면 부모가 형상刑傷되고, 귀鬼가 旺하면 후대로 영화가 옮겨진다.
- 劫財가 중중重重하면 父가 일찍 사망하고, 印이 깨어지거나 태중太重하면 모母가 사망한다.
- 歲, 月에 財官이 旺相하면 父에 영화가 나타난다.
- 日時에 祿馬가 相生하면 처아妻兒가 현준賢俊하다.

◉ 印이 복장伏藏하고 財가 령令을 잡으면 간음하여 낳은 서출庶出이다.
- 正財가 旺하고 身이 실시失時했으면 母가 일찍 상喪한다.
- 偏官, 偏印, 偏財를 겹쳐서 만나면 틀림없이 서출庶出이다.
- 正官, 正印, 正財를 홀로 만나면 정종正宗*의 男이다.
- 月中 劫이 財官을 등져 끊으면 父는 외지의 땅에서 사망한다.
- 歲,月이 배축背逐하고 다시 충해沖害되면 친족을 타향에서 장사葬事 지낸다.
- 日에 刃을 만나고 時에 梟를 만나면 처첩이 아이 낳다 사망한다.
- 歲에 煞, 月에 傷이면 형제에 어려움이 있다.
- 月令의 傷官은 장자를 잃게 되고, 時에 煞神이 行하면 형제가 없다.
- 남명에 劫이 중첩되면 외가外家를 희망하고, 女命에 煞이 重하면 친골親骨이 끊기게 된다.
- 전록專祿이 음착陰錯을 겸하면 외딴집에서 외롭게 보낸다.
- 축마逐馬가 양착陽差을 보면 시어머니와 진위를 가린다.『다툼이 많다.』

『음양차착살 : 丙子, 丁丑, 戊寅, 辛卯, 壬辰, 癸巳, 丙午, 丁未, 戊申, 辛酉, 壬戌, 癸亥』
- 印이 旺하면 아녀兒女에 해롭고 財가 중중하면 시어머니와 투기한다.

** 정종正宗 : 개조(開祖)의 정통(正統)을 이어받은 종파(宗派).

◉ 歲,月에 煞이 겹치면 刑害가 있고 시어머니가 손상 된다.
- 日時가 배축背逐되는데 구원이 없으면 처자와 헤어진다.
- 正財, 偏財가 거듭 合을 보면 비록 처첩이 많다고 하지만 主는 남음濫淫하다.
- 偏官, 正官이 다시 충해沖害하면 장부丈夫가 있지만 비뚤어져 간통한다.
- 夫가 旺하면 子가 손상되는데 곧 食神이 손상을 받은 것이다.
- 子가 旺하면 夫가 손상되는데 살펴보면 官星이 상절喪絶되는 것이다.
- 女命에 印이 旺하고 官이 경輕하면 부권夫權을 장악한다.
- 남명에 財가 많고, 신약身弱하면 처의 말에 협심(㥘心;협심;두려운 마음)이 생기게 된다.
  - 日下에 傷官이 刃을 가지면 夫는 반드시 나쁘게 사망한다.
  - 月中의 印이 형충刑沖을 당하면 모가母家가 몰락한다.
  - 刃이 건강하고 煞이 강剛하면 조祖의 사업이 미박微薄하다.
- 官이 강강強하고 財가 旺하면 후대後代에 영화가 번창한다.
- 日이 배록背祿 축마逐馬를 만나면 조상이 깨어지고, 고향을 떠나 다니는 객客이 된다.
- 時에 財旺을 만나서 生官하면 집안이 흥흥興하고 나라를 돕는 남자가 된다.

◉ 煞, 刃을 月에서 만나면 父는 있고, 모母는 없다.
- 偏官을 첩견疊見하면 여자를 많이 낳고 남자는 적게 낳는다.
- 偏財를 중첩되게 만나면 정처正妻는 적게 좋아하고, 첩을 많이 좋아한다.
- 재원財源이 득지得地되면 처로 인하여 부富를 이루어 집안을 이루고, 처에 숙이게 되어 구차함을 당한다.
- 官位는 관아에 임하는 것으로, 조업祖業을 크게 일으키고, 남자는 흥왕興旺하게 된다.

145

- 月에 官印, 年에 傷官은 父는 우수하고 조조를 열등하다.
- 日에 財가 위치하고 時에 劫財가 되면 父는 흥興한데 子는 패敗한다.
- 比劫이 重하면 결혼은 필히 더디고, 官星은 아이를 빨리 낳는다.
- 남男이 傷官, 陽刃을 만나고, 官煞을 만나면 상속자가 없다고 판단하지는 못한다.
- 여명에 傷官, 梟, 印이 財官으로 行하면 자식이 있는 것으로 결정한다.
- 여인이 食을 重하게 만나면 官이 경輕하게 되어 夫는 쇠약하지만 자식은 旺하다.
- 남명에 煞旺한데 比劫을 만나면 형은 있고 아우는 없는데 태과太過하거나 불급 不及하면 형제가 없다.

● 고위庫位가 중화中和되면 主에 형제, 자매가 있다.
- 煞은 生旺하고 官은 패절敗絶하면 여자는 성盛하고 남자는 쇠衰하게 된다.
- 財官이 旺하고 身主는 휴休하면 부가夫家는 흥하고 조가祖家는 실失한다.
- 女에 比劫이 아주 많으면 남편에 처가 끊기는 뜻이 있다.
- 男子에 財보다 劫이 지나치게 겹쳐지면 처가 사욕을 품는다.
- 年月에 印綬가 相生하면 기업基業이 나타나 이루어진다.
- 日時의 상관상진傷官傷盡은 뜻하지 않는 횡재橫財를 만난다.
- 年上 官星은 부친, 조부祖父의 官벼슬이 되고, 月上의 官星은 형제가 반드시 貴 하게 된다.
- 男이 比劫을 만나면 처가 손상되고, 女에 印, 梟가 들면 자식을 잇기 어렵다.
- 羊刃이 傷官, 七煞을 만나면 골육, 친우와의 정정이 손상된다.
- 三合, 六合은 서로 화해하여 좋은 친구와 사방팔방을 다닌다.

    ** 기업基業 : 대대로 이어 오는 재산과 사업, 기초가 되는 사업.

◉ 무릇 육친의 추리에서 남명男命은
- 年이 父가 되고, 胎는 母가 된다. 月은 형제가 되고, 관원官員으로써는 月은 동료도 되고, 日은 자신의 처첩妻妾이 되고, 時는 자손이 되고, 관원官員은 時로써 제좌帝座가 되고, 화복禍福이 된다.

◉ 무릇 子.午.卯.酉 日生인 主가 子.午.卯.酉의 命인 처에 장가 갈 수 있고, 만약 처가 申子辰 生, 丑生, 甲己生 者가 된다면 모두 혼인 생활이 길지 않다. 가령 초혼은 剋하여 재가하는데, 이것에 제한이 없고 또한 자주 剋된다. 배우자와 生日의 干支가 부동不同한 者는 剋되지 않는다.
寅.申.巳.亥, 辰.戌.丑.未 生도 모두 위의 설명과 동등하다.

◉ 무릇 命의 사주 內에 내가 剋하는 者가 있으면 妻가 되고, 내가 剋하는 者가 없으면 말하여 국중局中 무처無妻는 소생所生한 日의 地에 어떤 것이 있나, 가령 財를 旺하게 하는 곳이 있으면 마땅히 처를 얻을 힘이 있게 된다. 다시 年의 貴人, 祿馬를 대帶하면 主의 처는 官을 대帶하여 夫에 시집온다.
- 만약 本命의 時에 財가 사死. 묘墓. 절絕. 패敗의 처處가 되면 主가 극함剋陷하고 일생 홀아비로 산다.
- 만약 日祿을 時上에서 만나면, 예를 들어 六丙日이 癸巳 時를 얻고 六壬 日이 辛亥 時의 종류를 얻은 것이다. 煞은 명예를 명명하니 主가 부富를 도모하지 않는다. 또 主는 처로 인해서 官이 있게 된다.
- 日이 官을 年에 帶하고, 혹 年에 印이 있으면 主의 처는 부권夫權을 빼앗거나 혹 처의 음덕蔭德으로 복이 있게 되고, 혹 처가 권력이 있는 귀한 집안의 출생이고, 혹은 임금의 사위나 군의 사위가 되는 종류가 된다.

● 日의 좌坐에 命財가 있고 다시 生旺 곳이 되면 主는 처와 재물을 얻고 또 처가 현량賢明하다.

- 만약 死.絶.墓가 되면 처가妻家의 사망한 사람의 유산을 받고, 日의 坐에 貴人이 되면 主의 처는 유명한 일가一家이고 처가 현숙하고, 아름답다.
- 만약 日이 刑이 되고, 日이 年과 衝하고, 羊刃이 年을 깨고, 겁살, 육액六厄, 원진元辰, 공망空亡이 되면 3~4번 장가가거나 처가 없다.
- 日 坐에 刃을 帶하면 말하여 日殺이라고, 時의 陽刃이 귀일歸日하면 둘 다 主는 극처剋妻한다.
- 日이 파쇄살破碎殺을 차면 主는 색色으로 인해서 혈질血疾이 생기거나 재앙으로 어렵게 되는 종류가 되는데 丑日은 더욱 긴요하고, 巳酉日은 차만差慢하고, 日이 년묘年墓를 帶하고, 日이 正印을 帶하면 主는 정실을 剋하고 혹은 창녀인 처, 첩를 얻는다.

● 오행이 순順하면 吉하고, 日이 刑.害.衝.破를 帶하고 또 악살惡殺을 帶하고, 좌坐에 부침살浮沈殺이 있으면 主는 처와 생이별하고 또 나쁘게 죽는다.

- 日에 있는 命財가 死.墓.絶한 곳이 되면 主는 처를 剋한다.

가령 金命 人이 日에 午.未.申이 있으면 납음으로 논하여 그대로 따른다. 고시에 이르기를 납음 金命은 木이 처가 되는데, 午未 宮宮은 사장死葬하는 시기가 되고, 다시 一辰으로 나아가면 처가 絶하게 되어 경함傾陷*되거나 또 먼저 기울여져 없는 것과 다름이 없다 하였다.

- 일좌日坐에 화개華蓋가 되면 主의 처는 빈번히 剋되는데, 대저 처(日坐)가 사계(四季:辰戌丑未)日이면 이와 같이 된다.

• 고시에 이르기를 時에 화개華蓋를 만나면 主의 身은 고독하고, 子가 年에 임해 있으면 반드시 죽음이 정해지고, 日이 時에 있는 처를 누극屢剋하면 창녀와 노비에게도 장가가지 못한다 하였다.

** 경함경함 : 나쁜 꾀로 남을 어려운 처지(處地)에 빠지게 함.

● 촌주에 이르기를 日坐의 화개華蓋는 主의 처가 청렴하지 않고, 불효不孝하고, 日의 坐에 역마驛馬는 主의 처에 병이 많고, 게으르고, 고독하다 하였다.

五行이 相剋하면 主는 극함剋陷하고, 辛酉日 生은 극처剋妻, 癸巳日 生은 主의 부처夫妻는 병이 있고, 혹은 주색황음酒色荒淫하다.

年과 日이 동등한 一位가 되면 이름이 주본主本 동궁同宮으로 主는 극처剋妻되고, 동년同年의 처에 장가가면 방면된다. 일컬어 봉황지鳳凰池라 한다 하였다.

• 침지에 이르기를 형제가 봉황지鳳凰에 동궁同宮하면 다만 부리는 사람의 마음 속 생각이 아름답지 않고, 日時가 상충相衝, 상형相破, 상형相刑, 육해六害가 되면 모두 主는 이혼하고 아들과 헤어진다 하였다. 남녀에 모두 통용된다.

申日 辰時, 未日 亥時, 寅日 戌時, 丑日 巳時 모두 정란사충井欄斜衝하여 主의 처에 재앙이 있게 된다.

다시 食神을 帶하면 이름이 절방살絶房殺로 主는 딸은 많고, 아들은 적다. 가령 甲辰 壬午가 도식倒食을 대帶한 者는 더욱 심하다 하였다.

● 고부古賦에 이르기를 정란사충井欄斜衝에 대해 장자莊子의 고분鼓盆*의 가歌에서 이와 같은 것은 올바르게 말하고 있다.

• 日이 자형自刑되면 主의 처는 질병이 많고, 日坐에 목욕살沐浴殺은 主가 예쁜 처를 없는데 청렴결백하지 못하다 하였다.

- 무릇 命에서 日의 납음으로 논하여 처의 수목(數目:낱낱의 수)은 水一, 火二, 木三, 金四, 土五가 되고 초과한 자는 갑절이 된다.
- 무릇 처의 위치(妻宮)의 辰(星)을 衝하는 사람은 그 年에 장가들어 아내를 얻는다.
- 日과 三合, 六合을 할 때도 드물게 있는 일인데 그런데도 처를 본 者는 교졸巧拙한 까닭에 변경된다는 말이다.

_{**} 고분鼓盆 : '盆'은 중국에서 술이나 물을 담는 와기瓦器이며, 고'鼓'는 쳐서 울리게 한다는 뜻으로, '아내의 죽음'을 뜻하는 말.

● 부에 이르기를 日이 친년親年(부모의 나이)을 업신여기면 노부老婦를 공경하지 않는다 하였다.

가령 乙丑人이 辛日을 보면 年干이 손상되고, 癸日은 年의 乙木 干을 안중에 두지 않고, 午日은 乙의 長生이 되어 夫에 복종하지 않는다.

대개 年은 부모가 되고 日은 처첩이 되는데, 支神이 刑,衝,殺을 帶하면 부모를 剋하는 것이니 공순恭順하지 않다. 그러나 다른 干에서 생조生助하면 그렇지 않다. 가령 乙이 辛을 봤는데 壬이 있으면 辛이 金이 壬水를 생하여 壬水가 乙木을 생하게 되어 공순恭順하다.

또 이르기를 앞에 害를 보면 부부 금슬이 고르지 못한데, 원국原局에 이미 六害가 있고, 행년行年, 대大. 소운小運에서 또 만나면 말하여 앞에 害를 보고 또 보아 그 年은 반드시 主의 부부는 불화가 일어난다.

- 또 이르기를 日支가 세전歲前에 있으면 깔보고, 처의 목소리가 추악하여 사람들이 웃고, 무릇 日은 처첩이 되는데, 支神이 태세太歲 전전이 되면 主는 처를 두려워하고, 혹은 처의 성기性氣를 두려워한다.

무릇 殺이 처위妻位에 임하면 主는 상극傷剋이 많고, 만약 처가妻家가 몰락한다면 면免하게 된다 하였다.

● 또 이르기를 음추양창陰惆陽帳이 있는데, 亥에 子가 오면 夫에 해롭다. 협각夾角, 협유夾維가 있는데, 寅이 가장자리 丑을 향하는 것으로 처가 훼된다.

『 辰.戌.丑.未는 추창살惆悵殺이 아니다. 오직 陰陽이 함께 있게 된 연후에 있게 된다. 亥人이 子를 향하면 陽이 음창陰惆하게 되는데, 가령 처가 지아비에 대해 울게 되어 亥에 子가 오게 되면 夫에 해롭다.

子人이 亥를 얻으면 陰이 양창陽惆하게 되는데, 가령 夫가 처로 인해서 울게 되는 것으로 子는 亥가 들어오면 처에 해롭고, 도움이 없는 것으로 보면 된다.

子.午.卯.酉는 격각살隔角殺, 과숙살寡宿殺이 없다. 네 곳의 방향을 만난 연후에 있게 된다. 寅人이 丑을 만나면 곧 격각隔角 과숙寡宿으로 처에 불리하다.

그래서 말하기를 寅이 丑 곁으로 향하면 부부를 훼하고, 丑人이 寅을 얻으면 격각隔角, 고진孤辰으로 夫에 불리하다. 丑이 寅을 향하면 夫가 훼된다. 그래서 도움이 없다고 설명한 것이다.』

● 또 이르기를 무릇 男이 처성妻星이 絶한 사주로 태어나면 딸을 낳는 것은 마땅하지 않다. 딸이 태어나면 처가 상喪하게 된다. 가령 甲子 金인 男은 木이 처가 되는데 7月(申) 생은 처가 絶한 곳이 된다.

女가 부성夫星이 絶하는 중에 태어난 者는 아들을 생하는 것은 마땅하지 않은데, 생남生男하면 지아비가 상喪한다. 가령 甲子 金인 女는 火가 夫가 되는데 十月 생은 夫가 絶한 곳이 된다. 남은 것도 이에 준하여 추리하면 된다.

『 癸亥, 丙寅, 己巳, 乙巳, 庚申 등 日은 고분살鼓盆殺로 그 日이 旺하게 되는 것을 두려워하고, 고란孤鸞과 같다. 또 이르기를 절궁絶宮은 고분鼓盆殺이라 하였다. 』

● 金 申酉, 火 巳午, 水土 亥子, 木 寅卯는 이름이 망향살望鄕殺로 命에 강강하면 나쁘고, 건록建祿은 어긋나지 않는다.

또 亥.未.戌 춘春, 巳.子.辰 하夏, 寅.卯.午 동冬, 申.酉.丑 추秋는 이름이 낭자살狼藉殺이다.

『 백기력百忌歷에 1월은 대패大敗가 되고, 2월은 낭자狼藉 , 3월은 팔패八敗로 男은 처가가 敗하고 , 女는 부가夫家가 패敗한다 하였다. 』

또 寅.申.巳.亥가 7월에 생하고, 子.午.卯.酉가 丑月에 생하고, 辰.戌.丑.未의 卯月 生은 이름이 절방살絶房殺이라 한다.

● 백기력에 이르기를 12支 辰月은 호呼로 男은 妻, 아兒, 부모에 해롭고 女는 夫와 主의 공고公姑를 손상시킨다 하였다.

자식은 처가 生한 者가 되는데 가령 木 命人은 土가 처가 되고, 土가 生한 金은 자식이 된다.

陰命은 소생所生한 者가 자식이 된다. 가령 木 命人은 火가 자식이 된다. 가령 자식의 位가 旺相한 곳이면 主는 총명하고 충효忠孝한 자식을 얻고 조상을 빛내게 한다. 반대는 그렇지 않다.

● 자식의 성정性情을 알고자 하면 오행으로 추리하면 알 수 있다.

木 命人은 金이 자식이 되고 主의 자식의 성격은 청렴, 공정하고, 강열剛烈하다.

火는 水가 자식이 인데, 성격은 겸손, 온화하고, 욕심이 없어 담백하고, 윗사람을 받들고 아랫사람을 잘 거느린다.

土는 木이 자식이 되는데 성격은 자애롭고, 충효忠孝에 뛰어나고, 유순 겸화하고 젊은 때는 마땅한데 늙어서는 마땅하지 않다.

金은 火가 자식이 인데 성격이 탐심이 많고, 인색하고, 중심이 허망하고, 이익을 쫓고 재주가 뛰어나고, 시작은 있으나 끝은 없다.

水는 土가 자식이 되는데 성격은 완만하고, 듬직하고, 바르고, 정직하고, 신용이 있고, 늙어서 복이 있다.

오행에는 각 氣의 소재가 있으니 그것으로 논하면 된다. 만약 휴묘休墓의 地가 되면 이와 반대가 된다.

● 남명男命의 사주 내에 무귀無鬼하면 이름이 국중무자局中無子라 하고, 生時에 어떤 地가 있는 가 보아야 한다. 가령 木命은 金이 자식이 되고 만약 局中에 자식이 없는데 申,酉,巳 時를 얻은 者는 반드시 자식이 있고, 이름이 자승왕기子乘旺氣라고 하고, 金은 子에서 死하고 寅에서 絶하니 곧 이는 자식이 없다.

무릇 時의 납음으로 자식의 수數를 추리하는데 水一, 火二, 木三, 金四, 土五로 氣가 승왕乘旺하면 배수倍數로 설명하고, 무기無氣하거나 時를 등지면 수數를 감減하는 것으로 설명한다.

수數를 따르지 않는 者는 50후에 화복禍福이 정해진다.

만약 男이 국중局中에서 무자無子를 범犯하고, 또 時에서 귀鬼가 生旺하지 않고, 干支와 年이 합한 者는 다만 딸은 생하여 이룸을 얻고, 아들은 생하여 기르지 못한다.

● 고시에 이르기를 아들이 죽어 우는 것은 刑, 死의 위치이고 또 자식은 많으나 거듭 소년에 사망한다 하였다. 干支에 모인 덕德이 어지러우면 오직 딸 둘을 낳아 기르는데

가령　　一命　　戊 丙 癸 癸
　　　　　　　　子 辰 亥 未
　　　　　　　　火 土 水 木

이 명조는 局中에 아들이 없다. (년의 납음 木기준) 또 官鬼 金이 死絶(時支의 子水)의 地가 되었고, 癸와 戊가 合하여, 딸은 많이 낳았으나 아들은 없었다. 만약 甲子金을 보면 主에 아들이 있게 된다. 日干으로 논하면 丙辰은 癸가 자식이 되는데 時上이 건록建祿, 임관臨官의 地가 되어 主는 자식이 많아야 된다. 그러나 도리어 아들이 없었다. 年上의 납음을 취하여 논하면 역시 틀림없다.

또　　一命
　　　　　癸 辛 甲 癸
　　　　　巳 卯 子 未
　　　　　水 木 金 木

이 명조는 局中에 아들(年 납음 木 기준)이 있는데, 死地(月 납음 金이 子水에 앉았으니 死地)가 되었다. 時는 좋은데 官鬼의 長生地가 되기 때문이다. 그래서 많은 아들을 낳았고 딸은 적었다.

또　　一命
　　　　　辛 戊 壬 庚
　　　　　酉 寅 午 辰
　　　　　木 土 木 金

백호白虎가 뜰에 임하였고, 56에 사망했고 자식이 없었다.

◉ 척벽에 이르기를

- 무릇 命에 亥가 많이 犯하면 아들을 얻고, 巳가 많으면 딸을 얻는다,
- 時와 年이 衝.刑.破.害.刃.劫.元辰이 되면 전부 자식이 剋된다.
- 時와 年이 공망이 겹친 者는 자식이 끊기고, 자인自刃, 비인飛刃은 자식을 剋한다.
- 時에 화개華蓋가 좌坐하면 자식이 剋되어 50후에 쓸쓸하게 되고, 時가 自刑되면 자식에 질병이 많다.
- 육액六厄은 자식에 액厄이 많고, 부침살浮沈殺은 이질 설사로 사망한다.
- 時에 본음本音 묘墓가 있으면 主는 수명이 긴데 자식도 없이 노후를 보내고, 다만 손자는 있다.
- 일좌日坐에 破.空亡.刑.衝.食.刃은 모두 主의 첫 자식이 剋된다.
- 납음이 절기絶氣되고 또 時도 絶되는 곳이 되면 즉 癸巳水, 壬寅金, 庚申木, 乙亥火, 丁巳土 등의 時, 가령 庚申木이 壬寅金을 얻으면 主의 상속자는 끊긴다.

◉ 무릇 命에 申日이 亥時를 보고, 巳日이 寅時를 본 것은 호환互換을 본 者로 이름이 교해살(狡害殺:害,穿)로 主는 상속자가 끊기니 모름지기 서출庶出 양자를 얻어야 한다.

- 고시에 이르기를 오행 교해狡害가 최고 불량하여 부부가 홀로 외롭게 독수공방하고, 사후死後에 무덤 앞에서 울어줄 자식이 없어 다른 성姓을 구하여 상당相當하게 된다 하였다.
- 귀곡유문에 이르기를 만약 사람의 生時에 祿馬가 있으면 조정朝廷의 명령命令이 왕래하고, 고과孤寡를 범하지 않으면 자손이 있고, 時干이 年干을 剋하고 年干이 도식倒食되는 者는 男을 낳으나 불순하다 하였다.
- 오행요론에 이르기를 무릇 大,小 二運과 歲, 命이 三合, 六合하는 者는 남녀가 잉태되는 경사가 있다. 陽이 많으면 생남生男하고 陰이 많으면 생녀生女한다 하

였다. 순양純陽은 극極으로 도리어 陰이 되니 女를 生하고, 순음純陰은 극極으로 도리어 陽을 生하니 男을 낳게 된다 하였다.

가령 甲子 命은 陽에 속하니 大,小 運에서 辰, 혹 申이 들어와서 三合되고 辛巳 태세太歲가 밖에서 끼어들게 되면 辛巳는 陰에 속하지만 이것은 陽이 많아서 男을 낳게 되는 것이다. 남은 것은 이에 준하면 된다.

09
定정 婦人부인 孕잉 生생 男女남녀

◉ 비결을 설명하면 부모의 연령으로 괘의 두 곳에 사용하고, 수태受胎한 月은 괘의 가운데를 취하여 건감간진乾坎艮震은 남아男兒가 되고 손리곤태巽離坤兌는 모두 여아女兒에 속하게 된다. 가령 부모의 나이가 모두 쌍이 되고 수태受胎한 月은 홑이 되면 감괘坎卦 ☵를 이루어 남아男兒가 되고, 부모의 나이가 각 홑이 되고 수태受胎 月이 쌍이 되면 이괘離卦☲를 이루게 되어 여아女兒가 된다. 父의 나이는 괘의 上에 넣고, 母의 나이는 괘의 下에 넣고 태월胎月을 괘의 가운데를 넣는다. 남은 것은 이와 같이 추리하면 된다.

『 註釋 부친의 나이가 29세가 되고 모친의 나이가 26세가 되고 수태한 날이 2월이라면 부친의 나이 29세에서 9만 취하여 9는 홑으로 괘의 하나 ━이 되고 모친의 26세에서 6을 취하여 6은 짝이 되는 수이니 괘의 하나 ━이 되는 것이다. 또 수태일이 2월이니 짝수로 ╌의 괘가 되니 이 세 개의 괘를 세 개로 배열하는데 3은 이루어지는 수가 되기 때문이다. 이에 부친은 上에 배열하고 모친은 下에 배열하고 수태월은 중간에 배열하게 되면 ╌의 괘가 된다. 이 괘는 간艮에 속하니 건감간진(乾☰, 坎☵, 艮☶, 震☳)은 남아가 되고 손리곤태(巽☴, 離☲, 坤☷, 兌☱)는 모두 여아가 되니 艮은 남아가 되어 남자 아이를 낳는다는 것이다.』

● 또 한 法은 대연大衍의 數로 추리한다.

비결은 일곱이레인 49를 사용하는데 어미에게 어떤 달에 있었는가 물어 母의 나이를 49에 제除하여 홑는 홀수, 쌍은 짝수가 되어 男이 태어나고 女가 태어나야 하는데 어쩌다가 짝에 男이 태어나고 홑에 女가 태어나면 수명이 길지 않다.

예를 들면 먼저 49數에 母의 수태受胎 월수月數를 더하여 얻은 총 數를 사용하는 것으로 만약 正月에 잉태했다면 49+1로 50數가 되니 母의 나이 31數로 제除하면 19數가 남는데 9는 홀수로 홀수는 男이 되는데 만약 홀수에 여아가 태어나거나 남아 쌍둥이가 태어난다면 사망하게 된다.

또 하나를 설명하면 가제가加除法이 있는데 天一 地二 人三을 제除하여 남은 수數를 본다.

또 설명하면 一을 제除하고, 二를 제除하고, 三을 제除하여 다한 영수零數를 본다.

7권 끝

卷十

三命通會
삼명통회

10
看命간명 口訣구결

[蟾彩 : 이 장章에서는 먼저 子平을 논하고, 다음 납음오행을 논했고, 다음 신살을 논하여, 자평과 납음오행과 신살이 아우러지게 논할 때 명리의 진수가 있다는 것을 육오 만민영 선생께서 전하고 있다.]

◉ 대체로 命을 볼 때 먼저 月支에 財官의 유무를 보고 기타의 곳을 본다. 月令이 명命이 되고, 月은 支神을 취하고, 年은 天干을 취하고, 日도 天干을 취한다.
유세流歲(流年)는 天干을 취하고, 大運은 支神을 취한다.
月은 本이 되고 日은 主가 되어 가령 月에 正官과 偏官이 있고 時에 타격他格이 있다면 오직 月中의 것을 취하여 他格은 사용하지 않고 月令에서 완전하게 사용할 것이 없으면 타격他格이 있는 가 살핀다.

◉ 고가에 이르기를 삼궁三宮이 格을 차면 혼란混難을 상세히 살펴야 하고, 어느 곳이나 기대어 貴한 곳을 格으로 하는 것은 불효不曉하다 하였다. 삼궁三宮에 일임一任하여 모두 格을 찬다는 것은 옳지 않으니 버리고 제강提綱을 사용하여야 한다. 月令은 地支를 사용한다. 가령 官星이 干支의 上下에 투출透出되면 뛰어나고, 간혹 干

에 투출透出되고 支中에는 불투不透하여도 主는 총준聰俊하다. 年과 時의 충衝은 꺼린다. 대운大運 및 세군歲君이 月支를 충衝하면 화화禍가 있고, 月支와 日支가 자충自衝하는 것은 해롭지 않다.

● 무릇 正官 一位는 군자君子 貴人으로 독후篤厚* 순수純粹하고 강직剛直 염명廉明하다. 年, 時에 印이 있으면 더욱 뛰어나고, 많으면 主는 도리어 패배하게 되고, 사위四位의 순관純官은 벼슬살이를 하지 못한다.
무릇 七煞 一位는 총명 영리伶俐하고, 二位 三位는 먼저 청청淸淸하고 후에 탁탁濁濁하게 되고, 사주에 순살純煞은 制가 있으면 貴하고 무제無制하면 가난하다.
무릇 財 一位는 득시得時하면 좋으니 부귀하고, 성가成家한다. 인성人性은 초조하고 급急하고, 二位는 성기性氣가 반으로 멸멸滅하고, 三位, 四位는 氣가 줄어 身이 쇠하게 되지만 身旺하면 사물이 이루어지고 약약弱하면 피곤하고 괴로운 삶을 받는다.

** 독후篤厚 : 성실하고 인정이 두터움.

● 무릇 印은 一位, 二位, 四位를 불론하고 모두 좋은데 格中에서 財가 印을 파破하는 것은 좋지 않다.
대체로 보아 호운好運으로 나아갈 때 日干이 유년流年, 세군歲君의 간두干頭를 상傷하여도 재화災禍는 가볍지만 불운不運으로 나아갈 때 日干이 歲君에 干頭에 傷하게 되면 화화禍가 중중重하고 만약 과하게 나타나면 사망 할 수도 있다.
辰.戌.丑.未는 각 3개로 나누어진 여기餘氣가 있는데, 가령 午運으로 나아가는데 未가 영향을 받게 되면 삼분三分의 火氣가 있게 되고, 子運으로 행하면 丑이 영향을 받게 되어 삼분三分의 水氣가 있게 되어 오로지 土로 논하지 않는다.
[蟾彩 : 午未가 합하면 火 氣가 3분의 1은 있고, 子丑合 하면 水 氣가 3분의 1이 있어 오직 土로만 논하지 않는다는 것이다.]

● 무릇 양인격陽刃格은 歲.運이 충합衝合하는 것이 최고 두렵다.
태세太歲의 干이 日,時의 干과 합한 者는 회기살晦氣煞이 되고, 日,時 干支와 유년流年의 干支가 같으면 전지살轉趾煞이 된다. 가령 庚申日이 庚申 혹 庚寅의 太歲를 보는 종류로 경輕하면 멀리 옮기고 중하면 집이 훼손되어 재산이 깨어지게 된다.

무릇 年, 月, 日에 길신吉神이 있으면 時가 生旺한 곳이 되어 인귀引歸함을 요하고, 흉신이 있으면 時에서 제복制伏의 곳이 되어 인귀引歸함을 요한다. 만약 時上에 길신吉神 혹은 흉신凶神이 있다면 年,月,日上에서 吉者는 生하고 凶者는 制하여야 한다. 月上에 用神이 있으면 조종祖宗의 힘을 얻고, 時上에 用神이 있으면 자손에 힘이 있게 되고, 반대면 좋지 않다.

● 무릇 간명看命은, 日干은 천원天元을 사용하여 干은 녹禄*이 되고, 日支와 月支는 地元으로 사용하니 支는 명命*이 된다. 가령 壬.癸日의 己未月은 干支에 財官이 투출透出한 것이다.
財官이 원국에 있고 원국에 없고를 논하는데, 원국의 地支에 財官이 있으면 天干에 불투출不透出한 者는 格局이 성립되고, 혹 地支에 財官이 없고 다만 天干에만 투출透出했다면 비록 좋은 運이 되더라도 일사를 구제하지 못한다.

유년流年인 세군歲君은 오직 天元을 사용하는데 行運은 비록 地支가 중하지만 또한 天元을 보는 것이 중요하다.
人의 命의 柱中에 官星 혹은 偏官이 있는데 제복이 태과太過하면 運의 干에서 官煞을 봐도 발한다.
運의 支에 財가 없고 運의 干에 財가 있으면 또한 복이 된다.
運의 支에 煞이 없어도 運의 干에 煞이 있으면 또한 화禍가 된다.

● 인명人命에서 당생當生*의 月이 운원運元이 된다. 최고 두려운 것은 大運과 세군歲君이 충衝하는 것으로 禍가 발생한다.

당생當生한 官星은 녹원祿元이 되는 것으로 최고 두려운 것은 충괴衝壞된 것이다. 가령 丁日에 生한 人은 壬이 官이 되는데, 亥月에 생했다면 亥中의 있는 壬은 丁의 祿(官)으로 만약 年과 時에 巳가 있으면 즉 녹원祿元이 충괴衝壞되는 것이다.

당생當生한 財星은 마원馬元으로 곧 재물이 되는데 겁탈劫奪이 최고 두렵다. 가령 庚日 生 사람에 甲乙木은 財가 되고, 寅,卯 月에 생했다면 寅中의 甲木은 偏財가 되고 卯中의 乙木은 正財가 된다. 만약 年, 時에 辛이 있으면 쟁탈爭奪의 근심이 있다. 歲, 運도 같이 논한다.

** 당생當生 : 당령當令

● 무릇 年干 上에 日의 官星이 있으면 복기福氣가 최고 두텁고, 日의 七煞이 있으면 종신 제거가 불가不可하다.

官星은 祿이고 財星은 馬가 된다. 官星으로 나아가면 벼슬이 나타나고 財星으로 나아가면 재물이 나타나고, 이 二者는 하나라도 이지러지는 것은 좋지 않다. 각 소용이 있다.

年.月 上에 財官이 있으면 반드시 부귀한 집안의 출생이고, 조부祖父의 근기根基가 된다.

소년에 官祿 運으로 나아가면 유년에 벼슬하게 되는 공명功名이 일찍 발發한다.

年.月에 財官이 없고 日時에 있으면 자수성가한다.

● 人命은 財官이 근본이 된다. 柱中에서 오직 그 하나를 얻어도 또한 발복한다. 가령 사주 원국에 官星이 없고, 타격他格에도 들지 않고, 年.月.日.時의 干支에 財가 많고, 또 財가 旺한 運으로 行하면 공명이 성취成就되고, 財가 旺하면 스스로 官을 生할 수 있기 때문이다. 또한 身旺하여야 가능하다.

年,月에 財官이 없고, 유년幼年에 또 좋지 않은 運으로 행하면 출신이 비천한 경우가 많고, 조祖가 파破하고, 父가 傷하여 나타나는 福이 없다.

무릇 官煞이 혼잡混雜하고, 傷官과 合神이 중중重重하면 남자는 주색에 혼미하게 되고, 여인이 만나면 중매 없이 스스로 시집간다.

● 무릇 命을 보는 것은 오로지 日干이 主가 되고, 제강提綱을 취하여 이곳의 물물을 사용하고, 이것이 命이 된다.

비유하면 월령月令에 있는 金.木.水.火.土를 사용하는데 다만 유일한 조건은 절기의 선후, 경중, 심천, 성국成局, 파충破衝을 세밀히 연구하여 취한다.

官.印.財.煞.食.傷官이라 하는 육법六法의 소식消息을 취한다. 官을 만나서 財를 보고, 煞을 만나서 印을 보고, 印은 만나서 官을 보고, 四者가 편중되지 않고, 장애가 없어야 하고, 生.剋.制.化는 上이 되고 破.害.休.囚는 下가 된다.

運은 生이 복이 되고, 혹은 거去가 있어야 福이 되기도 하고, 도움이 禍가 되기도 하고, 박(剝;벗기다)이 禍에 이르기도 한다.

또 年, 日, 時의 支를 사용하기도 하는데 格局을 이룬 모든 者, 역시 월령月令을 사용한다. 가령 月이 金을 사용하면 오직 金을 사용하고, 火을 사용하면 오직 火를 사용하는데 18格 內에서 육격六格을 중요하게 취한다.

상생相生이 사용되는 모든 格局이 정定해지면, 年, 日, 時도 사용하는데 경중輕重 심천淺深으로 잘 판단하여야 한다. 가령 官을 만났는데 印을 사용하면 煞이 두렵지 않다. 이것은 煞이 印과 局을 이루고 印은 身과 局을 이루게 되니 도리어 상국上局이 된 것이다.

印(印格)을 만나는데 煞을 보았다면, 곧 官 혹은 煞이 命에 있는 것인데, 運이 官 혹은 煞 運으로 나아가도 역시 貴로 논한다.

● 월령月令에 官 있고 柱中에서 財을 만나면 旺한 財가 官을 生하여 부귀하게 된다.
柱中에 財를 보면 財가 旺한 運이 들면 발복하고, 다만 一煞을 보았다면 煞이 중하게 되니 財를 사용할 수 없다. 만약 財旺한 運이 되면 財가 煞의 무리를 生하게 되기 때문에 빈천貧賤하게 된다. 무릇 格에서 煞이 중하게 되기 때문이다.
[蟾彩 : 간명구결에서는 生의 논리를 많이 설명하는데, 生은 단순하게 財가 官을 生한다는 개념으로 받아들이면 안 된다. 生을 받을 수 있는가? 또는 生할 능력이 있는가의 심천을 살펴서 결정하여야 한다.]

● 무릇 命에서 干神의 극제剋制 유무有無를 먼저 관찰하고, 支神은 형충刑衝의 유무有無, 干支 납음納音의 유무有無와 전투戰鬪, 강복降伏을 살핀다. 가령 甲에게 寅은 祿이 되는데 寅上에 어떤 干인가? 甲에게 辛은 官이 되는데 辛이 얻은 支는 무엇인가?
干을 支가 침범하지 않는다. 즉 天은 존尊하기 때문이고, 支는 干을 불범不犯하는데, 地는 비비卑하기 때문이고, 오행은 서로 해치지 않는 것은 人은 곧 순순하기 때문이고, 사맹四孟*이 서로 害하지 않는 것은 馬는 즉 달리기 때문이다.
만약 干을 침범하고, 支를 범犯하면 五行이 서로 해치는 것인데, 또한 마땅히 분별하여야 한다. 곧 유기有氣와 무기無氣, 유용有用과 무용無用, 유구有救와 무구無救, 성격成格과 불성격不成格을 마땅히 구별하여야 한다. .
즉 干支의 착종錯綜*에 의하여 五行의 변화變化하는 조화造化가 그 중에 있게 되는 것이다.

** 사맹四孟 : 寅申巳亥

** 착종錯綜 : 여러 가지가 섞여 엉클어짐

● 이순풍이 말하기를 오행이 生旺하다면 福氣의 왕복往復을 살피고, 오행이 死絶이면 길신吉神의 구조救助를 살피고, 오행이 득지得地하고 납음이 相生하면 吉神의 도움이 없어도 영화롭지만 오행이 무기無氣하고 납음이 상호 방해하면 吉神이 있어도 사용할 수 없다고 하였다.

무릇 命의 천원天元은 지원地元에 禄이 있으면 좋다. 가령 甲己는 사계四季가 좋고, 乙庚은 申酉가 좋고, 丙辛은 亥子가 좋고, 丁壬은 寅卯가 좋고, 戊癸는 巳午가 좋다. 地元은 天元과 合이 되면 좋다. 가령 子丑은 戊가 좋고 寅은 己가 좋고, 卯辰은 庚이 좋고, 巳는 辛癸가 좋고, 午未는 甲壬이 좋고, 申은 乙을 좋고, 酉戌은 丙을 좋고, 亥는 丁이 좋다. 天元 地元에 모두 있으면 평생 복기福氣가 숭고崇高하고 모두 없으면 명리를 이룰 수 없다.

天元이 깨어진 者는 39세 이전에 명리가 나타나기 힘들고 地元이 깨어진 者는 40세 후後에 福이 전과 같지 않게 된다.

만약 天元의 氣가 빼어나고 禄을 좌坐하면 가령 癸가 子를 얻고 甲이 寅을 얻은 것이 그 일례가 되는데 貴하지 않다면 부富하게 된다.

● 地元은 天元과 相剋을 꺼린다. 가령 子丑은 己를 꺼리고 寅은 庚을 꺼리고, 卯辰은 辛을 두려워하고, 巳는 甲,壬을 두려워하고, 午未는 乙.癸를 두려워하고, 申은 丙을 두려워하고, 酉戌은 丁을 두려워하고 亥는 戊을 두려워하는데 다시 희기喜忌 여하를 다시 잘 살펴야 하고, 단순하게 정하여 집착하는 것은 옳지 않다.

● 무릇 命의 干支와 납음이 동류同類가 되면, 壬子木, 壬午木은 진목眞木, 己酉土, 己卯土는 진토眞土. 丙子水, 丙午水는 진眞水. 戊子火, 戊午火는 진화眞火. 乙丑金, 乙

未金, 庚辰金, 庚戌金은 진금眞金이 된다. 가령 乙酉水 日에 庚辰金 時는 정금精金, 丁巳土 日에 丙午火 時는 정화精火, 癸亥水 日에 壬子木 時는 정수精水, 己丑火 日에 戊辰木 時는 정토精土, 甲寅水 日에 丁卯火 時는 정목精木, 이상을 만나는 主는 모두 부귀하다.

만약 火人이 丙日 辛時, 辛日이 丙時. 木人이 甲日 己時, 己日이 甲時, 土人이 戊日 癸時, 癸日이 戊時. 水人이 壬日 丁時, 丁日이 壬時, 金人이 庚日 乙時, 乙日이 庚時는 五行이 진귀眞貴하다고 하더라도 중범重犯하여 감복減福된다.

● 무릇 命에 오행의 진기眞氣가 서로 교류함을 취한다. 가령 辛亥 金人이 丁巳土를 얻으면 丁壬合의 진목眞木이 왕래하고, 丙辛 합은 진수眞水가 왕래한다.

丁巳土 人이 癸亥水를 얻으면 戊癸 합이 있게 되어 진화眞火가 왕래하고 丁壬 합이 있어 진목眞木이 왕래한다.

가령　辛 丁 癸 戊
　　　亥 巳 亥 戌
　　　金 土 水 木

진기眞氣가 온전히 상호 교류한다. 재상의 命이다.

戊午火가 壬子木을 만나면 중유中有로 丁壬 干支 암합은 진목眞木이 되고, 戊癸 干支 암합은 진화眞火가 된다.

丙申 火가 乙酉 水를 만나면 中有로 丙辛 干支 암합은 진수眞水가 되고 乙庚 간지 암합은 진금眞金이 된다.

庚寅 木이 己卯 土를 만나면 中有로 甲己 干支 암합은 진수眞土가 되고 乙庚 干支 암합은 진금眞金이 된다. 庚寅木에 己卯가 온전히 교류 하여 양부兩府의 命이 되었다.

● 무릇 命은 먼저 화기化氣를 논하고, 오운五運을 살펴 완결시키는데, 甲.丙.戊.庚.壬이 五 陰干과 합하면 태과太過가 되고, 乙.丁.巳.辛.癸가 五 陽干과 합하면 불급不及이 되는 것으로 태과太過와 불급不及의 사이에는 권력이 존재하게 된다.

天元 변화를 서書에서는 또 주야晝夜로 나누는데, 가령 六甲人이 낮에 태어났다면 木을 사용하고 밤에 태어났다면 화化한 土를 사용하게 된다. 그리고 六戊人에 甲이 있으면 낮에 태어났으면 鬼가 되고 밤에 태어났다면 官으로 사용한다. 六乙人이 낮에 태어났다면 金을 사용하고 밤에 태어났다면 木으로 사용한다. 그리고 六己 人을 보면 낮에 태어났다면 官이 되고, 밤에 태어났다면 귀鬼가 되는 것으로 보아 이를 사용한다.

** 六甲 : 甲子, 甲寅, 甲辰, 甲午, 甲申, 甲戌.
六戊 : 戊子, 戊寅, 戊辰, 戊午, 戊申, 戊戌.
六庚 : 庚子, 庚寅, 庚辰, 庚午, 庚申, 庚戌.
六乙 : 乙丑, 乙卯, 乙巳, 乙未, 乙酉, 乙亥.
六己 : 己丑, 己卯, 己巳, 己未, 己酉, 己亥.

● 오직 六己, 六庚은 변하지 않고, 五 陽干은 낮에 生하면 본체本體가 되고 밤에 生하면 化가 되는 것으로 보고, 五 陰干은 야생夜生은 본체本體가 되고, 주생晝生은 化가 되는 것으로 본다.
육반양六般陽 命에서 男은 녹록祿. 귀鬼. 도식倒食이 범한다면 모름지기 야생夜生은 도리어 凶을 吉로 논하고, 鬼를 官으로 부르고, 도식倒食은 희신喜神이 되는데, 낮에 生했으면 원래대로 본다.
육반음六般陰 命에서 男은 녹록祿, 귀鬼, 도식倒食이 범한다면 모름지기 주생晝生은 도리어 凶을 吉로 논하고, 남아 있는 것도 전전과 동등하고, 야생夜生은 원래대로 보고 여인은 모두 반대로 구求한다. 이 같은 주야晝夜 기상氣象을 체體의 陰陽 강유剛柔에 배합配合하여 사용한다.

● 무릇 命에서 오행은 下가 上을 生하면 조기助氣라고 하여 主는 일생동안 자연히 복을 누리고, 上이 下를 生하면 도기盜氣라 말하여 主는 일생동안 사람에게 복을 제공한다.
上이 下를 剋하면 순순이라 말하여 主는 위세威勢가 있고, 사람을 제어 하고 下가 上을 剋하면 말하기를 역역이라 하여 主는 침체沈滯하여 발發하기 어렵다.
死絕은 더욱 긴긴緊하고, 生旺은 차만差慢하다.
사주 납음에 귀鬼가 많고, 주본主本이 당시當時되었다면 이름이 官星이 승왕乘旺하다고 하고, 주본主本이 무기無氣한데 납음에 財가 많으면 財가 많아 身에 해롭다고 한다.

● 무릇 命에서 오행에 음양이 상등相等하면 貴하다. 가령 양금兩金이 양목兩木을 보고, 兩火, 兩土, 兩水의 류類는 각 스스로 象을 이루는 곳이 되어 吉하다.
가령 태과불급太過不及은 가령 三水에 一木, 一水에 三木 등의 종류인데 복이 되지 못한다. 가령 金人이 三金에 一木은 金이 木을 剋하니 財가 되는데 三金이 一木을 두고 다 투게 되어 복이 분탈分奪하여 主는 재물이 많이 따르지 않는다.
가령 一金이 三火를 만나면 火가 많고 金은 적어 마음을 졸이고 볶는 것이 너무 과하여 主는 일생 동안 한가함이 없다.
또 甲人이 三壬, 三己을 만나면 일컬어 삼탄삼우三吞三偶로 主는 불길하고 兩己, 兩庚을 보면 일컬어 중우중상重偶重傷으로 主는 불길하고 3개는 더욱 凶하여 가난하지 않으면 요절한다. 남은 것도 동등하게 추리하면 된다.

● 傷官이 官보면 일찍 사망한다.
- 七煞이 財를 보면 요절한다.
- 財가 劫을 만나면 오직 죽음뿐이다.
- 財가 重하여 印을 깨면 흉하다.
- 水가 성盛하면 木이 유流하여 끝내 외혼外鬼이 된다.
- 食神이 梟를 만나면 감옥에서 사망한다.
- 劫이 重한데 財를 보면 사망한다.
- 煞이 旺하고 뿌리가 걸리掛면 사망한다.
- 망신亡神 七煞이 충형衝刑하면 떠돌지 않으면 옥중에 매여 사망한다.
- 傷官, 陽刃이 아울러 重하면 비록 몸은 온전하나 혈광血光하여 죽는다.
- 財星이 刃을 보면 財가 흩어지고 사람이 사망한다.
- 生旺은 묘고고庫墓에서 死하고 묘고庫墓는 生旺을 절絶한다.

● 만년에 길운이 되어 흉운이 아닌데도 어찌 사망하고, 흉운이 와 있고, 길운이 오지 않았는데 발복發福은 어찌 된 것인가는 마땅히 진기進氣와 퇴기退氣가 이유가 되니 궁구하여야 한다. 또 이미 발발했고, 발발하지 않은 것을 이치에 근거하여 자세히 살펴야 한다. 장차 오는 것은 급속히 나아가고 끝난 업적은 미리 되돌아간다.
- 일생에서 歲, 運 모두 흉하면 소년에 일찍 사망한다.
- 마지막 10년(末旬)에 命星(食神)이 득지得地하면 수명이 길다.
- 노老는 生旺을 두려워하고, 젊을 때는 사절死絶이 좋지 않다.
- 陽刃이 生을 만나면 나쁘게 사망하는 경우가 많다.
- 煞에 근根이 있어 旺하면 흉하게 끝난다.
- 旺한 춘春에 火가 많으면 서북西北이 마땅하다.
- 고庫는 귀기(歸期:돌아가거나 돌아올 기한)하는 것이다.

- 하夏의 등불에 金旺하면 동남東南이 이롭다.
- 귀鬼의 곳은 수명의 地가 된다.
- 四 刃星이 重하면 死는 正財의 下에 있다.
- 一官은 貴가 얇淺으면 陽刃의 범위에서 사망한다.
- 사주에 傷을 갖춘 사람은 자사自死한다.
- 金神이 水에 빠져 들어가면 재앙이 있다.
- 陽刃은 도과倒戈로 머리가 없는 귀신이 되고, 煞星에 刃이 겹치면 반체半體의 무리인데, 제복制伏하면 중화中和된다.
- 煞이 완전히 이르면 氣가 死한다.
- 생부生扶가 태과太過한데 印이 다시 旺하면 身이 종終한다.
- 傷官이 입묘入墓하면 사망하는데, 만국晚局에서 최고 마땅하게 나타난다.
- 陽生하면 陰死하고 陰死하면 陽生 한다.
- 煞이 三合을 만나고 태과太過하면 필히 기운다.
- 五行 내를 세밀하게 상세히 살펴야 한다.

● 무릇 간명할 때 오행이 태과太過하거나 불급不及한 것은 복이 되지 않고, 중간도 또한 미소하지만 다르게 나타난다. 가령 水土는 死絶을 싫어하지 않는다. 天地에 모두 水土로 차있기 때문에 四時를 나눌 수 없는데 어찌 사절死絶의 리리가 있겠는가! 다만 경중輕重만 분별하여야 한다.
가령 水인 물방울이 土의 무리 中에서는 마르게 된다. 土가 水를 막아 취하려고 하지만 土 중에 퍼지게 되니 마땅히 많다 적다 또는 경중輕重으로 나누어야 한다.

[蟾彩 : 흙이 물을 가둔다고 하는데 실제 그렇지 않다. 흙이 가두는 것이 아니고 딱딱한 金氣가 물을 가두는 것이다. 즉 보호하는 것이다. 水는 흐른다고 하는데 실

제 木을 따르는 것이다. 나아가는 것을 木이기 때문이다. 水는 동쪽으로 흐른다는 논리가 이것이다.]

金은 土가 아니면 生하지 못하고, 木은 水가 아니면 자라지 못하고, 그래서 金,木은 生旺하기를 바라고 死絶을 보면 두려워한다. 가령 金의 死는 곧 침(沉;가라앉다,子水)이 되고, 木의 死는 재灰가 된다, 그래서 水와 土는 木과 金과는 다르다.
火는 木에 장藏하고, 土에 숙宿하여 旺하고자 하지 않는다. 旺은 곧 분(焚;불사른다)된다. 또 死를 원하지 않는데 死는 곧 멸滅하기 때문이다. 오로지 평평平을 얻게 되면 아름답게 된다.
오행 水土는 균뇌均賴하는데 무릇 木.金.火의 命에 더욱 요要한다.

● 무릇 오행의 상象을 취함에는 본상本象은 본상本象을 취한다. 가령 甲.乙.丙.丁은 木火 象이 그 종류가 되고, 화상化象은 化象을 취하는데 가령 戊癸는 火, 丁壬은 木이 그 象이 된다.

金水 象은 土를 보는 것은 불가不可하다. 일컬어 土가 水에 잡雜하게 섞여있으면 金의 몸이 청청淸하지 않게 되기 때문이다. 歲, 運에서 土를 만나면 또한 막히게 된다. 오직 金水는 불잡不雜하여야 하니 추월秋月에 生하는 것이 가장 貴하다.

가령　명명 신종神宗
　　　辛 癸 辛 癸
　　　酉 亥 酉 亥
　　　木 水 木 水 (납음오행)

干支에 모두 金水로 불잡不雜하다. 水가 金月 生했다. 金을 水가 도와 청청하다. 二水와 二金이 象을 이루어 소위 금백수청金白水淸이 된다. 별다른 잡이 끼여 있지 않았고 양간兩干이 모여 불잡不雜하니 소이 높아 천자가 되었다.

가령　辛 庚 癸 癸
　　　巳 子 亥 酉
　　　金 土 水 金

金이 水月에 生하여 金이 도리어 설기洩氣된다. 亥子에 침沉된다. 소이 수액水厄을 면하기 어려웠다.

金土 象은 木을 보는 것은 불가하다. 일컬어 木은 土를 극하여 土가 金을 생하지 못하게 되어 金은 象을 이루지 못한다. 土가 쌓여 金을 이루는데 土가 많고 金이 적으면 복이 후실厚實하고 金이 重하고 土가 경輕하면 나타나는 복이 어렵고 맵다.

金火 상상象이 水를 보는 것은 불가하다. 水를 보면 火가 멸멸하고 金이 침沉되어 그릇을 이루기 불가능하다. 金이 중중하고 火가 경輕하면 발달이 더디고 수명은 증가한다. 金이 경輕하고 火가 重하면 일찍 발하고 빨리 물러난다. 혹 主의 수명은 이지러진다.

金木 象은 火를 보는 것은 불가하다. 활목活木은 金을 두려워하고 火를 보면 빼어나게 이루어진다. 사목死木은 金을 얻으면 조화造化를 이룬다. 金이 중중하고 木이 경輕한 령솔인 사람은 골통骨痛이 있다. 木이 重하고 金이 輕한 사람은 主의 전재錢財가 손상이 되고 혹 폐에 질병이 침공한다. 오직 金木이 서로 마땅하면 길하다.

水木 象은 빼어나고 청고清高하다. 卯,巳를 보는 것은 불가不可한데 水의 死絕이 되기 때문이다.

木火의 象은 빼어나고 풍부豐富하다. 金을 보는 것이 옳은 것은 아니다. 까닭은 木이 剋을 받기 때문이다. 유년流年에서 만나도 재앙이 있다.

水火의 象은 기제既濟를 이루면 최고 뛰어나다. 혹 미제未濟도 득得한다. 土를 보는 것은 불가하고, 火가 많으면 성性이 급하고, 水는 안질이 많다.
火의 死할까 두렵고, 水은 욕지浴支가 두렵고, 酉에 들면 火가 死하고 水의 목욕지沐浴支가 되어 主는 간난艱難하고 사망한다. 歲, 運도 마찬가지다. 이 象은 日, 時를 꺼린다.

水土의 象은 火을 보는 것은 불가하다. 土가 重하고 水가 輕하면 빼어난데 부실不實하다. 水가 重하고 土가 경輕하면 과명科名이 있다.

火土의 象은 水를 보는 것은 불가고, 火는 土가 모여 있으면 허虛하게 되어 물건을 이룰 수 없다.
만약 수류水流와 함께 하면 主는 골몰汩沒*한다.

가령   己己戊戊   丙丙丁丁
          未丑午子   戌辰亥巳

丙丁과 戊己가 상호 끼이고, 화火가 허虛하고 土가 모여 있다.

이구만 李九萬   己戊己戊   丁丙丁丙
              未午丑子   亥戌巳辰

모두 火土가 협잡夾雜한 象이다. 연주連珠되어 貴가 되는 것이 불과 하다.
時上에 壬,癸水를 만나면 土가 체滯하고 火가 멸滅한다. 평생 건박蹇薄하다.
　　　　　** 골몰汨沒 : 다른 생각을 일절 하지 않고 한 가지 일에만 온 정신을 쏟음. 부침浮沈.

또 설명하면 火火가 견토見土하면 어둡게 되고 土土가 火를 보면 허虛하게 된다.
土가 輕하고 火가 重하면 조燥한데 己卯日이 丙寅時가 그렇다.
火가 輕하고 土가 重하면 밝지 않은데 丁酉日이 戊申時가 그렇다.

가령 한학사韓學士   丁戊丁戊
                巳戌巳戌

火土가 象을 이루었다. 봉황鳳凰 干支格이다 그래서 貴하다.

경經에 이르기를 金水가 청청淸淸하고 金土가 후후厚厚한 것은 相生하기 때문이고, 金火가 강강剛剛하고 金木이 정정正正함은 상극相剋하기 때문이고, 火土가 독독毒毒하고, 火木은 총총聰하고, 火水가 매매昧하고, 火金이 열열烈하고, 木火는 문채文采하고, 木水은 청기淸奇하고, 木金이 방직方直하고, 木土은 독해毒害하고, 水火는 지혜智慧가 있고, 水木이 지인智仁하고, 水金이 수려秀麗하고, 水土가 중탁重濁하다 하였다. 각 오행으로써 추리하여야 한다.

● 무릇 命은 동류同類가 형파刑破하는 것을 두려워한다. 가령 己未火가 甲辰火을 보고, 甲辰火가 己丑火을 보고, 己丑火가 甲戌火을 보고, 甲戌火이 己未火를 보는 것을 말한다.

무릇 사충四衝의 地와 납음이 같은 종류는 양위兩位에서 역수逆數를 구한다. 寅.申.巳.亥, 子.午.卯.酉도 역시 이에서 취하게 되는데 主는 평생 부족하여 그릇을 이루지 못하는 경우가 많다.

도경에 이르기를 정란井欄이 서로 파破하면 옳은 약과 의사가 없고, 공망空亡도 비슷한데 歲,運도 또한 꺼린다 하였다.

무릇 命主는 歲運에서 死地를 만나는 것은 불가한데, 가령 丙寅火는 乙卯水를 두려워하고, 辛巳金은 丁酉火를 두려워하고, 甲申水는 己卯土를 두려워하고, 戊申土는 壬午木을 두려워하고, 己亥木은 甲子金을 두려워한다. 사람이 죽는 것과 같은 것이다. 주본主本이 生死가 동도同途*하면 꺼리지 않는다.

　　　　　　　　　　　　　　** 동도同途 : 같은 길. 같은 방법. 같은 용도.

● 무릇 命이 가장 두려워하는 것은 鬼가 尅하는 것이다.
과귀窠鬼가 최고 독毒하다. 가령 丙子水가 庚子土를 보고, 丁丑水가 辛丑土를 보는 종류이다. 과중窠中은 상극相尅의 위치가 되어 소이 가장 독毒하다. 묘중墓中 귀鬼가 있다. 가령 壬辰水가 丙辰土를 보고, 丙辰土가 戊辰木을 보는 종류이다.
격벽귀隔壁鬼가 있는데, 가령 庚子土가 癸丑木을 보는 종류가 된다.
공망귀空亡鬼가 있는데, 가령 甲戌火가 甲申水, 乙酉水를 보는 종류다. 모두 主에 해害가 된다. 내묘귀內墓鬼가 있는데 과귀窠鬼보다 경輕하고, 벽귀壁鬼는 묘귀墓鬼보다 경輕하고, 공귀空鬼는 벽귀壁鬼보다 경輕하다.

● 곧 木命 人이 火月을 얻었는데, 金 日時의 종류는 火가 金을 剋하게 되니 金은 木을 傷하게 하지 못하는, 이것은 어귀禦鬼로 귀鬼가 해로운 것이 아니다. 가령 水命 人의 四柱에 火土가 있으면 土가 水를 剋하고 火는 다시 土를 生하니 조귀助鬼가 되어 더욱 흉하다.
干支가 통출通出하고 납음이 최긴最緊하면 어귀禦鬼는 입신立身이 간난艱難하고 조귀助鬼는 골육이 평생 파투破鬪하다.

● 만약 鬼中에 鬼가 있으면 귀소鬼嘯라 한다. 가령 土人이 木月에 生하고, 金이 日時가 되는 류(類)는 木이 土를 剋하고 金은 木을 剋하여 근기根基가 열약劣弱하여 즉 흉한데 主가 원래 강건强健하면 꺼리지 않는다.
가령 왕모王某   辛丙乙己
                 卯寅亥未

三合의 生을 만났고 또 寅卯를 만났으니 己의 관향官鄕이 되고, 丙과 辛이 合하여 대귀大貴하나, 어찌하겠나? 己 陰土에 乙木은 鬼가 되지만 다시 辛은 乙木의 鬼가 되어 乙을 제거했지만, 寅卯의 官이 변하여 己土의 鬼가 되고, 亥卯未는 三合 위치에 존재하게 되니 이것은 귀극鬼剋이 통하여 귀소鬼嘯가 되어 공격하니 主는 악사惡死하였다.
경에 이르기를 오행은 下가 上을 도둑질하는 것은 절대 꺼린다 하였다. 평생 부족하고 일들이 얽히게 된다.
또 이르기를 귀소鬼嘯는 분명히 格局에 나쁜데, 다시 형살刑煞이 더해지면 재해에 어긋남이 없을 것이고, 설사 이전에 부귀를 만났더라도 뒷날의 세월은 싫게 되는 것을 알아야 한다.

● 무릇 간명看命은 태胎, 생生, 왕旺, 고庫를 사귀四貴로 취하고, 사死, 절絶, 병病, 패敗는 사기四忌가 되고 남은 것은 사평四平이 된다.

태세太歲는 干이 主가 되고 오행을 배합하여 사귀四貴, 사평四平, 사기四忌의 위치를 취하여 귀천貴賤을 나누고 貴를 많이 만나면 貴하고, 천賤을 많이 만나면 천賤하다. 四貴를 다시 나누어 四旺, 四庫는 上이 되고, 태胎는 다음이 된다.

● 만약 人命이 胎.月.日.時에 三貴를 만나 모든 干을 돕고, 또 정록正祿, 정관正官, 정인正印이 있으면 삼공三公의 命이 된다.

올바른 天乙을 차면, 만일 丑.未 生 人이 月.日.時에 甲.戊.庚의 종류를 얻으면 본가本家 祿을 찬 것이고, 만일 寅生 人이 月.日.時에 甲의 종류를 차면 일컬어 복회福會라하고, 혹 天乙貴와 합 두 개가 겹친 者는 삼공三公의 命이 된다.

세 개 貴가 上下에 모여 있고, 또 一官, 一印 및 하나의 올바른 天乙, 또 一位의 본가本家 록祿으로 3개 혹 2개가 貴人과 모이게 된 者는 재상이 되는 命이 된다.

● 만약 日時 上에 양귀兩貴를 만나면 질 좋은 물건을 찬 者와 마찬가지가 되고, 만약 一位 上에서 재살災煞, 지살地煞, 망겁亡劫, 양인羊刃등의 神을 만난다면 主는 병권을 겸하게 되는 사마司馬 절월節鉞의 貴가 된다.

만약 胎月 生月과 日,時 上에 胎, 庫, 一貴를 만나고 올바른 天乙 上下 합, 혹은 天乙貴가 본가록本家祿과 합하고, 正官, 正印 본가록本家祿과 다만 氣가 있다면, 혹 貴人 上에 또 전건前件을 찬 녹간祿干 者도 재보宰輔, 구경九卿의 命이 된다.

만약 月에 기신忌神이 있는데 日에서 貴를 만나고 혹은 日에 忌神이 있고 時에서 貴를 만나면 해롭지 않아 청화淸華한 시종侍從의 직職이 된다.

● 만약 日,月에 貴가 함께 있고 時에서 기신忌神을 만나면 평범한 사람이 되고,

사기四忌인 主는 빈천하지만 경중輕重은 있는데 死,敗,絕은 重하고 병病은 경輕하다. 오행이 각 삼위三位가되면 가령 寅午戌火를 丙丁 人이 만나면 貴하게 되고, 더불어 사귀四貴 삼위三位는 동등하다.
궐태귀闕胎貴 一位의 主는 貴하고 복이 있고, 또 더불어 四貴도 한 가지인데 양록귀陽祿貴는 임관臨官이고 음록귀陰祿貴는 제왕帝旺이다.
만약 陽祿이 旺을 만나고, 陰祿이 官을 만나면 비록 본위本位가 된다 하더라도 그 福은 반감減半한다.

● 만약 旺한데 무록無祿하면 가령 丙寅이 戊午 日,時를 얻었을 때, 다시 本命을 剋하고, 또 刑煞을 차면, 主는 음탕우천淫蕩愚賤하다. 하나와 둘의 貴位를 만났는데 도리어 凶,煞,刑,害가 되면 깨어지는 것이 더욱 심하고 또 主는 祿이 없다.
침지에 이르기를 오행은 生旺에서 군君이 되고 인관臨官에서 상相이 된다 하였다.
만약 납음 木이 月,日,時에서 寅卯 양위兩位를 만나고, 납음 金이 申酉를 만나고, 납음 水가 亥子를 만나고, 납음 火가 巳午를 만나고, 납음 土가 辰.戌.丑.未를 만나면 모두 貴하다고 논한다.

● 무릇 命은 오행의 生.旺.死.絕로 나누어 추리한다. 가령 甲申水, 丙寅火, 己亥木, 辛巳金, 戊申土는 모두 오행이 자장생自長生이 되어 사시四時로 논하지 않고, 초연超然하여 자생自生의 이리를 얻는 것이 되어, 人命의 품성稟性이 민쾌 고명敏快高明하다. 貴者가 얻으면 점점 자라서 부귀을 이루고 또 장래에 영화롭게 살아가게 된다. 丙子水, 戊午火, 辛卯木, 癸酉金, 庚子土는 모두 오행이 자왕自旺한 것인데, 사시四時에 기대지 않고 스스로 旺에 이르게 되어 복력福力이 분발하게 되어 비교할 바가 없다.

** 초연超然 : 구속되지 않는 모양

● 癸未木, 壬辰水, 丙辰土, 甲戌火, 乙丑金은 모두 오행의 자묘自墓로 귀근歸根하여 복명復命하는 時가 된다. 무릇 庫가 있는 곳에는 반드시 물물物이 모이고자 하니, 가령 壬辰水는 水의 무리를 얻어 교귀交歸하고자 하여 연후에 旺하게 된다. 다시 金이 相生으로 왕래往來하면 마땅히 중한 권력을 얻는다.
水가 火를 制하고 火는 金을 制하고, 다시 天中(공망)에 임臨하면 이는 가난하게 되고, 印이 일어나지 않으면 主는 빈천貧賤하게 된다.

● 乙卯水, 丁酉火, 壬午木, 甲子金, 己卯土은 오행의 자사自死가 된다.
삶이 피곤하고, 死는 쉬는息 것이 자연의 이치로, 죽어 땅에 묻히는 것이 아니고, 그 물물物이 자自가 없어져 귀歸하는 것으로 곧 자사自死라 하고, 진귀眞歸의 이치를 얻는 것이다!
무릇 命에 이것을 만나면 특별히 뛰어나 고명하여 지혜가 많고, 복은 적다. 정묵靜默*의 체體가 되어 무엇을 행하는데 불리不利하여 일에 대해서 담박淡薄하니 흥기興起에 불리하여 오로지 학도방선學道訪仙하여 생사의 문門을 넘는다.

　　　　　　　　　　　　** 정묵靜默 : 아무 말 없이 조용히 있음.

● 癸巳水, 乙亥火, 庚申木, 壬寅金, 丁巳土는 五行이 자절自絶이 된다. 천도天道는 끊겨져 없어지지 않는 것으로 干支에서 새로이 만나게 되면 이미 絶한 것도 다시 살아나게 된다.
무릇 이것을 만난 者는 근심과 기쁨이 정해지지 않게 된다. 가령 癸巳水는 水가 絶하지만 癸酉金의 旺金의 도움을 받게 되면 일컬어 絶水가 生을 만난 것이 되어 더욱 길하여 경사가 있게 된다.
무릇 命上에 死.絶.生.旺.庫.墓등을 대帶한 것만 취하는 것은 옳지 않다. 모름지기 월령月令의 청탁清濁을 분별하여 보고, 청청한 者는 제복制伏이 있음을 일컫는다. 가령 水는 土를 보면 탁濁해져 병病이 되기도 하지만 도리어 土의 제방이 없으면 멈추어 쉬지 못하게 되고, 이미 멈추어 쉬고 있다면 점차 번져 흐름이 있어야 청청하게 된다. 탁濁하게 되는 것은 제복制伏이 없는 것을 일컫는다. 가령 水가 많은데 土가 없으면 범람泛濫하여 머물 곳이 없어지게 되고, 水가 극極하게 되면 木을 生하는 것인데 이는 極하면 변變하는 것으로 변變하면 곧 통통하게 된다.

● 대개 오행은 반드시 변變하게 된다. 일정하지 않으면 일정하게 되고, 貴했으면 다시 불귀不貴가 나타나고 死絶이 되었으면 다시 구원된다. 일컬어 환혼還魂*이 되고, 모두 이러한 것에 말미암아 貴를 논하여야 한다.
生旺을 헨하면 오기傲氣가 생겨 도리어 福이 천淺하게 되고, 만약 피아彼我가 相生하면 순순이 되니 근본에 더하여지게 되고, 역역은 氣를 빼앗기게 된다.
피차彼此가 相헨하면 순순은 세력이 강하게 되고, 역역은 손상이 있게 된다.

** 환혼還魂 : 죽은 사람이 되살아남.

● 경經에 이르기를 小가 大를 능멸하면 스스로 해害를 남기게 되고, 약弱이 강強에 오르게 되면 재앙을 자초한다 하였다.
一水가 三火를 헨하면 이는 약弱이 강強을 승勝하는 것이다. 陰이 陽에 승勝하는 것으로 비록 재앙 크지 않지만, 陽이 陰을 승勝한것도 위해危害가 심하지는 않는데, 두 개 陽이 서로 곤추세우면 흉화凶禍가 선회하고, 두 개 陰이 서로 적대시하면 불안한 곳이 된다. 가령 乙巳火가 壬申金을 헨하면 이는 陰이 陽에 승勝한 것이고, 壬申金이 己巳木을 헨하면 이는 陽이 陰을 勝한 것으로, 陰陽이 유정하여 큰 해害는 없다. 만약 丁卯火가 癸酉金를 보면 二陰이 서로 적대시하고, 戊午火가 甲子金를 보면 이는 두 陽이 서로 겨누게 된다.

陽은 강강剛하고 陰은 유유柔하니 반드시 勝하여야 끝나게 되니 禍가 발생하는 것이다.

[蟾彩 : 六陽 : 子,寅,辰,午,申,戌. 六陰 : 丑,卯,巳,未,酉,亥]

● 태을에 이르기를 하늘과 땅 사이의 음양이 변화하는 징조는 陰이 陽을 청召하고, 陽이 陰을 청召하는 맛이 아닌 것은 아닌데, 곧 天地가 합당하게 되는 것은 오행의 氣가 서로 뜻이 맞아 좋은 사이의 상태가 되어야 하는 것이라 하였다.

만약 陽이 陽을 따르고 陰이 陰을 따르면 陰陽이 편출偏出되어 동정動靜의 질서를 잃어버리게 되니 이러한 까닭에서 禍 또는 복이 생기게 된다.

대저 음양이 치우쳐 나타나면 조화를 이루지 못 한다. 오행에서 가령 火가 많고 金이 적으면 취산聚散되어 형형을 이루지 못하고, 火가 적고 金이 많으면 소삭銷鑠이 불가능하여 도리어 엄멸淹滅의 근심이 있다. 남은 것도 이 예에 준하여 추리하면 된다.

● 무릇 간명看命은 먼저 오행을 논하여 체면體面과 국세局勢를 관찰한 후에 희기호악喜忌好惡, 왕상휴수旺相休囚를 헤아린다.

가령 金人이 庚辛 혹은 申酉를 얻으면 체면體面이 되고, 巳酉丑 三合을 얻으면 국세局勢가 된다. 火는 제제制하니 좋고, 土는 부부扶하니 좋은데, 한寒한 金과 냉冷한 水는 꺼린다. 삼추三秋 金과 사계四季 土는 왕상旺相하고, 춘하春夏 木火는 휴수休囚가 된다. 남은 木.火.水.土도 이 예로서 추리하면 된다.

金人이 庚.申.辛.酉를 얻으면 오리살五離煞이 되는데, 만약 추월秋月 생生하여 水를 만나면 金이 변하여 괴롭게 되어 금백수청金白水淸의 조화를 이루자면 火를 만나서 굳센 金을 制하여야 한다. 그렇게 되어야 날카로운 병기와 그릇을 만들 수가 있다.

柱에 火가 없고 水가 없으면 일컬어 완금頑金이라 하여 主는 조년에 주색에 빠지고, 채리(瘵痢;설사.이질)로 사망한다. 만약 戊寅土 日時를 얻으면 굳센 곳에 生을 만나게 되어서 主는 부유하고 오래 산다.

木人이 土를 얻으면 뿌리가 자리를 잡게 되어서 재배되는데 水를 얻으면 지엽枝葉이 자라고 金을 얻으면 깎아서 재목을 만든다.
木이 寅卯를 만나는 춘생春生이 가장 吉하고, 만약 三合. 회會로 木局이 완전하면 비록 춘생春生이 아니더라도 主는 인덕仁德이 있고 수명壽命이 풍부하다.
木이 金의 制를 만났는데 火가 있어 金을 데워 굴복시키면 강유剛柔가 상제相制하게 된다. 만약 火가 크게 많으면 분신焚身되고, 金이 크게 많으면 木이 손상되고, 土가 허虛하면 재배가 불가능하다.
水가 범람하면 윤潤이 불능不能하고 중화中和를 얻으면 뛰어나다.

水人은 亥子가 원원源이 되고 寅.卯.辰.巳는 납納이 된다. 북쪽으로부터 수원水源이 시작하여 만절조동萬折朝東*하니 그래서 水는 인仁 동방東方을 만나면 좋아, 물결이 쉬고 파도가 평평하게 된다.
水는 土의 제방에 의지하는데 만약 亥子에 生했다면 土가 많으면 吉하고 이미 동방東方에 있다면 土를 만나는 것이 또한 吉한데 土가 많은 것은 마땅하지 않다. 다시 貴人, 재록財祿이 있으면 貴하고 만약 日時에서 庚.申.辛.酉를 만나면 水는 서西로 흐르는 것은 꺼리는데 수명이 길지 않게 되어 두렵다.
추동秋冬에 생했으면 生旺 청징清澄한데 이 時의 壬癸가 亥子를 만났다면 主는 문학文學이 있고, 납음이 다시 水가 되어 水가 태과하여 柱에서 土가 이끌지 못하면 젊어서 자식이 끊기게 되고, 예술을 도모한다. 공문(空門:불도)은 吉하고 격각隔角을 겹쳐서 만나면 主는 형剋이 있게 되고, 춘월春月은 건갈乾渴되어 마르고, 하월夏月은 혼탁渾濁하게 범람하니 柱에 水가 없어서 돕지 못하면 貴하지 않다.

火는 寅卯에 거주한다. 춘春月에 생하면 木이 빼어나서 火를 밝히니 영화부귀榮華富貴가 있고, 하월夏月에 생했으면 태염太炎하여 柱中에 水가 없으면 요절하고, 水가 있으면 일찍 貴하게 된다. 추월秋月에 생했으면 火는 死하고, 金이 이루어져 빛이 감추어지고, 내조內照하니 時日이 밝지 않으면 旺氣를 만나면 吉하다. 대개 水火는 사절死絶을 싫어하지 않는다. 다만 욕심이 없고 담백하면 복이 된다. 동월冬月에 생했고, 柱中에 다시 火의 도움을 얻으면 즉 상설霜雪이 잠기어 소멸되어 산하山河가 온난하게 된다. 고인이 이르기를 겨울은 태양을 사랑할 만하고 여름은 태양을 두려워할 만하다고 하였다.

土가 완전한 사계四季를 만나면 上貴가 된다. 가령 납음이 완전한 土가 되고, 柱中에서 다시 寅을 얻으면 간산艮山이 되어 또한 貴하다. 土는 후재厚載가 가능하여 만물萬物이 자생資生한다. 金.木.水.火 모두 土가 없어서는 안 되니 이 사행四行이 모두 의지하게 된다.

** 만절조동萬折朝東은 萬折必東(만절필동)과 같은 내용으로 추정하는데 황하가 수없이 꺾여 흘러가도 결국은 동쪽으로 흘러간다는 뜻으로, 결국은 본뜻대로 됨을 이르는 말로 충신의 절개는 꺾을 수 없다는 말이다.

● 오행의 用을 논하면 다多는 곧 태과太過하고 소少는 곧 불급不及이 된다.
그 氣를 헤아려 남아도 부족해도 모두 흉하게 되고, 억양抑揚이 바르게 되돌려지면 복이 되고, 성공成功 者는 물러가서 감추어지고, 장래將來 者는 영진榮振하여 貴하게 된다.
五行이 旺하게 내려졌으면 성공成功이라 한다. 旺은 멈추어 휴식이 가능하니 이것을 일컬어 퇴장退藏이라고 하고, 오행이 관대冠帶, 태胎, 양양養의 地에 있으면 그 氣는 이지러져 차지 않은 것으로 이것을 일컬어 장래將來라고 한다. 그래서 子가 모母와 相生하여 그 氣를 보충을 했을 때에는 영진榮進하여 진발振發하는 도道가 된다.

◉ 가령 木이 木의 시절이 아니면 쇠약하여 가지가 적어지고 말라서 죽게 되고, 金이 태과하여 旺하면 凶한 동작動作이 되고, 염염炎炎 者는 휴식이 貴하게 되는데 쉬지 않으면 자분自焚하는 재앙이 있고, 도도滔滔 者는 그쳐야 貴하게 되는데 그치지 못하면 자익自溺하는 우환이 있다.

火가 남육南陸으로 나아가면 열熱로 변하는데 성盛하면 분열焚烈하여 물물에 해롭다. 酉亥에 이르러 陰이 성하게 된 후에 만물萬物을 온난하게 할 수 있다.

水는 북육北陸으로 나아가니 한寒으로 변하여 성盛하면 엄냉嚴冷하게 되어 물물을 죽이니 卯,巳에 이르러서 陽이 열리게 되어야 만물이 자생滋生할 수가 있다.

◉ 또 生인데 生이 아니고, 旺인데 旺이 아닌 이러한 것은 먼저 吉하고 이에 凶이 오고, 死인데 死가 아니고, 絕인데 絕이 아니면 먼저 凶하고 이에 吉하게 된다. 가령 水가 戊申土를 보는 이러한 것이 生이 불생不生한 것이 되고, 庚子土를 보는 이러한 것이 旺이 불왕不旺한 것이다. 이를 만나면 성공이 뒤집혀 실패가 되고 기쁨이 되었다 도리어 근심이 된다. 가령 水가 癸卯金을 보면 사死가 불사不死가 되고, 辛巳金을 보면 절絕이 불절不絕한 것이다.

오행의 氣가 다하면 부모의 덕을 얻어서 生으로 더하여 지게 되어 氣가 거듭 生한다. 만난 者는 위태로운 가운데 福이 있게 되고, 궁窮하면 통통通通하고, 굽屈었으면 펴伸지게 된다.

生旺이 태과하면 福이 있는 가운데 禍가 감추어져 있고, 死絕이 태과하면 福이 의탁할 곳이 없어진다.

만약 死絕이 生을 만나서 도움이 있으면 재앙을 피할 수 있는데 火土가 먼저이고 金水는 뒤가 된다.

● 火가 絕하였는데 土를 얻으면 왈 예(睿:슬기)라 한다.

『火는 土가 자식이 되고, 火는 亥에서 絕하는데 丁亥土를 보는 것이 이것이다.』

土가 絕하였는데 金을 얻으면 죽어 없어지지 않아서 왈 수壽이라 한다.

『土가 絕하였는데 巳를 만난 것으로 辛巳金을 얻은 것이 이것이다.』

金이 絕하였는데 水을 얻으면 면밀精함이 복구되어 體體를 잇게 된다.

『金은 寅에서 絕하는데 甲寅水를 얻는 것이 이것이다.』

水가 絕하였는데 木을 얻으면 혼이 복구되어 하늘을 유영한다.

『水는 巳에서 絕하는데 己巳木을 얻은 것이 이것이다.』

木이 絕하였는데 火를 얻으면 火는 木을 태워서 나타나니 재가 날리고 멸하여 오직 凶하게 된다. 뱀과 말은 담膽이 없는데 이에서 충분한 증명이 된다.

『木은 申에서 絕하는데 丙申火를 얻은 것이 이것이다. 사마蛇馬는 巳午가 된다. 木은 巳午에서 死하는데, 木은 오장으로 간에 속하고 육부로는 담膽에 속한다. 木이 死한 것이 증명되는 것으로 凶하게 된다.』

● 經에 이르기를 身土가 火의 생을 만나면 점점 유익하게 되고 命水가 金를 얻으면 수명이 길고, 金이 많으면 모름지기 火가 종혁從革하여 이름을 이루고, 木이 重한데 金을 얻으면 굽어 휘어짐을 바르게 하니 벼슬을 하고, 水가 흘러 그치지 않으면 土로 막아야 하고, 火가 성盛하여 의지할 곳이 없으면 오로지 水로서 구제하여야 한다 하였다.

五行은 用을 마땅하게 얻게 되면 비록 相剋하더라도 福이 되고, 만약 그 마땅함을 잃게 되면 비록 相生하더라도 재앙이 발생한다.

● 무릇 五行이 태과太過하면 서로 거스르게 되어 두렵다. 가령 祿이 많으면 빈貧하고, 마馬가 다多하면 병病이 되고, 印이 多하면 고독하고, 고庫가 多하면 허虛하고, 生旺이 다多하면 귀숙歸宿이 없고, 死絶이 多하면 격장激揚이 없다.
오행이 크게 상호 傷하게 하는 것은 불가不可하고, 크게 순수한 것도 불가不可하다.
貴人, 馬가 뛰어나면 승요(升擢:발탁되어 오른다)하고 상인常人에 마馬가 많으면 분치奔馳한다. 파破는 상화傷禍를 요하고, 空은 공진空盡을 요하고, 애자愛者는 제거되지 말아야 하고, 두려운 者는 旺하게 되지 말아야 하고, 먼저 두렵게 되고, 뒤에 좋아지는 者는 복이 되고, 먼저 좋고 뒤에 위협이 있는 者는 화禍에 이른다.
슴이 많으면 미(媚:아첨, 아양, 요염)하여 불발不發하고, 학당學堂이 많으면 이루지 못하고, 귀人이 많으면 부드럽고 나약하여 뜻을 세우지 못한다.
祿馬가 태현太顯하면 貴人으로 논하지 못하고, 貴人은 표리表裏가 족족하여 상인常人으로 논하지 못한다.
사주에 陽에 갖추어져 있으면 입은 악하고 마음은 착하다.
사주에 陰으로 갖추어져 있으면 한려침독狠戾沉毒하다.
馬와 손잡고拱 祿과 손잡고 貴와 손잡고 福神과 손잡기를 요要한다.
刑과 손잡고, 禍와 손잡고, 歲와 손잡고, 時와 손잡기는 요하지 않는다.
음양은 균협均協하여야 貴하고, 병상病傷은 剋制되기를 요한다.

● 무릇 命에 丙.辛.壬.癸가 戊戌木을 보면 戊는 土의 길로 인刃과 傷이 꺾여 부스러진다.
壬子木.丙午水, 丙午水.壬子木는 水木의 정신精神이 되고, 음양이 순수하여 도움이 필요할 만한 여분이 없는 비상한 그릇이 되고, 계절의 빼어난 氣가 더해지면 세상에서 매우 드물게 꺼릴 것이 없는 대덕大德한 용모인 대장부가 된다.
卯酉는 태양이 출입하는 地가 되고, 子午는 陽陰이 시작되는 궁宮이 되니, 이들을 만난 者는 훌륭한 사람이 될 수도 있고, 되지 않을 수도 있어, 곧 일정하게 정해진 바는 없다. 歲運도 또한 그렇다.

巳亥는 양극兩極의 地로서 天地가 알선斡旋*되는 곳이 되고, 寅申은 3개 정거장이 되는 곳으로 우편이 왕래하는 곳이다. 가령 사람들이 만나게 되는 곳이다.
다양하니 한 가지에 집착하지는 말아야 한다.

** 알선斡旋 : 남의 일을 잘 되도록 마련하여 줌

● 丑未은 몹시 더디고, 辰戌은 몹시 빠르다. 만난 사람은 고집 또는 고지식하여 성격이 변통變通하지 못한다. 辰戌에 氣가 있으면 능히 큰일을 건립建立 할 수 있다.
丙子水 人이 사주에 壬寅이 있으면 壬이 병가丙家에 들어가 극파剋破되어 좋지 않다.
庚子土가 庚午土를 보면 오귀五鬼가 임문臨門한 것이다. 戊寅土가 甲寅水를 보면 甲이 戊를 剋하고, 戊寅土도 수세隨勢*로 甲寅을 剋하여 干支의 납음(戊寅土 甲寅水)의 上下가 불화不和하다. 다른 것을 제외한 福神이 있는 곳은 복력福力이 있다.
癸酉金이 戊寅土를 보면 戊土가 癸水를 剋하고, 또 金氣가 絕한 곳이 되고, 劫煞, 元辰이 되니 얻은 月令의 빼어난 氣를 버리고 옳은 법을 사용하지만 오래도록 좋게 되지 않는다.
庚午土와 丁酉火는 서로 旺하고 서로 파破하는데 旺中에 破가 되어 온전한 복력福力이 되는 것은 불가하다.
己未火 辛酉木는 비록 食을 얻었지만 도리어 死地가 되어 오랫동안 아름답지 못하다.
乙丑金, 乙未金, 庚辰金, 庚戌金이 戊寅土을 보면 크게 좋고 運도 그러하다.
경에 이르기를 가령 강금剛金이 戊寅土로써 구제를 얻게 되는데, 絕하고자 하나 絕되지 않아 복력福力이 있게 된다 하였다.
乙卯水가 戊寅土를 보고, 戊寅土가 乙卯水를 보는 것은 크게 좋은 命이다.

** 수세隨勢 : 그때그때의 형편이나 시세를 따름.

● 단양서에 이르기를 삼기三奇와 만남은 오히려 헛된 명성이 있고, 死絶 中에는 도리어 生旺이 존재한다 하였다.
대개 三合, 三奇는 月과 合하지 않으면 貴하지 않은데 가령 甲.戊.庚(陽三奇)이 子,午 時는 貴하고 乙.丙.丁(陰三奇)는 寅卯 時가 길하다.

천원변화서에 이르기를 乙.丙.丁은 酉亥를 좋아하고, 다시 납음이 교섭交涉하는 유무有無를 보아야 한다 하였다. 또 이르기를 무릇 삼기三奇, 三合은 月令 中에 帶하여 수기秀氣가 들어와야 귀격貴格이 되고, 다만 서출, 양아들, 데릴사위는 면하기 어렵다 하였다. 또 이르기를 무릇 命에서 三合, 三奇를 본년本年에 帶하지 않고, 사맹四孟* 生이 되고, 사중四仲* 사계四季*를 月.日.時에 얻으면 사중四仲, 사계四季는 동등하게 논한다 하였다.
胎.月.日에서 干合 혹은 육합六合이 호환互換하고, 本命(年地)에 있지 않으면 모두 각요태세掉太歲라 한다. 主는 조상과 이별하여 고립되고, 사람들에게 도움을 받지 못하거나 구조救助가 적다. 도리어 가합假合은 마땅하여 입지되고, 貴命은 곧 병장기에 의지하여 승진升進하게 된다.

무릇 사주에 삼기三奇, 三合을 찬 者는 本身이 과방過房 서출庶出된 것이 아니고, 장차 자손이 반드시 과방過房 서출庶出이 되는 것으로 모母를 따르는 자식이 된다.
고시에 이르기를 三合과 三奇는 청수淸秀하고 요비饒肥하여 과방過房의 자식이 되지 않으면 어미를 따르는 아이가 된다 하였다.

● 무릇 命 앞의 5번째 地支는 택사宅舍가 된다.

만약 유기有氣 및 길신吉神이 임하면 主의 택宅이 좋아 문벌이 숭준崇峻하고, 자손이 화현華顯하다. 가령 甲申人의 택사宅舍는 丑이 되니 12월生은 天乙이 宅에 임하여 吉하다. 만약 무기無氣한데 흉신凶神이 임하면 主는 宅이 허모虛耗하고, 파괴破壞되어 완료하지 못하여 조업을 지키지 못한다. 가령 庚午人의 택사宅舍는 亥가 되는데 甲子 순旬은 亥가 空亡이 되고, 또 劫殺이 임한 것이니 凶하게 된다. 남은 것도 이에 준하여 추정한다.

● 命 뒤의 1번째 地支는 파택살破宅煞인데, 만약 파택살破宅煞이 있으면 主는 조부祖父의 산업産業이 없고 혹은 타향에서 객사한다.

또 택납음宅納音을 보는데, 本命과 납음이 相生하면 吉하고, 택宅이 身을 剋하면 宅이 좋고, 身이 宅을 剋하면 반드시 파산破散한다. 가령 甲子金이 己巳木이 宅이 되는데, 2月 生은 걸리게 된다. 비록 宅이 旺하게 매달린다고 하여도 合이 되어야 좋은 宅이 된다. 身이 宅을 剋하면 후에 마땅히 파락破落하게 된다. 戊午火 癸亥木이 택宅이 되는데 9月 生은 관대택冠帶宅, 10月 生은 건택建宅, 11月 生은 왕택旺宅이 된다.

● 또 택생宅生이 身을 剋하는 값이면 반드시 좋은 집을 얻고, 만약 태귀宅鬼가 旺한 가운데 生을 받는 者는 官이 있으면 吉하고 官이 없으면 凶하다.

무릇 祿命에 비록 휴왕休旺이 있다고 하더라도 다시 택宅을 논하여 길흉을 분별한다. 침지에 이르기를 宅은 파破되는 것을 두려워한다 하였다. 가령 甲子 人은 己巳가 宅이 된다. 亥가 沖하면 宅은 깨어진다.

命元이 초박稍薄한데 太歲가 年을 충衝하면 모름지기 깨어진다. 가령 丙子 人이 辛巳金을 얻으면 宅이 되는데 乙亥 유년流年을 만나는 종류가 이것이다. 좋은 命은 또한 다시 동흥動興하여 새로운 방향으로 응하여 일어난다.

● 무릇 命의 뒤의 5번째 地支는 전원田園이 된다.

만약 유기有氣하고, 복신福神이 임하면 主는 전원田園이 많아지고 창고가 충실한데, 가령 甲子 人의 전원田園은 未가 되는데 6月生은 土가 승왕乘旺한 氣가 되고 또 天乙 貴가 되니 吉하게 된다. 만약 무기無氣하고 또 凶神이 임하면 主의 전원田園은 척박瘠薄하게 되고, 창고도 공허하게 된다. 가령 戊子 人은 전원이 癸未에 있는데 6月 生은 甲申으로 未가 空亡이 된다. 남은 것도 이에 준하여 추정하면 된다.

● 귀곡견문에 이르기를 마馬에는 해害<刑破>가 없어야 하고, 祿에는 귀鬼<鬼剋>가 剋하지 말아야 하고, 食은 공망空亡이 없어야 하고, 支合에는 원元<元辰>이 없어야 하고, 干合에는 육액六厄이 없어야 하고, 旺에는 상문喪門이 없어야 하고, 쇠衰는 조객弔客이 없어야 하고, 처妻에는 양인羊刃이 없어야 하고, 財에는 비렴飛廉이 없어야 하고, 맹孟에는 고진孤辰이 없어야 하고, 계季에는 과숙寡宿이 없어야 하고, 체體가 중중重重하면 귀鬼를 필요로 하고, 祿은 重함을 필요로 하고, 夫는 적음을 필요로 하고, 妻는 갑절을 필요로 하고, 吉은 분명히 필요로 하고, 凶은 가라앉기를 필요로 하고, 支干이 화합을 잃으면 막히고, 부부는 때를 잃으면 凶하다 하였다.

● 사주의 主本에 녹마祿馬가 왕래하는 것이 세워지고 깨어짐을 분별하여야 하고. 天乙이 돕고, 덕德이 衝하는 것에서 곧 존비尊卑를 분별하여야 하고. 근根은 있지만 싹과 열매가 없으면 가난한데 오히려 달콤한 음식을 먹고, 본기本氣가 끊겼는데 꽃이 번성하면 씨앗은 이루나 맛이 졸렬하게 된다.

만약 귀신貴神이 마땅한 위치에 있으면 모든 煞은 복장伏藏하고, 三元이 旺相하다면 어찌 신살神煞이 命中에서 煞로 사용되게 되겠는가? 五行을 근본으로 하여 가령 五行이 地를 얻었다면 貴와 煞이 없어도 貴하게 되고, 비록 악살惡煞이 있다고 하더라도 매사에 해로움이 없다. 가령 五行이 地를 얻지 못했다면 설령 吉,煞이 있다 하여도 발發하나 오래가지 못한다. 가령 겨울에 핀 꽃일 따름이다.

● 납음은 天地의 북돋는 수數가 되고, 역마驛馬와 학당學堂은 장생지長生地(寅申巳亥)가 되어 관직의 재능으로 旺相한 곳이 되면 문정文章이 있고 부귀하다. 印庫의 地는 가령 쇠패衰敗를 만나면 삼분의 일은 멸滅하고, 다시 死絶을 만나면 십분의 반은 내몰리고, 공망 衝剋은 절대 꺼리고, 형해刑害, 탄식呑食은 마땅하지 않다.
그리고 동원同源이 되어 서로 이루게 되면 『순수順數는 上이 되고 잡수雜數는 다음이 된다.』 곧 天地를 온전히 북돋게 하여 기본基本을 강장强壯하게 한다.
동류同類가 서로 손상되면 『가령 丁未火 丁丑水가 刑하는 類』 즉 支神의 氣가 흩어져 이리가 다시 合하지 않게 된다.
관로에 이르기를 오행이 旺하면 비록 衝하더라도 氣가 완전하고, 오행이 상극相剋하면 비록 氣가 모였다 하여도 흩어져 버린다고 하였는데 이것을 두고 한 말이다.

● 혹 人生의 시종始終에 공명功名, 부귀富貴가 한 번에 쑥쑥 솟아나고, 홀연히 흥興하고, 시종始終 박락剝落하고, 중간에 분발奮發하고, 반세半世 엄건淹蹇하고, 만년晩年에 성취하는 것이 어찌하여 그러한가 묻는데, 답을 말하면 命이 아닌 게 아니다. 시종始終 부귀는 柱中의 身主가 전왕專旺하고, 그곳에 吉神을 用하고, 혹은 官.印.財.食이 각 祿을 득령得令하여 갖추어지고, 편중되어 있지 않고, 한 무리로 되어 있지 않고, 刑.衝.剋.害가 없고, 출문하는 行運이 모두 吉로 거닐게 되면 재목이 이루어져 떨쳐 빛나게 되어 부모의 기업基業을 잇고 당대에 공명을 세우게 된다.
비웃음이 나타나지 않고, 傷害에 이르지 않고, 시종終始 보호되는데, 이것은 命과 運이 生旺하고 체體와 用이 함께 득得하여 그러하다.

● 한번 굴기崛起하고 돌연 취흥驟興하는 것은 柱中에 貴神을 소용所用하고, 모두 다 승왕乘旺을 득위得位한 것이고 또 적합한 格이 되었기 때문이다.
日主가 무력無力하면 어찌하여 복을 승임勝任할 수 있겠는가!
이른바 노곤勞困하여 언건堰寒하니 좋은 運을 만나서 조건이 성숙되어 日干이 강건하게 되어 元命의 用神을 내가 用할 수 있어 내가 승승乘할 수 있으니 호소풍생虎嘯風生*하는 크게 발달하여 부귀하게 되는 것이다. 이것은 편기偏氣가 승화乘和하고 쇠衰가 旺을 만남으로서 그래서 吉을 맞게 됨으로 발발發하게 되는 것이니 곧 전후前後가 뛰어난 것이다.

日主가 강왕強旺하고, 오행 煞이 순純하여 잡雜하지 않는다면 어찌 근본根本 원래에 制伏이 없다고 하여 富貴하게 되지 않겠는가?
또 煞神이 旺하면 오로지 運이 오는 것을 기다렸다 煞神을 제복하여 권력으로 변화시켜야 공명이 현달하게 출현하여 상서롭게 되는 것으로, 制神의 힘이 旺하여야 발복發福이 비상非常하게 된다. 이른바 취흥驟興*은 극히 빈천貧賤한 등급인데 오로지 行運에서 득지得地하여야 흥함이 있고, 運에 이르지 못하면 평범한 사람일 뿐이다.

  ** 虎嘯風生 : 범이 소리를 질러 바람을 일으키고 용이 으르렁대어 구름을 일으킨다는 것으로
       영웅호걸이 탄생한다는 것이다.
      ** 驟興 : 갑자기 흥함

● 그 시종始終의 분발奮發한 者, 또 중간에 박락剝落된 者가 있는데, 柱中의 日主가 건왕健旺하고, 用神도 旺하여 각 서로 힘이 있으면 부유한 집에 붉은 문과 어진 자식이 되고, 장대長大하게 성립하여 좋은 빛을 만나서 이루어진 것으로, 시종 분발한 者가 되고, 만약 大運이 元命에 가림加臨할때 財를 빼앗아 가버리고, 이로 인하여 官이 傷하고, 이에서 印이 파괴되고, 또 食이 梟를 만나는 이러한 運을 만나 禍가 크게 발생 하게 된다. 이러한 것은 중간에 박락剝落한 者가 되는 것으로 소이

혈기가 왕성한 한창 젊은 나이에 기울여져 불발한 것도 이러한 것이다. 가령 악운惡運이 한번 들어왔다 떠나가고, 다시 좋은 運을 만나게 되면 부지扶持된 것으로 새로운 神이 사용되어 그렇게 된다. 가령 마른 나무가 비를 맞아서 싹이 나는 것과 같은 것으로 돌연 흥하게 된다. 기러기 털이 바람을 만나면 표연飄然하여 들려지는 것과 같은 것인데 막기가 불가능한 것이다.

** 飄然 : ①바람에 가볍게 팔랑 나부끼는 모양 ②훌쩍 나타나거나 떠나가는 모양.

● 또 반세半世 동안 고생하고 만년에 성취하기도 하는데, 사주가 신강身强하고, 陽刃과 比肩이 각 쟁왕爭旺하고, 財官 煞神 등의 물물이 허부虛浮하여 경소輕少하면 성공할 힘이 없고, 다시 출문出門한 行運의 地에서도 福을 만들지 못하면 소이 一生 가난하고 힘든 생활이 줄곧 만년晩年까지 이르고, 좋은 運을 만나서 財官, 煞神 등의 物에 도움이 있게 되면, 가령 煞이 권력이 되어 陽刃을 制伏하면 권귀權貴를 얻어서 현양顯揚하게 되고 자재資財가 일어나서 福이 일어나게 된다.
마땅히 五行의 청탁淸濁이 운별運別로 다르니 청청한 運을 만나면 발전이 있고, 탁濁한 運을 만나면 빈천한 결과가 있게 되는 것이다.

궁통窮通은 命에 있는 것이고 부귀는 하늘에 있는 것이라고 공자孔子도 이렇게 말하였는데 어찌 사람의 지력智力으로 운명을 바꿀 수 있겠는가!

● 흥망생사에 대해 묻는데, 답은 무릇 人命 中에 있는 煞이 사용되는데, 煞神을 制하지 않으면 초라한 초가집에 곤궁한 사람이 된다. 간혹 훌륭한 가문에 두드러지게 뛰어난 선비도 있는데, 요는 運에서 制伏하였기 때문이다. 가령 煞이 흥興하면 절대 制伏하는 運에서 벗어나는 것은 옳지 않다.

한 개의 財가 들어오면 財는 煞을 도울 수 있고, 다시 유년流年에서 財가 煞을 도와 煞이 旺하게 되면 힘이 아우러져 재앙이 되어 身主는 고한孤寒하고, 극해剋害하게 된다. 경輕하면 집이 기울어져 도류徒流하고 重하면 刑으로 身을 버리게 된다.
煞神이 병합併合하면 흉망凶亡하니 두렵고 陽刃도 같이 논한다.

● 또 柱中의 月令에 官星의 정기正氣가 있으면 一生 부귀하게 되는데, 오직 財印을 만나면 官星에 이롭고, 財가 生하여 旺하게 되면 좋고, 印이 旺하면 보호된다. 연고로 그 사람의 행동은 어질어 덕德을 베풀고 위국경방緯國經邦하고 권력이 크고, 벼슬이 높고, 후後에 煞神이 득위得位하고 歲에서 煞과 병림倂臨한다면 官이 鬼로 변화되어 반드시 身이 상상喪하게 된다.
煞運으로 나아가지 않고 傷官 運으로 나아가는데 印이 없어 制하지 않고, 傷官이 득지得地하면 貴祿이 손상되어 처妻가 상喪하고, 子를 훼剋하고, 파직되는 재앙이 발생한다.
또 유년流年에서 다른 무리를 만나면 반드시 참혹하게 사망하게 된다. 가령 고견高見과 밝은 식견을 가지고 진퇴進退 존망存亡의 조짐을 알아 身을 보호하는 者도 갑작스러운 재앙을 만나지 않으면 또한 자기自己가 악질惡疾로 끝나게 된다.

● 또 柱中에는 用神이 단독으로 일정한 것이 존재하여야 하는데, 官煞이 氣는 없고 오직 偏.正財가 있어 財神의 도리를 마땅히 하면, 은은히 융성하니 재물을 쌓아 富를 이루게 되고, 다만 貴는 적을 뿐이다.
다시 행운行運의 여하를 보는데, 가령 官祿이 旺한 곳을 만나면 부귀하고, 불행은 財神이 탈국脫局하게 되고, 陽刃을 상봉相逢하고, 다시 유년流年에서 陽刃이 충합衝合하여 財神이 손상되고, 원명元命이 쇠절衰絕하면 陽刃이 재앙을 일으켜 반드시 패망에 이르게 된다.

● 생사生死는 격국으로 논하는데, 印綬格이 財를 보고 財運으로 行하고 또 死絕을 겸하게 되면 반드시 황천黃泉에 들어가고, 柱에 比肩이 있을 때는 거의 풀리게 된다. 正官格이 煞과 傷官을 보아 刑.衝.破.害가 歲.運에 아울러 있으면 반드시 사망한다. 正財. 偏財格은 比肩이 분탈分奪하고, 陽刃과 劫財가 歲.運에 모여 衝하면 반드시 사망한다. 傷官格에 財旺하고, 身弱한데 官煞이 重하고, 刃이 衝하여 혼잡하고, 또 歲.運에서 보면 반드시 사망한다. 制하여 상잔傷殘하고, 공록拱祿, 공귀拱貴가 전실塡實되고, 官煞과 劫煞. 亡神. 刃이 衝하고, 歲.運에서 다시 보면 사망한다.

● 일록귀시격日祿歸時格은 刑.衝.破.害되고 七煞, 官星을 보고, 空亡이 되었는데 刃이 衝하면 반드시 사망한다.

煞, 官이 歲.運에서 상병相併하는 것은 크게 꺼리는데 반드시 사망한다. 남은 모든 格은 煞 및 전실塡實을 꺼리는데 歲.運에서 병림併臨하면 반드시 사망한다.

모든 흉신凶神 악살惡煞인 구교勾絞, 원진元辰, 망신亡神, 겁살劫煞, 조객弔客, 묘墓, 병病, 사궁死宮등 모든 煞은 아홉은 죽게 되고 하나만 살게 된다.

財官이 태다太多하여 身弱하고, 元에 七煞을 犯하면 신경身輕한데, 가령 丙丁 日干이 年.月.時에 庚辛이 있고 酉 運 혹은 庚辛 年이 되면 반드시 사망한다.

甲乙 日干이 庚辛 月時가 되고 年運에서 협잡夾雜하게 庚辛이 나타나면 반드시 사망한다. 만약 구원이 있으면 吉하고 구원이 없으면 凶하다.

● 五行 神煞은 金이 많으면 요절하고, 水가 성盛하면 표류漂流하고, 木이 旺하면 요절하고, 土가 많으면 치매痴呆*하고, 火가 많으면 우완愚頑하고, 태과하고 불급함에서 이렇게 논하고, 한 가지만 취하는 것은 옳지 않다. 두 가지 이상으로 감단敢斷*하게 되면 生死를 구하는 결정은 의심할 필요가 없다.

만약 五行이 生死에 대해 말하면, 가령 壬日이 2月(卯)에 生했으면 申運으로 나아가면 死하고, 7月(申)에 生했으면 卯運으로 나아가면 死하는데 곧 生을 만나면 死가 두렵고 이미 死했으면 生이 두렵다.

조화와 인간사는 하나가 되니 모름지기 함께 보아야 한다.

** 痴呆 : 정상적인 정신 상태를 잃어버린 상태
** 愚頑 : 어리석고 완고함
** 敢斷 : 과감히 결단함

● 인간의 生死를 일컫는 맛은 年.月.日.時에 전생에 이미 정해 진 것이 나타나게 되는데, 한두 개를 들추어 보면, 가령 정흥(定興:하북성 소재)에 사는 장이금張昜金이 가희嘉熙 2年 중추仲秋에 며느리가 해산할 때가 임박하여 보천사寶泉寺에서 신령에게 빌었더니 꿈에 금金 개狗, 구슬玉 닭鷄, 누른黃 양羊, 푸른靑 개犬가 차례로 나타났는데, 용구회왕(勇九淮王:명나라 경종)이 탄생하게 된다.

즉　　甲 己 辛 戊
　　　戌 未 酉 戌

의 팔자에 나타나게 되었다.

회왕淮王이 손孫이 막혀 7명의 대신과 재상이 점을 치고 강문江文에서 제사를 지냈는데, 꿈에 피곤한 붉은 견(赤犬), 다시 살찐 누른黃 개狗가 도로가에 있는 것을 보고 백마白馬가 평지목平地木의 좌左에 서있고, 거듭 붉은 돼지赭豬가 연이어 개꼬리를 물고서 집으로 들어왔다.

공상公相이 스스로 미루어 생각하기를

곧　　丁 庚 戊 丙
　　　亥 午 戌 戌

年月日時로 이루는 세차歲次로 되는 것으로 추리하였는데 가을 저녁 삭후朔後 야반夜半에 비로소 자식을 낳게 되었으니 과연 증험하였다.

● 또 원 문식의 오사五師가 대덕大德을 生할 때 丁未년 5月 17日 壬午 申時 (丁未년 壬寅월 壬午일 戊申時)였는데 明의 홍무洪武 己未 원단元旦에 이르러 꿈속에서 황양黃羊의 촉수觸數가 70에 3이 있었는데 이즘에 이르러 과서果逝했다.
[蟾彩 : 丁未와 己未는 양이 뿔로 받는 것이고 七十은 十七을 뒤집은 것이고 寅은 子丑寅 3번째 地支가 된다.]

● 그 아들 식式이 공경하는 육노六老에 주주籌를 했는데 꿈에 하얀 토끼가 들어와서 강침규회姜沈閨懷했다. 순제順帝 11년 중춘仲春 甲辰 새벽에 숙정淑正이 때어났다. 二者를 四柱에서 구하니 모두 辛卯가 된다. 후인이 기록하여 이르기를 역주曆周로 고인古人의 마음을 되새겨보니 높은 산을 우러러 그리워 지금에야 그대로 나타나서 환토睆兔 한 쌍이 꿈속에서 조짐이 되었다. 4개의 辛卯가 겹치고 또한 陰이 되고 또 백계白雞 은서銀鼠는 辛酉, 庚子로 상서로운 것인데 백계白雞는 酉가 되니 太歲에서 조짐이 일어나면 좋지 못하게 되는 것이다.
[蟾彩 : 고사를 인용하고 있는데 난해하다. 인명과 지명을 구분하여 찾기가 참으로 힘 든다. 흰 것과 매운 생강은 辛이 되고 토끼는 卯가 된다. 辛酉, 庚子는 상서로운 동물로 인식하고 있는데 백계(白雞)는 辛酉가 되니 辛卯와는 천동지충天同地沖 되니 태세에서 들어오면 흉하다고 하는 것이다.]

● 위의 사항을 보니 사람의 生死는 전생에 있다는 것은 믿을 만하다.
가령 윤자尹子의 상몽常夢이 사달巳達 오액午厄 인멸寅滅이 되는데, 뒤에 사蛇를 보면 입혈入穴하여 金을 얻고 마호馬虎는 모든 부(符:길조 상서로움)를 깨물어 손상 시킨다. 효개경孝介經에 세 늙은이가 꿈속에 乙巳를 만나서 대국對局하면 변화를 이루게 된다 하여 31년의 干支 주기로 질수耋壽에 오르고 4月 보름날 진선進宣 의랑義郎 차례로 손간부孫幹父 또한 전몽前夢과 같다. 후에 다시 정덕正德 4年 乙巳 중하仲夏에 위후衛侯에 올랐다.

● 또 고인古人이 꿈을 꾸게 되어 토지신土地神에게 자손에 대하여 물어서 시운詩云을 얻었는데 그것은 견양犬羊은 부모, 청용靑龍은 자식, 적마赤馬 황구黃駒와 백계白雞는 손자 호虎, 증曾은 옹翁과 같은 견양犬羊에 속한 것이다.
높은 丙의 一氣가 가지런하게 응하여 풀어보면 백자伯子는 甲辰生, 중자仲子는 丙午生, 숙자叔子는 戊午生, 계자季子는 辛酉生, 장손長孫은 寅生, 증손曾孫은 丙戌生이 되어 추산하여 보니 모두 맞았다. 즉 이 일가의 조부 자손의 그 生은 모두 전생에 정해진 것이다.

● 또 고인古人이 사조社廟에 자식에 대해 빌었다. 神의 시운詩云을 계시하니 좌룡左龍 우호右虎 붉은 방향이 같았다. 다만 염후炎猴와 목양木羊은 두려웠고 38년에 生死의 기로가 된다 하였다. 풍운風雲이 제회際會하여 모두 무상無常하니 그후 生死 年月日時가 부험符驗하지 않은 것이 없었다. 고인古人이 일컬어 음탁飮啄도 전생에 결정되지 않은 것이 없다 하였는데 하물며 공명功名! 生死! 자손! 등은 오죽하랴.
저것을 알지 못하고 命을 망령되게 꾀하는 者는 귀신의 비웃음을 받지 않기를 바라는 바이다.

11
巫咸무함 撮要촬요

● 천원신취경에 이르기를 무릇 人命은 먼저 日下의 흥쇠興衰를 자세히 살펴 用의 변화로 局을 구분하여 天地의 조화가 어떻게 이루어진 것을 추리하면 귀천貴賤이 上下에서 명확하게 나타나는 것을 알 수 있다 하였다.

흥쇠는 다만 干支에 있을 뿐이고, 四時 中에 궁통의 묘리妙理가 있고, 五行 내로 영고(榮枯;성함과 쇠함)가 자연히 내려져 있다.

이러한 까닭에서 춘春에 甲乙이 生하여 寅卯에 기거하면 어찌 庚辛을 두려워하겠는가! 하夏에 丙丁이 장長하여 巳午를 승乘하면 어찌 壬癸 때문 근심을 갖겠는가!

庚辛은 태兌의 값으로 추생秋生하면 이화離火가 침노하기가 어렵다.

壬癸가 건乾을 만나서 동강동강冬降하면 어찌 戊己가 훼하겠는가!

土는 사계四季에 生하면 時를 얻게 된 것으로 鬼를 만나서 손상되어도 무해無害하다. 이로 말미암아 설사 오행이 地를 잃고, 훼을 만났다 하더라도 그 재災는 심하지 않게 되는 것이다.

● 또 만약 화격化格으로 象을 이루면 모름지기 쇠왕쇠왕과 상정相停으로 나누어야 하고, 배합이 中이 되면 더욱 마땅하고, 왕래하는 진로를 알아야 한다. 金은 간북艮北에서 絕하고, 火는 건서乾西에서 몰沒하고, 木은 곤남坤南에서 낙락落落하는데 形이 없고, 水는 손동巽東에 도달하는데 위位가 없다. 이것은 陽干이 모두 死하는 곳이 된다.

◉ 合이 되면 서로 따르는 무리가 되고, 처가 만일 형적이 감추어져 있으면 오직 국중局中에서 보아야 하고, 陰은 사정四正(子午卯酉)에서 生하고, 時가 旺한 者는 身이 貴하고 집안이 영화롭게 된다.

사.절.묘.쇠死絕墓衰의 종류는 干이 상하게 된 것으로 더욱 부족하게 되고, 화기化氣가 입격入格하여 깨어지지 않으면 대략 貴한 者가 10중 8,9는 된다.

化氣가 실국失局하거나 손상되면 영화가 나타나는 者는 100중에 2,3도 부귀하게 나타나지 않는다.

최고最高, 최귀最貴한 者는 旺한 곳의 거주하는 것인데 삼위三位는 모름지기 서로 부지扶持를 하여야 하고, 빈천 者는 쇠衰한 곳에 거주한 것이다.

◉ 사주의 조화造化를 찾기 어렵다.

현상玄象은 地支 중에 존재하고, 배합은 天干 내에 있고, 象이 이루어졌으면 쓰임이 旺하고, 모두 火土 中에서 살아가고, 四柱가 손상되지 않으면 조정에 곧바로 오르게 되고, 支中이 무섭고 두려운 곳이 있다고 해서 성예聲譽가 빈貧하진 않고, 運이 쇠衰한 곳은 이르면 빈貧하고, 필히 主는 재앙과 허물이 있게 된다.

화격化格을 이루는 조화造化가 각 쇠衰, 묘墓, 절絕에 거주하게 되면 잡국雜局이 되어 合을 만난 것이 오히려 만나지 않은 것과 같다.

◉ 부夫가 旺運으로 나아가면 처妻가 종부從夫하고 처를 運에서 부지扶持*하면 夫는 종처從妻하는 것으로 논한다.

자기 身에 鬼가 임하면 天地의 가운데가 밝아야 하고, 象의 쇠왕衰旺으로 영고 귀천榮枯貴賤을 판별하여야 하고, 身이 쇠衰하고 鬼가 旺하면 지체肢體가 상잔傷殘되고, 身旺하고 귀쇠鬼衰하면 폭도의 命이 된다.

鬼와 身이 모두 衰하면 男은 반드시 방랑하여 떠돌아다니고, 女는 반드시 사니師尼가 되고, 몸을 엎드려 잠복하면 자신의 거처가 고명高名하고, 월기月氣가 손상된 것은 복상伏象이 된다.

 官과 鬼가 모두 온전하면 수명이 짧고, 干中이 파패破敗하면 기예技藝에 능숙하고, 支에서 완전하게 생하면 육친에 의지하기가 어려워 독립한다.

● 오행이 속하는 象은 모두 12支 中에 있다. 먼저 남북(火水)과 동서(木金)로 나누고, 다음 三合 내를 살펴 구별하여 육친을 자세히 살펴 종상從象을 추측하여야 한다. 부귀한 者를 알려면, 官과 祿 두 개로 설명한다. 祿이 있어 성盛하면 환과고독鰥寡孤獨*하고 官鬼가 있는 者는 잔병이 있고 수명이 짧다.

身이 化화하여 나타나면, 자신自身이 무기無氣하면 본성本性이 완전히 이지러진다.

오행의 이루어진 象이 가假가 되면 평생 군박窘迫*하게 되고, 또 어찌 조종祖宗의 財를 얻고 福이 나타나고 차게 되겠는가! 범犯하면 첩의 자식 등 정상적인 태생이 되지 않는다.

** 환과고독鰥寡孤獨 : 늙은 홀아비와 홀어미, 고아(부모 없는 이) 및 늙어서 의지할 데 없는 사람(자식 없는 이)을 이르는 말. 외롭고 의지할 곳이 없는 사람을 비유해 이르는 말.

** 군박窘迫 : 몹시 구차하고 군색함. 군급. 어려운 고비에 막혀 일의 형세가 급함.

● 종상從象은 인용引用한 氣를 논하고, 화상化象은 天地에 상정相停한 것을 논한다. 종중從中에도 귀천貴賤이 있고, 화내化內에도 빈부貧富가 있다. 종중從中에 時를 얻으면 貴하여 조정의 반열班列에 들고, 화내化內에 局을 이루고, 運이 들어오면 황제 옆에서 보필하게 되고, 종상從象이 쇠衰하면 노로에 핍박당하고, 화상化象이 복伏하면 평생 자갈땅이 된다.

● 또 설명하면 자평법子平法은 오로지 財官으로 논하는데 월상月上의 財官이 긴요하고, 발각發覺은 日,時에 있는데 중요한 것은 강약强弱을 상세히 살펴야 한다. 財官을 논하면 格局은 논하지 않고, 格局을 논하면 財官을 논하지 않는데 입격入格한 者는 부富하지 않다면 귀貴하게 되고 入格이 아닌 者는 빈貧하지 않다면 요절하게 된다.

一格, 二格은 경卿아니면 재상이 되고, 三格, 四格은 財官이 불순不純하여 형졸刑卒이 아니면 구류九流*가 된다.

** 구류九流 : 중국 한漢나라 때의 아홉 학파. 유가儒家, 도가道家, 음양가陰陽家, 법가法家, 명가名家, 묵가墨家, 종횡가, 잡가雜歌, 농가農歌 등임.

● 官은 傷이 두렵고 財는 劫이 두렵다.
- 印綬가 財를 보면 근심과 재앙이 있다.
- 傷官이 官을 보면 원原 있는 者는 중重하고 원原 없는 者는 경輕한데 중자重者는 옮기고 경자輕者는 형책刑責된다.
- 年上의 傷官은 부모가 불전不全하고, 月上의 傷官은 형제가 불완不完하고, 日上의 傷官은 처첩 때문 근심이 있고, 時上의 傷官은 자손이 없다.
- 歲,月의 傷官 劫財는 빈천貧賤한 가家의 출생이거나 혹은 서출庶出이고, 日時의 傷官 劫財는 자손이 손상傷損되거나 늦복이 없다.
- 관살혼잡인 사람은 호색다음好色多淫하고 직무를 행하는데 일하는 것에 재주가 없으면 한천寒賤한데, 財印이 있으면 吉하고, 財印이 없는 者는 凶하다.
- 劫財에 財가 敗하면 심고心高 하천下賤하고 사람이 탐람貪婪하다.

◉ 正財가 월령月令이면 근검 간린勤儉慳吝하다.
- 주柱에 劫財, 比刃이 많은 者는 부모를 刑하고 처첩妻妾이 傷하고 財를 모을 수 없다.
- 상인商人은 地에 財가 있어야 하고, 재상宰相은 모름지기 정록正祿을 득시得時하여야 한다.
- 七殺과 梟가 重하면 주편走偏하여 타향의 객이 되고 傷官 劫財는 마음을 속이고 덮어 쉬우는 무리다.
- 기의奇儀가 중범重犯하면 貴하고, 亡神이 중범重犯한 者는 요절한다.
- 七殺은 制가 마땅하고 독립獨立하면 강하게 된다.
- 鬼中에 官을 만나면 핍박逼迫이 태심太甚하다.
- 명살明殺을 합거合去하면 오행의 화기和氣가 춘풍春風하고, 암살暗殺이 합래合來하거나 사주를 刑.傷하면 몸에 해롭다.
- 살인煞刃을 制하지 못하면 女는 산액産厄이 많고 男은 刑을 犯하는 명名이다.

◉ 이덕二德이 깨어지지 않으면 女는 반드시 현량賢良하고 男은 충효한다.
- 財.官.印.食은 자상한 덕이 되고 劫.傷.比.梟는 난도難逃 과악寡惡의 이름이다.
- 官이 충沖되는데 무합無合하면 표류漂流의 무리가 된다.
- 좌한 마馬가 空亡이 되면 락백落魄의 무리가 된다.
- 月令이 충沖을 만나면 양자가 되어 조상과 헤어진다.
- 官, 印이 偏을 만나면 서얼 출신이다.
- 干의 두頭가 멸열滅烈하면 한스러운 백우伯牛의 질병이 된다.
- 時, 日이 沖刑하면 복상卜商의 읍泣을 면하기 어렵다.
- 육허六虛에 乙亥가 임하면 맹호孟浩 연도然徒의 문장文章이다.
- 壬辰이 삼재三才가 되고 만나면 석계륜石季倫이 금옥金玉을 주무르는 것과 같다.

◉ 문文은 印이 없으면 가의賈誼가 장사長沙에서 움츠려있는 것이고, 印은 있는데 문文이 없는 것은 이사李斯*가 상채上蔡에 사사로이 있는 것이다.
- 刑이 많은 者는 사람이 불의不義하고 合이 많은 者는 성기지 않고 누구든지 모두 친밀하다.
- 合이 많은 主는 회회晦하고 沖이 많은 主는 凶하다.
- 辰이 많으면 싸움을 좋아하고 戌이 많으면 소송을 좋아한다.
- 辰戌 괴강魁罡은 凶은 많고 吉은 적다.
- 日時가 공망이 되면 처자妻子에 재해가 많다
- 역마驛馬는 등에 짐을 싣고 향토鄕土와 이별한다.
- 財官이 혼잡混雜하면 의식衣食이 분주奔走하다.
- 인수印綬가 傷을 만나면 명리名利가 성패成敗된다.
- 천주天廚가 梟를 만나면 食祿이 휴영虧盈하다.
- 傷官이 羊刃과 劫財를 만나면 영식營食이 종일終日 구구區區하다.
- 正官이 七煞을 만나면 박상剝傷하고, 살길 구하기가 일생 망망忙忙하다.

** 가의賈誼 : 중국 전한 문제 때의 학자・정치가. 유학과 오행설에 기초를 한 새로운 제도의 시행을 주장했으나 원로 대신들의 미움을 사 좌천되었다가 요절했음.
** 이사李斯 : (?~BC 208)는 초(楚) 상채(上蔡: 지금의 하남성 상채) 출신으로, 후에 진나라의 명재상이 되어 진시황을 도와 육국을 통일하였다.

◉ 財,官은 貴를 나타내고 煞, 傷은 소인小人의 부끄러움이 된다.
- 官에 충파衝破가 없으면 벼슬길이 나타난다.
- 財가 劫에 상해를 적게 받으면 명리名利가 쌍전雙全하다.
- 官印이 형수刑囚의 地에 존재하면 마음이 혼란스럽고 몸이 바쁘다.
- 日時에 귀묘鬼墓의 곳이 되면 근심이 많고 즐거움이 적다.
- 복이 복이 아닌 것은 吉이 상해 당한 것이다.

- 이룸이 이루어지지 않은 것은 격중格中에 煞을 대帶함이다.
- 財官이 양왕兩旺하면 主가 절월節鉞을 지니게 되고, 煞刃이 교현交顯하면 병권兵權을 장악한다.
- 官은 무릇 身을 돕는 것이 근본이 되고, 官이 長生에 존재하면 모름지기 부유한 학자가 된다.
- 財는 命을 기르는 원천이 되고, 財가 왕처旺處를 만나면 전백錢帛이 족하다.
- 財.官.印綬는 3개의 吉한 것으로 만나지 않으면 좋지 않다.

◉ 劫.刃.傷.煞은 3개의 凶한 것으로 두려워하여야 한다.
- 印에 天乙이 임하면 성세盛世의 봉封을 받는다.
- 財에 官庫가 감추어져 있으면 뛰어난 보물을 축적하기를 바란다.
- 삼기三奇와 貴人을 生時에서 보면 관학館學으로 청화淸華한 세상을 동경한다.
- 貴人이 祿馬가 와서 만나면 금장金章은 아니지만 풍족하게 된다.
- 官貴가 만약 財를 만나서 官이 도움을 받아 겹쳐 犯하면 뛰어나게 의거하니 모름지기 재상이 되거나 봉래蓬萊산 삼도三島의 객客이 되지 않으면 모름지기 금전金殿의 옥계玉階를 거닐게 된다.
- 祿馬가 짝이 되면 젊어서 재상이 된다.
- 刑을 차고 破를 차면 종내 토록 백면서생白面書生이 된다.
- 印은 있는데 官이 없으면 發함이 신속하게 이루어지지 않는다.
- 官은 있는데 印이 없으면 영현榮顯한 이름을 구하기 어렵다.
- 財官이 印을 차면 옥玉이 적치되고 金이 언덕을 이룬다.

◉ 偏.正의 財를 만나면 창고倉庫가 가득 차게 된다.
- 印綬은 금안륵마錦鞍勒馬이고, 官貴는 옥대금어玉帶金魚다.
- 凶은 羊刃에 의한 凶보다 더한 것은 없고, 禍는 傷官에 의해서 발생한 禍보다 더한 禍는 없다.
- 運에서 羊刃 劫敗를 만나면 재물이 흩어져 달아난다.
- 羊刃에 生氣가 뛰어나면 관외關外의 특별한 권력이 된다.
- 傷官이 合을 당하면 처자妻子에 해롭다.
- 傷官이 刃을 차면 父를 剋하고 母가 손損된다.
- 官이 감추어져 있고, 煞은 나타나있으면 비명횡사하는 재앙이 있다.
- 煞은 숨어있고 官은 드러나 있으면 마땅히 재상의 권세는 되는데 즐거움은 적고 근심이 많고 官星이 또 劫財를 차면 골육骨肉이 분리分離된다.
- 고란孤鸞이 다시 상살傷煞, 삼형三刑, 육해六害, 충격衝擊을 만난 者는 쟁영峥嶸을 얻기 어렵다.
- 고진孤辰, 격각隔角을 거듭 본 者는 가난하고 요절하는 경우가 많다.

◉ 형통하게 된 것은 재록財祿이 출문出門하였기 때문이다.
- 일생 적막寂寞한 것은 행운行運과 命이 분장分張되어 그렇다.
- 官이 있는데 식록食祿이 없는 것은 月上의 正官이 피상被傷되어 그렇다.
- 財는 있는데 누리지 못한 것은 柱中에 劫財에 분탈分奪되어서 그렇다.
- 祿馬를 生月에서 선봉先逢하면 음덕陰德으로 영화榮華가 있고, 만약 日時에서 다시 財官을 만나면 이는 곧 만났지만 만나지 못한 것과 같다.

◉ 또 설명하면 사상四象 안에는 土는 숨어 드러나지 않고서 이루어져 갖추어지게 된다.

- 오행의 內에서 干이 빼어나면 영화가 있게 되는데, 亥卯未가 생장하면 甲乙에 영화가 있고, 寅午戌이 모이게 되면 丙丁에 복이 있고, 壬癸는 윤하潤下에 생하는 것을 기뻐하고, 庚辛은 종혁從革을 보는 것을 좋아하고, 戊己는 사계四季를 만나는 것을 기뻐한다.
- 水 윤하潤下는 문학文學이 귀하게 나타나고, 土는 가색稼穡의 경상經商으로 부귀富貴하고, 甲乙의 춘생春生은 인덕仁德한 마음을 품고, 丙丁의 하夏는 흉장명변胸藏明辨의 재능이 있고, 추금秋金은 강직하여 굴하지 않고, 동수冬水는 지혜롭고 권모權謀가 뛰어나다.

◉ 木이 성盛한데 金이 없으면 비록 인자하지만 조화造化를 이루지 못하고, 火가 旺한데 木이 쇠衰하면 비록 공부했다고 하더라도 貴를 얻기 어렵고, 많은 水가 土를 만나면 제안堤岸의 공을 얻을 수 있고, 성盛한 木이 金을 만나면 동량棟樑을 만드는 아름다움이 있다.

- 水火가 상정相停하면 기제旣濟를 이루고, 土가 木旺을 만나면 가색稼穡이 되고, 金火가 기균氣均하면 단련하여 날카로운 병장기를 만든다.
- 오행이 조화造化를 이루면 모두 귀鬼로 인하여 성공成功하게 된다.
- 목패木敗는 불인不仁하여 망작妄作하고, 금쇠金衰는 의義가 적어 은혜를 모르고, 화멸火滅은 예의가 없는 무리가 되고, 수탁水濁은 지혜가 없는 사람이 되고, 土가 木剋을 만나면 말에 신용이 없고, 금귀金鬼는 살殺을 좋아하고, 성盛한 水는 많이 음란하다.

● 日이 旺하면 모름지기 자립自立하게 되는데, 다시 上下의 길흉을 자세히 알아야 한다
  • 쇠묘衰墓는 평생 고립孤立하고, 生旺은 일세 동안 쟁영崢嶸하다
  • 세월歲月이 상부相扶하면 조상으로 인하여 발발發發하고 時와 日이 상충相衝하면 처자에 공功이 없다.
  • 上下가 상합相合하면 무해無害하고 전극剋戰이 왕래往來하면 근심이 많다.
  • 禄馬가 時을 剋하고 日을 破하면 직위職位가 끝나서 모름지기 퇴박退剝한다.
  • 日이 旺時로 빼어나게 갖추어져 강하면 福은 없으나 갑자기 일어난다.
  • 月이 상해傷害를 받는데 時에 득지得地하고, 財運을 만나면 스스로 업을 세울 수 있다.
  • 月에 絕이 되었는데 時와도 충衝하여 손상되면 문호門戶에 삼천(三遷:세번 옮김)이 있게 된다.
  • 生이 쇠衰地를 만나면 어릴 때 간난艱難하고, 月이 왕향旺鄕에 존재하게 되면 만년晩年에 부족하다.
  • 時가 쇠衰하고 日은 빼어나면 시작은 있는데 끝이 없다.

● 月은 약弱하고, 時는 강강强하면 만년晩年에 영현榮顯하다.
  • 元氣가 강왕强旺하면 비록 미달未達하더라도 끝에 공명功名이 드러난다.
  • 기본基本이 休囚이면 비록 득지得地했어도 부귀富貴를 이루기 어렵다.
  • 대체로 天元이 많이 약하면 命은 다시 깨어나지 못한다.
  • 사망은 本主가 休囚가 되어서 그렇고 빈한貧寒은 地가 없기 때문이다.
  • 旺한 氣는 손상을 만나서 위태로움이 있을 지라도 종신(終身:죽을 때 까지)에 구원은 있다.

- 패배한 氣가 生을 만나서 地를 얻는다 할지라도 일생 동안 이루지 못한다.
- 오행이 실지失地, 휴가 되면 녹마동향祿馬同鄕이라고 말하지 않는다.
- 사주가 무귀無歸하면 財官이 쌍미雙美하다고 논하지 않는다.

◉ 日이 剋하는 者는 처가 되고 처가 生하는 者는 자식이 되니 그 生旺을 헤아리고 死絶을 살펴 정정하게 되는데, 時가 왕처旺處가 되면 아이가 많고 時에 패향敗鄕이 되면 반드시 후사가 끊긴다.
- 男이 두 개의 財를 만나면 반드시 첩을 두고, 합처合處가 祿이 되면 처에 의해서 영광스러움을 만나게 되고, 財가 合을 보면 입신立身이 妻에 인한다.
- 陽干의 上下가 合을 만나면 처를 많이 얻기 쉽고, 合中에 다시 生氣를 만나면 처첩이 현량賢良하다.
- 사주가 서로 번갈아 들어 친하게 되면 기쁜 경사가 많이 일어나고 오행의 왕래가 해롭게 되면 모두 主는 불의不義하다.
- 財가 실지失地하면 경상經商의 기로岐路가 된다.
- 身旺이 심하면 구류술업九流術業을 한다.
- 화취火聚와 수덕水德이 상형相刑하면 승僧을 반복反覆하게 된다.

◉ 水가 土旺을 만나면 서로 다투고 싸워 무종無終한 道가 된다.
- 밝은 火와 빼어난 木은 유년幼年에 조정朝廷에 현달顯達한다.
- 화염火炎으로 水가 마르면 종신終身 시장에서 재물을 구한다.
- 금백수청金白水淸은 크게 현달顯達하고, 鬼의 位에 官을 만나면 主는 곤궁困窮하다.

- 財下에 財를 보면 부富한데, 간린慳吝*하고 陽刃이 煞을 차면 형벌을 당하는데 남자男子는 身이 편배鞭配된다.
- 財가 성성盛하면 부모가 형상刑傷되고 鬼가 旺하면 후대가 영창榮昌하다.

　　　　　　** 간린慳吝 : 몹시 안달하여, 하는 짓이 다라움. 간탐慳貪, 칠죄종의 하나인 인색.

● 종화從化는 근본이 바뀌는 것을 꺼리는데, 평생 즐거움이 없고 편안하지 못하다.
- 丙辛 化水가 수향水鄕에 이르면 조정에 위열位列하고 丁壬 化木이 木에 임하면 身의 위치가 재보宰輔에 오른다.
- 동금東金 서목西木은 종화從化하지 않게 되어 일세一世에 허명虛名하고, 이임離壬과 감병坎丙이 時에 득위得位하면 평생 업적이 있게 된다.
- 用神이 패쇠敗衰한 祿을 차면 福이 된다고 할 수 없고, 祿馬가 旺氣를 만나서 主와 合하면 현영顯榮하게 된다.
- 官은 있는데 馬가 없으면 미천한 직업이 되고 馬는 있는데 官이 없으면 身이 천賤하다.
- 사주가 生旺하면 官祿이 없을 지라도 오래 산다.
- 오행이 패쇠敗衰하면 비록 祿馬을 차도 요절로 끝마친다.
- 괴강魁罡이 충극沖剋을 만나면 형옥刑獄을 만난다.
- 건록建祿이 財를 다스리지 못하면 노비奴婢가 된다.

◉ 陽火는 墓, 絶에서 활동력이 없게 되어 성성이 흉완兇頑하고 혹독하고 까다로운 관리가 되고, 陰火는 장長, 량양養에서 생기가 있게 되니 사람이 풍후豊厚하여 마땅히 부호부호하게 된다.
- 오행은 목욕沐浴을 만나면 손상되어 꺼리고 사주는 生旺하여 煞을 제어하는 것을 기뻐한다.
- 해害가 있으면 인친姻親이 산실散失되고, 전戰을 만나면 질병으로 身이 얽힌다.
- 木火는 申酉을 만나는 것을 꺼리는데 질병으로 신음呻吟하고 쇠금衰金은 왕화旺火를 만나는 것을 두려워하는데, 몸이 괴로워 비탄悲嘆한다.
- 時가 귀지鬼地에 임했는데, 制하지 않으면 크게 빈貧하고 運이 財官에 도달했는데 무형無刑하면 반드시 발발發發한다.
- 七煞과 陽刃은 이름의 위치가 크게 나타나고, 正印과 官星은 형충刑衝이 되면 화화禍가 있다.
- 王이 간위(艮位)를 달리면 재물이 나타나고, 煞이 변하여 官이 되면 어릴 때 공명功名이 나타난다.

◉ 戊日의 午月은 火가 많아 運은 官이 좋다.
- 삼기三奇가 손상되지 않으면 평생 부귀하고 財官이 패지敗地가 되면 일세一世가 빈한貧寒하다.
- 日의 건록建祿이 있을 지라도 財官을 만나지 못하면 主는 고빈孤貧하고 日의 祿이 時에 의탁해 있어도 財印을 만나지 못하면 발달하기 어렵다.
- 時上의 偏財는 運이 형제의 위치가 되면 主의 처에 재해가 있다.
- 時上에 羊刃이 있고 歲,遇에서 偏.正財가 들어오면 흉화凶禍가 나타나고 正官이 月上에서 旺하면 부귀쌍전富貴雙全하다.

- 偏官을 時上에서 만나면 무정無情하고 禍가 있게 되고, 財가 旺地에 의탁하고 무파無破하면 가도家道가 흥륭한다.
- 印綬가 身을 生하고 손상되지 않으면 문벌門閥에 광채가 있다.
- 官은 있는데 印이 없으면 즉 진관眞官이 되지 못하고, 印은 있고 官이 없으면 도리어 후복厚福을 이룬다.

◉ 도화桃花가 합을 띠면 풍류유아風流儒雅한 사람이 되고, 오호五湖에 구름이 어지러우면 굶주림 수양首陽의 객이 된다.
- 干은 刑되고 支는 合이 되면 즐거움이 변하여 근심이 되고, 干은 合이 되고 支는 刑이 되면 기쁜 가운데 불미不美함이 있는데, 만약 구류九流 승도僧道가 되지 않으면 부모를 크게 공경하게 된다.
  - 묘시墓時의 잡기雜氣가 局을 만나면 묶여 비로소 현영顯榮을 얻고, 陽刃 金神이 七煞을 만나면 반드시 대귀大貴하게 된다.
  - 쌍진雙辰 협각夾角은 편생偏生인 서출로 때어난 사람이 되고 과숙寡宿 고진孤辰은 이성異姓인 자식을 생산하여 같이 살게 된다.
  - 壬水 기룡騎龍이 많은 辰을 만나면 젊어서 천부天府에 오르고 乙木 포서捕鼠가 많은 子를 만나면 일찍 섬궁蟾宮을 거닐게 된다.
  - 日祿이 귀시歸時하고 官星이 없으면 금안수란錦鞍繡鸞하고 月이 日干을 生하면 財氣가 없어도 옥대금어玉帶金魚한다.

◉ 육음조양六陰朝陽이 계월(季月:辰戌丑未月)을 만나면 오직 관직으로 헤아리게 되고, 六壬이 간간艮艮으로 달리는데 亥月을 만나면 가난하다고 논한다.
- 격국이 무파無破 무형無刑하면 명리를 성취하고 官印이 손상되면 작위爵位가

어그러져 멈춘다.
- 처궁妻宮이 영약贏弱하고 劫財가 犯하면 반드시 처가 손상되고, 형제의 위位가 유柔한데 강한 官을 보면 반드시 형제가 손상된다.
- 天元이 영약贏弱하고 실시失時하면 오래 살기 어렵고, 日主가 고강한데 鬼가 化하면 복이 두텁다.
- 日이 旺한데 무의無依하면 조상을 떠나 거주를 옮기고, 만약 옮기지 않으면 외지外地에서 죽게 되고, 日이 旺한데 무의無依하면 재물과 처가 손상된다. 만약 처가 손상되지 않으면 외가外家가 몰락한다.
- 正官이 合을 당하면 평생 명리가 모두 허虛하고, 七煞이 合을 당하면 처세處世의 흉함이 도리어 吉하게 된다.

◉ 煞旺한데 身衰하면 의식衣食이 분주奔走하고, 官이 약한데 다시 煞을 만나서 어지러우면 행장골몰行藏汨沒한다.
- 甲辰 甲戌이 寅亥에 떨어지면 금백만옥金帛滿屋하고 丁亥 丁卯가 酉亥에 도달하면 진보영실珍寶盈室하다.
- 六甲日이 庚辛을 만났는데, 만약 중다重多하면 반드시 主는 재액이 있고, 六丙의 身이 亥子에 거주했는데 제복制伏이 없으면 가난한 선비가 된다.

◉ 행운行運의 득실得失을 재차 상세히 살펴야 하는데, 득지得地하고 실시失時한 것은 논밭에 비를 얻은 것과 같고, 득시得時했으나 실지失地한 것은 끌채가 진흙탕에 손상된 것과 같다.
득시得時 者는 발탁이 가능한데 실지失地 者는 승천升遷이 어렵게 된다.
그래서 火가 남방南方에 도달하면 영화가 있고, 水가 북지北地에 임하면 융성하고,

土가 동동東에 도달하면 병病이 되고, 木이 서西에 이르면 쇠쇠衰하게 되고, 金이 입북入北하면 침沉되고, 旺한 곳에서 生하고 死한 곳에서 멸滅하게 되고, 死한 곳에서 生하고 旺한 곳에서는 탈脫한다.

歲, 運이 함께 日主를 傷하게 하는 運이 되는 命은 반드시 위태롭게 되어 이지러지고, 運과 조祖의 氣가 상잔傷殘하면 문호門戶와 부모가 함께 손상된다.

運神이 歲를 剋하면 형송刑訟이 발생하고 歲가 運神을 剋하면 官의 재災로 다툼이 일어난다.

◉ 金의 主는 도인刀刃으로 형상刑傷이 되고, 水의 主는 강하江河로 물을 뒤집어쓰게 되고, 木은 대들보에 매달리는 것으로 스스로 목매어 죽는 것이 되고, 호랑이에 물리고, 용이 진노하게 되고, 火는 야면夜眠에 압도壓倒 당하고, 불에 타 죽고, 뱀에 물리게 되고, 土는 담장이 무너져 다치고 흙에 묻히고, 이러한 것들이 오행에서 煞이 중중 할 때 발생하게 되는 것이니 마땅히 자세히 살펴야 한다.

또 이르면 화화가 되고 화화가 되지 않는 말미암은 이유, 모이고 모이지 않는 조화의 실마리, 合이 되고 合이 되지 않는 종류, 빼어난 열매와 빼어나지 않은 열매, 化하고 불화不化하는 것에서 貴가 손상된다. 또 취聚하고 불취不聚하는 것에서 財가 손상되고, 合하고, 불합不合하는 것에서 官이 손상되고, 수수秀하고 불수不秀하는 것에서 복이 손상된다.

또 있는데 不化와 化하는 인함, 불취不聚와 취聚하는 징조機, 不合과 合하는 이치理, 불수不秀와 수秀하는 용용用은 不化와 化하는 者는 권력의 거처가 정해지고, 불취不聚와 취聚하는 者는 종내 부유하게 되고, 不合과 合하는 者는 반드시 높은 관직으로 옮기게 되고, 불수不秀와 수秀한 者는 모름지기 녹위祿位를 누리게 된다.

● 四時는 旺이 있고 旺하지 않는 것이 있고, 오행은 유기有氣와 무기無氣로 드러나게察 되고, 物을 따르고 이에 物이 변화하고, 무리類를 따르고, 무리類를 가리고 구求하는 것이 있다.

모든 五行은 중화中和를 원하여 일물一物로 편고偏枯한 것은 불가不可하다.

- 水는 火를 이기지 못하여 분파류탕奔波流蕩하고, 火는 金을 이기지 못하여 곤고서황困苦恓惶하다.
- 甲이 종혁從革의 장소에 거주하면 바람의 재해로 곤란한 괴로움이 있게 되고, 金이 윤하潤下의 局을 이루면 타향을 떠돌아다닌다.
- 旺이 구비되면 곧 순종하여 따르고, 쇠衰가 구비되면 변화하여 다른 물건이 된다.
- 하나의 鬼는 두 개의 官을 이기기 어렵고, 하나의 祿은 두 개의 鬼를 이기기 어렵다.
- 오행이 본향本鄕에 떨어져 있으면 貴하지 않으면 富하고, 사주가 파지破地에 임하면 천賤하지 않으면 빈貧하다.

● 生旺은 上이 되고 덕수德秀는 뛰어나게 되고, 身坐의 학당學堂은 문예文藝가 청고清高한 객客이 된다.
- 命이 귀화鬼禍에 임하면 배회하며 떠돌아다니는 도적이 된다.
- 녹내祿內에 刑이 숨어 있으면 전쟁에서 병장기를 조작하게 되고 빼어난 중에 剋을 보면 반드시 主는 대궐문에서 안독(案牘:관청의 문서)한다.
- 鬼가 休하고 母가 旺하면 전재노마錢財奴馬를 많이 따고 鬼가 旺하고 모母가 쇠衰하면 부모 형제와 분산한다.

- 官印이 둘 다 완전하면 정모(旌旄:의장<儀仗>)을 잡는 무직武職이 되고, 숙비淑秀가 완전히 갖추어지면 과갑科甲에 응하고 문전文銓에 들어간다.
- 祿이 암장藏暗한 者는 官의 거처가 극품極品이 되고 진관眞官을 만난 者는 녹위祿位가 비상非常하다.

◉ 十干이 사절병쇠死絕病衰에 임하면 티끌같이 천賤하고 五行이 삼기三奇, 고묘库墓에 존재하면 품계가 진신縉紳*하다.

　양위兩位의 귀향鬼鄉이 도식倒食을 만나면 반드시 노비奴婢가 되고, 一氣에 귀歸하여 있는데 묘월墓月을 만나면 主는 고빈孤貧하다.

　구진勾陳이 득위得位하여 辰巳에 거주하면 貴의 열列이 삼대三台가 되고, 원무元武가 당권當權하여 亥子를 만나면 벼슬이 일품一品에 봉해진다.

　癸가 庚申을 보면 우직右職에 거주하고 辛이 戊子를 만나면 고과高科에 속한다.

　陰水는 빼어나게 대접하지만 실지失地 者는 身이 승도僧道가 되고, 陽火가 의탁할 곳이 없는데 水를 만나면 흉도兇徒가 된다.

金이 火의 장소에 도달하여, 財가 많으면 흩어지고, 旺한 水가 남쪽에 들어가면 가도家道가 영창盈昌한다.

　　　　　　　　　　** 縉紳 : 지위가 높고 행동이 점잖은 사람이 된다.

◉ 庚이 삼동三冬에 거주하면 수냉水冷하여 금한金寒하게 되니 火를 얻어서 상부相扶하면 예사롭지 않게 빼어나게 된다.
- 파록破祿하면 사망하고, 기절氣絕되면 병病이 되고, 時에 鬼가 임림臨하고 다시 沖을 만나면 손상되고, 官에 쇠패지衰敗地가 거듭 겹쳐지게 되면 사절死絕되는 것을 의심하지 말아야 한다.

- 가장 貴한 者는 官星이 天命이 된 것이고, 財는 편정偏正 모두 福이 되고, 가장 凶한 者는 七煞이 身에 임한 것이고, 천사天赦 이덕二德은 상서롭다.
- 官星이 比劫을 만나면 비록 벼슬을 한다고 하더라도 貴하지 못하고, 七煞이 자조資助를 만나면 煞은 더욱 흉하게 된다.
- 三合과 六合이 歲.運에서 합하면 반드시 영화롭고, 七官 八官이 月에서 官이 세워지면 기쁘다.
- 四合, 四刑, 刑合은 그릇되고 올바른 것을 명확히 밝혀야 하고, 칠충七衝과 팔격八擊의 충격衝擊은 감추어져 모여 있는 것을 얻으면 좋다.

● 협귀夾貴와 협구夾丘는 암회暗會가 되고, 財庫와 官庫는 명충明衝을 요한다.
- 官星이 生旺함을 만난 者는 어찌 마땅히 발發하여 나타나지 않겠는가!
- 印綬가 맹중孟仲에 감추어져 있는데, 노형露形으로 나타나면 사용을 할 수 없고, 印綬가 劫財를 얻으면 貴하게 된다.
- 財元이 食傷을 만나면 기쁘니 뛰어나게 되고, 傷官이 印綬를 보면 貴하게 된다.
- 귀록歸祿이 食傷을 만나면 福이 한 없이 뛰어나고, 年日에 함께 陰陽 二刃이 있으면 형법刑法을 크게 범한다.
- 官煞이 섞여있는데 天月 이덕二德을 만나면 祿位가 높게 오르고 비인飛刃 복인伏刃등 刃의 모임은 凶이 많다.
- 傷官은 官을 박剝함으로 官을 보면 禍가 되고, 羊刃이 印綬를 보면 貴하지만 身에 잔질殘疾이 있다.

● 七煞을 制하지 않고 官을 만나면 禍가 있고, 수명이 길지 못하고, 삼편三偏 삼정三正이 삼기三奇를 만나면 貴가 존귀한 일품一品이 된다.

- 四旺과 四生이 四柱에 완전히 갖추어져 있으면 福이 보통 사람 이상이 있게 된다.
- 煞이 印에 化되면 일찍 외과巍科로 발탁되고 財旺이 生官하면 젊어서 음덕을 증여받는다.
- 官煞이 같이 들어오면 官을 돕는지 煞을 돕는지 아는 것이 중요하고, 偏正이 서로 모여 있으면 모름지기 합정合正과 합편合偏을 알아야 한다.
- 歸祿이 月에서 羊刃을 만나면 세사世事가 불명不明하고, 金神이 運에서 水에 도달하면 身에 분탁分拆하여 사망한다.
- 암중暗中에 煞이 감추어져 있으면 모름지기 밝은 달밤에서 神을 사용하게 되고, 본 곳에 財가 없으면 반드시 공중空中의 화해禍害를 받게 된다.
- 羊刃이 다시 회합會合을 겸하면 천리千里를 사류徙流하고, 財를 사용하는데, 만약 겁겁이 탈탈하면 一生동안 빈군貧窘하다.

◉ 人生은 전전에 정하여 져서 궁달窮達이 이미 나누어진 것으로 모름지기 그 소장消長을 알아야 하는 것이고, 또 그 시종始終을 연구하여야 한다.

어떤 경우는 먼저 빈貧하고 후에 부富하게 되는 것이 있고, 어떤 경우는 발發하여 나아가다가 빈貧하게 되는 것이 있고, 어떤 경우는 가난한 고위 관직이 있고, 어떤 경우는 높은 벼슬아치인데 굶주려 죽고, 어떤 경우는 一生동안 즐겁게 오래 살고, 어떤 경우는 일세一世에 실소失所하니 마땅히 유운流運의 근원을 잘 살펴야 하고 行年의 위치도 관찰하여야 하는 것이다.

身弱이 七煞을 만났는데 運에서 제복制伏을 만나면 반드시 기울게 되고, 身旺하고 복경福輕을 만났는데 運에서 쇠패衰敗가 도달하면 반드시 사망한다.

太歲와 命이 불화不和하면 재앙과 병이 있고, 사주와 歲가 相生하면 禍가 없고 재앙이 없다. 신약身弱한데 입격入格한 무리는 비록 發하나 일찍 사망하고, 적은 복이 만약 휴수休囚를 만나면 필연 일찍 죽는다.

● 그러므로 用神을 터무니없게 구하지 말아야 하고, 그 형적形跡은 자연에서 발견發見하여야 하고, 福이 있으면 저 用이 마땅하고, 때가 아니면 반드시 身을 用하는 것이 옳다.

화해禍害는 오문五門(五行)에 있고, 복의 영화는 운기運氣에 존재하고, 복의 두터움은 사람이 함께하는 곳에 있다. 가령 상원傷原의 경우는 괴롭게 끝나게 되는 이 같은 가운데 있으니, 근원의 묘妙를 소상히 알아야 한다. 나의 명통明通의 이치는 추리하는 자기의 능력에 있는 것이다. 또 이르면 絶한 것은 生下의 財를 취할 수 없고, 쇠衰하면 旺中의 鬼와 대적할 수가 없는 것이다.

역제逆制는 무정無情하고, 순생順生은 구원 되고, 主는 無한데 本이 有하면 절반은 구원된다.

日時가 함께 통하고, 이덕二德은 백사百事가 무흉無凶하고, 다시 財官이 있으면 主는 부호富豪하게 되고, 主, 本이 유력有力하면 鬼가 官이 된다고 할 수 있고, 主, 本이 무기無氣하면 官이 와도 鬼가 되어 버린다.

● 형충刑衝의 법법法은 자세하게 추리하여야 한다.

형출刑出, 형입刑入, 형길刑吉, 형흉刑凶을 상세히 살펴야 하고, 충冲하여 움직이고, 충冲하여도 움직이지 않고, 충冲하는데 합하고, 충冲하는데 합하지 않는 것을 분별하여야 한다.

干이 쇠약할 경우 반드시 내합來合하면 동요動搖하고, 정이 있는 곳은 부귀하게 된다. 잡기雜氣의 장축藏蓄은 누가 먼저인지 누가 후後인지 알아야 하고, 제강提綱 전용專用은 모름지기 기천氣淺 기심氣深을 구분하여야 한다.

一陽이 복래復來하면 木火가 사용되어 水는 감추어지고, 一陰이 生하고, 火土가 성성盛하면 金은 복장伏藏되고, 장차 오는 者는 진進하니 이를 만나면 공功이 있게 되고, 성공한 者는 물러가니 얻으면 어찌 이익이 있겠는가!

● 月에 財官 印綬가 세워지고, 時에 귀원歸元 분야分野가 지어지는데 어떤 경우에는 도움이 부족하고, 어떤 경우에는 태과太過하게 된다. 중요한 것은 조화造化가 중화中和를 이루어야 吉하게 되는 것이다.
 또 이르면 삼원三元이 命을 결정하게 된다. 먼저 사주에서 오행의 성격成格이 된 유무有無를 상세히 살피고, 다음은 命과 運의 강약을 논하여야 한다. 가령 身弱한데 財旺하면 모름지기 身旺한 곳이 아름답고, 身旺한데 祿이 쇠약하면 즉 祿을 生하는 地가 좋게 된다.
印이 生하는 것이 복이 된다면 財를 보는 것은 두렵고, 煞이 柱中에 있으면 煞이 旺하게 되는 것은 마땅하지 않다.

● 命에 財祿이 없는데 運에서 祿馬를 만나면 재앙이 되고, 원原에 傷官이 있는데 다시 官을 만나면 禍가 된다.
가장 꺼리는 者는 日干을 沖하는 運이 되고 소이 희자喜者는 運干이 日干을 生하는 것이다.
오직 유정有情과 무정無情, 合과 불합不合, 흉회凶會 길회吉會를 소상히 살펴야 한다. 가령 원原에 刃이 해롭게 하면 골육骨肉이 잔상殘傷하고, 원原에 악살惡煞이 상해를 입히고, 地支가 死絕이 되고, 게다가 運에서 祿馬가 함께 갖추어지게 되면 화禍가 발생하게 된다.
다시 유세流歲의 억양抑揚이 화복禍福의 유무有無를 정하게 되는 것은 아니다. 만약 건록建祿의 地를 만나면 祿馬가 함께 끊기게 되는 것으로 수명을 다하지 못한다.
內의 祿이 絕되었는데 발발發發하게 되는 것은 比肩의 힘이 줄어들어 발생한 것이다. 즉 氣는 심천淺深이 있고 格은 이루어지고 또는 깨어진 것이 있는 것이니 한가지의 추정에 집착하지 말아야 한다.

12
玉井奧訣옥정오결

<安東杜안동두 謙著검저>주해

주해 註釋는 육오 만민영 선생의 글

● 무릇 조화造化의 이치를 취해서 판단한다. 그 法은 日을 主로 한다.

註釋 오직 체體를 세워 쓰게 되고, 主된 者의 단서를 찾는 것이 중요하다. 화기化氣가 되고 본체本體가 있는데, 입문入門의 통하고 변하는 적합성을 얻어야 한다. 主干이 본상本象에 있는지 화상化象에 있는지도 소상消詳히 인식하여야 한다. 가령 甲의 본상本像은 木이 되고 화상化像은 土가 된다.

● 좌하坐下 지신支神의 그 의미를 먼저 구하여야 한다.

註釋 日干의 좌하坐下 地支를 제일 먼저 추리하고, 더불어 月支의 일위一位, 時支의 一位, 年支의 一位를 추리하여 형刑. 충衝. 파破. 해害, 生剋의 상태가 어떻게 응하는 가를 판단하고 主干에 미치는 좋고, 나쁜 어떤 물건을 얻었는지 알아야 한다. 평범하게 보아서는 안 되고 곁눈질로 보아서도 안 된다.

● **月氣의 심천淺深을 판단하여 어떤 者가 주권主權을 잡고 있는가를 알아야 한다.**

註釋 月이 세워져진 환경인 기후氣候의 심천淺深, 오행의 氣, 어떤 干神이 다스리는지, 이것들이 日에 정당한 천시天時*의 令이 되는지, 五日에 대한 하나의 조짐이 되는 氣로 한마디로 덕수德秀의 유무有無가 된다.

** 천시天時 : 주야·계절·한서(寒暑) 등과 같이 때를 따라서 돌아가는 자연의 현상.

● **地支에 꼭 필요한 것은 왕성한 곳이 되어 강강하여야 한다.**

註釋 地支에는 四位의 支神이 있는데, 꼭 필요한 者가 天干에 나타나 있는 것이 더욱 절실하다. 어떤 者가 주간主干의 택사宅舍인지 찾아야 하고, 어떤 者가 用神의 기업基業이 되는 지 살펴야 하고, 어떤 者가 힘이 경輕한지 어떤 者가 힘이 중重한지 헤아려야 한다. 택사宅舍가 득지得地한 地가 되면 기업基業이 貴하게 되는 곳이 된다.

1. 충衝하여 일어나는 힘의 세기가 어떤 支神에 있는지 관찰하고 [충기衝起]
2. 서로 손잡아 일어나는 힘의 세기가 어떤 支神에 있는지 관찰하고 [공기拱起]
3. 刑하여 일어나는 힘의 세기가 어떤 支神에 있는지 살피고 [형기刑起]
4. 合하여 일어나는 힘의 세기가 어떤 支神에 있는지 관찰하고 [합기合起]
5. 地支의 통섭統攝을 관찰하여야 한다. [통섭統攝]
이 법이 공중空中에서 입유立有한 者가 된다.

地支를 논하는 것에는 충衝.공拱.형刑.합合. 4건四件이 문정門庭*으로 극히 중요하다. 한 법법에 오직 日干을 책임지고 결정하는 용신用神을 취하는데, 그 가운데 吉神이 형충刑衝되고, 흉살이 공합拱合하고, 生旺, 휴폐休廢하는 교차가 한 가지가 아니니

토대가 되는 방법들이 매우 어렵다. 그래서 오직 日干을 잡아 主에 용신用神을 취하는 것은 4개 地支의 토대를 상세히 살핀 것만 못하다.
[蟾彩 : 오직 용신用神을 잡아 추리하는 것을 비판한 글]

五氣(五行) 가운데 어떠한 물건이 가장 중요하고, 이 중요한 것의 장래將來 등급을 헤아리고, 또 어떤 神이 줄어들어 흩어지고, 어떤 神이 생부生扶하고, 어떤 神이 충합衝合하고, 어떤 神이 변화變化하는지를 살핀 후에 日干에 어떤 五氣가 소속되는지 보고, 더불어 가장 중요한 氣가 어떻게 통섭統攝되어 있는가를 살펴야 하는 것인데, 곧 財官 등의 물물이 장악한 것이 적절하다.

用神의 氣도 앞의 五氣와 한가지로 시좌時座를 끌어 그 물물과 비교 참조하여 어떤 者가 경輕한지 어떤 者가 중중重한지 보아 이치의 의미가 가탈없이 순조로우면 상서로운 실마리가 되고, 반대는 사리가 어그러져 온당하지 않게 된다.

이렇게 세워 정한 연후 그 支氣를 보면 각 기쁜 곳과 꺼리는 곳의 실마리가 있으니 상세히 살피지 않으면 안 된다. 五氣는 木.火.土.金.水가 되고, 이 五者 각각의 제목題目을 확실히 기억하여 두어야 한다.
만약 五氣 中의 어떤 者가 많은 무리가 되었다면 중하게 된 것이다. 가령 支干 내외內外의 명암明暗에 木이 많다면 木氣가 왕성한 무리가 된다.
그 희기喜忌는 이미 앞의 오행 중에서 이미 충분히 논한 바 있다.

　　　　** 문정門庭 : 현관과 정원〔뜰〕. 문정. 가문. 집안. 대문大門이나 중문 안에 있는 뜰
　　　　** 제목題目 : 문서 등에서 그 내용을 나타내거나 그것을 대표하기 위하여 보이는 이름. 글제
　　　　** 지절至切 : 더할 수 없이 간절함. 꼭 필요함. 아주 종요로움

● 오로지 用神을 잡아서 희기喜忌를 상세히 살피는 것이 중요하다.

註釋 오로지 일위一位로 잡은 用神이 존장尊長이 되고, 권신權神이 되고, 호령號令이 되고, 본령本領이 되고, 의탁倚托이 된다.

이것은 쯤 정도가 아닌 집착하여 헤아려야 한다. 설령 그 의意를 구하지 못하더라도 이 외外에서 用神 구하여야 하고, 財.官.刃.煞.食.貴.印.祿馬 등의 종류에서 취하고, 원래 일정하게 정해진 법은 없다.

用神이 가장 꺼리는 것은 손상되는 것이고, 겸해서 분절分竊을 두려워하고, 태과太過와 불급不及도 마땅하지 않다. 가령 태과한 物은 근본으로 좋지 않은데, 다시 歲, 運에서 생부生扶하면 파괴되어 무너져 기울게 된다. 가령 木은 꺾이고, 水는 기울고, 土는 붕괴되고, 火는 일발一發에 멸멸하고 金은 절손折損되어 버린다. 가령 불급한 物은 근본으로 좋지 않은데 혹 歲,運에서 다시 극절剋竊하면 이 物은 괴진壞盡되니 어찌 화禍가 있지 않겠는가!

用神의 희기喜忌는 지현지묘至玄至妙하니 후편後篇에 다시 상세하게 설명한다. 반드시 중화中和가 되면 귀貴하게 된다.

[蟾彩 : 여기서 말하는 用神이라는 것은 억부에 의한 신강약身强弱 또는 격국格局으로 잡은 단순한 用神을 말하는 것이 아니다.
사람이 살아가는데 필요한 주된 것은 의식주를 해결하는 것으로 이 해결하는 방법이 어떤 것인가가 四柱의 체상體象에 나타나 있게 된다.
보통 사주의 체상體象에 나타나는 것은 財官, 官印, 食財 일 뿐이다. 이 세 가지의 기상氣象이 업業이 되는 것으로 즉 사용하는 神 즉 用神이 된다.]

● 여러 가지 氣는 궁진窮盡*하면 이치가 끊어지고 여러 가지 사물物物은 지극至極하면 전관轉關*이 있다.

註釋 金.木.水.火.土의 五氣와 一陰 一陽은 공히 10가지 소식消息이 있다. 한건 한 건씩 쇠왕衰旺, 경중輕重, 명암明晦, 광협廣狹 등 갖가지를 관찰하는 것이 중요하다. 어떤 神이 生하고, 어떤 神이 剋하고, 어떤 神이 刑하고, 어떤 神이 合하게 되는 무리인가? 또 괴壞 당한 物, 生을 얻은 物들 등이 主와 어떤 일사로 이어져 있게 되는가?

사물은 확충되었다가 다시 거두어들이고, 의지하여 기대다가 다시 하락下落하고, 어떤 한 곳에서 어떤 것을 할 가치가 없어 곧 선회하여 닫히고 한다. 어떤 격이 성립 조절되어 극極한 곳에서 일전一轉하여 공을 이루게 되고, 원활하게 통하고 또는 도리어 하락下落하기를 요하고, 그릇이 만들어지고 그릇이 만들어지지 않는 여하가 결정된다.

** 궁진窮盡 : 다하여 없어짐.
** 전관轉關 : 운행에 닫힘, 변화가 닫힘, 회전이 닫힘.
** 일전一轉 : 한번 돎. 한 바퀴 돎. 아주 변함

[蟾彩 : 氣는 質이 지극至極되면 끊어지고 質은 氣가 지극至極되면 바뀌게 된다. 이것이 자연의 이치이다. 생왕고사절生旺庫死絶을 설명한 글이라고 보면 되겠다.]

● 유기有氣 者는 급急하고 유정有情 者는 적절切하다.

註釋 유기有氣은 당시當時가 된다.
팔자 내외의 干支 명암明暗을 보는데, 가령 六(未)月의 中氣는 대서절大暑節로 土金이 旺相하여 유기有氣한 종류가 되어 곧 이것이 급급하게 이른 것이다. 남은 것은 그렇

지 않다. 유정有情은 合氣로 가령 甲이 己를 보고, 丙이 辛을 보고, 丁이 壬을, 戊가 癸를 본 것이다. 干支 중간中間* 명암明暗에 있는 합습도 모두 취하여야 한다. 이렇게 취하는 것이 가장 적절하다.

일설一說에서는 合氣가 유정有情하다는 것을 특별하게 취하지 않고, 길신吉神이 나를 生하고, 나를 剋하는 것도 有情하다고 하고, 貴氣와 허공虛拱, 나를 生하고, 나를 剋하고, 나를 刑하고, 나와 합하는 것도 똑 같이 有情이라 하는데 어긋난 것은 아니다.

** 중간中間 : 등급, 크기, 차례 따위의 가운데. 어떤 일이 진행되고 있는 사이.
** 명암明暗 : 좋거나 나쁘거나 그곳에 처해진 상황

● **年干이 전체를 맞아 다스리고, 다음 月,時를 관찰하고, 時는 마땅히 권형權衡*과 같이 가감을 세밀하게 나누어야 한다.**

註釋 年干에 어떤 支가 승승한 것인가 헤아려 나와 더불어 어떠한 관계로 유지하여 이루게 되는지 살피고, 또. 貴地가 유기有氣하여 끌어당기고, 체국體局이 두루 미치는 방향을 살피고, 또 用神을 살펴서 歲君에 매여 이어지는 것이 어떤 길흉吉凶 신살神煞이 되는지 보아서 만약 用神과 歲君이 화화和하여 개선되면 貴가 갖추어진 것을 의심하지 않아도 된다.

다음은 月.時 두 干의 관계를 살펴 경작차만竟作差慢하여 불가한지, 끌어당겨져 가지기 불가한지, 柱中의 상수象數의 변화가 있는지, 五氣의 진가眞假를 구별하고 길흉신살吉凶神煞등이 모두 시좌時座에 인귀引歸하는 경중輕重을 반드시 머리털 같이 세밀히 구분하여 나누어 비교하여야 한다.

또 태세太歲 -年은 우두머리로 모든 神을 주재主宰하니 극히 유용한 곳이다.
다만 서자평은 日을 위주로 하여 오로지 財官을 취한다고 하여, 후인後人들은 그 논리를 잘못 이해하여 다소多少 어기고 있다.

그래서 말하면 年은 저울의 갈고리와 같아 물건을 꿰뚫어 일으키고, 月은 저울을 매는 것과 같아 사물의 중요한 핵심 일으켜 이끄는 것과 같고, 日은 저울대로서 무게를 측정하는 눈금으로 냥(兩:중량단위)이 틀리지 않아야 하고, 時는 저울의 추와 같은 것으로 경중의 가감加減을 한다. 이 비유가 가위可謂 적절한 것이다.

** 통섭統攝 : 전체를 도맡아 다스림. 통치함.
** 권형權衡 : 저울추와 저울대. 곧, 저울이라는 뜻으로 사물의 경중을 재는 척도.

[蟾彩 : 年과 관계된 것을 月로 왕쇠를 판단하고 그 결과가 日에 나타나는데, 다시 時로 세밀하게 경중을 보아야 한다. 이러한 의미로 이해해야 한다.
그러니까 日만 가지고 모든 것을 판단하는 것이 아니고, 年.月.時 모두 日과 같이 참고하여야 한다는 것이다.
年은 갈고리로 물건을 낀 것이고, 月은 그 물건을 들어 올리는 것으로 즉 왕쇠의 작용을 하고, 日은 눈금으로 저울추를 대강 놓는 것이고, 時는 대강 올린 추를 경중을 세밀히 맞추는 것을 말하여 결국 年을 기본으로 하는 삼명법과 日을 위주로 하는 자평법을 겸해서 간명하는 것이 올 바른 것이다.]

● **수합隨合은 굳게 묶이고, 요합遙合은 걸어 잠그지 않는다.**

註釋 수합隨合은 가령 氣가 건장한 丙午에 곧 辛未 두 글자가 나타나 있으면 그림자가 형상을 따르는 것과 같고, 또 다시 辛未를 보면 도리어 내 집안의 은인이 원수가 된다.

요합遙合은 支中에 소장所藏한 神과 저쪽에 소장所藏한 氣가 합하는 것으로, 가령 申卯, 子巳, 亥午, 등의 종류가 되는데 대략 그 氣는 멀리 있는 일과 합하는 것이라 한다. 그 의意를 등한시하여서는 안 된다.

● **체제體制는 모름지기 광대廣大하다.**

註釋 무릇 팔자는 기상氣象의 규모를 관찰하여야 한다.
세황勢況이 활달豁達하고, 天地가 상정相停하고, 웅건장실雄健壯實하고, 五氣의 순극順剋이 유력有力하고, 生이 넘어져도 역화逆化하는 功이 있고, 貴氣의 왕래가 혼잡되지 않으면 반드시 예사롭지 않은 격조格調가 된다.

또 팔자 체단體段의 대의大意를 구분하여 살펴야 한다.
청清이 과過하면 한박寒薄하고, 후厚가 過하면 탁체濁滯하고, 화려華麗가 過하면 경부輕浮하고, 사일肆逸이 過하면 유탕流蕩하고, 유정有情이 過하면 람음濫淫하고, 고개孤介가 過하면 물건의 모양이 홀로 서지 못하고, 강용剛勇이 過하면 폭조暴燥하여 함양涵養이 없고, 유나柔懦가 過하면 우둔愚鈍하여 일을 하지 못하고, 집실執實이 過하면 포국拘局하여 오직 자기만 알고, 헌활軒豁*이 過하면 넓게 도모하여 뛰어난 결실을 맺지 못한다.

** 헌활軒豁 : 훤히 터져 드넓은 모양.

● **자면字面을 선후先後로 나눈다.**

註釋 글자의 모양을 아주 긴요하게 사용한다. 도리어 먼 뒤에 있고, 혹은 다른 글자에 덮여 있고, 한신閑神이 먼저 차지하여 막혀 있고, 만약 손상이 없고, 歲.運에서 생부生扶하면 아름답다.

긴요하게 사용하는 글자의 격식이 도리어 먼 뒤에 있고, 별자 別字 한신閑神이 미치어 먼저 차지하여 떨어져 있어도, 만약 손상되지 않았으면 모름지기 歲.運에서 생부生扶하면 아름다운 곳이 된다.

긴요하게 사용하는 글자의 모양이 비록 가깝고 먼저 있다고 하더라도 먼 뒤에 있는 것이 동요하여 끊는, 이러한 用神 자양字樣에 방애妨礙*되는 것이 있으면 주내柱內 어떤 者가 물리쳐 제거하여야 한다.

** 방애妨礙 : ①막아 거리끼게 함 ②거치적거려 순조로이 진행되지 못하게 함
** 초제剿除 : 도둑·악당의 무리를 무찔러 없앰.

[蟾彩 : 중요한 한 글자가 멀리 떨어져 있고 방해를 받더라도 運에서 생부를 받으면 아름답게 되고, 가까이 있고 먼저 있는데 멀리 있는 者가 해롭게 하면 이 者를 제거하여야 한다는 것이다.]

● **天干은 오로지 生,剋,制,化로 논한다.**

註釋 生은 곧 相生인데 生하고자 하고, 生하고자 하지 않는 리理가 있다.
剋은 곧 相剋인데 剋하기도 하고 剋하고자 하지 않는 정情이 있다.
制는 곧 水는 火를 剋하는데, 土가 그 水 煞을 制하여 火가 복생複生하는 정情이 있다.
化는 곧 水는 기본으로 火를 剋하는데, 木을 보면 水의 氣를 훔치니 火가 도리어 生의 리理를 얻게 된다.

● 地支는 오로지 형刑.충衝.파破.해害를 취한다.

註釋 刑은 가령 丑日 戌時의 종류로, 곧 나타나 刑한다. 가령 巳日 寅時의 종류는 刑으로 귀歸한다. 악물惡物은 刑으로 제거하는 것이 좋고, 호물好物은 刑하여 되돌아오게 하면 좋다.

衝은 길상吉象이 흉상凶象을 충衝하는 것은 좋고, 貴氣가 아가我家를 충衝하는 것은 좋다. 破는 대개 그 물物을 파괴하는 것이다. 두 물건 사이에 吉이 있고 凶이 있는데, 가령 卯가 午를 破하면 乙이 午家를 훼하는 것으로 곧 己土가 破를 당한다. 만약 己土의 煞이 되는 것의 지면地面이 유력有力하고 歲.運에서 또 하나가 나타나면 그 해害를 의심하지 않아야 한다.

만약 나타나지 않으면 다만 마치 호랑이를 품고 잠을 자는 것과 마찬가지다.

또 酉를 보면 유기有氣 혹은 무기無氣에 따라서 말이 수레를 끌고 끌지 못하는 것과 같고, 또 가령 己가 貴氣가 되어 나타나 있는데 힘이 있고 세력이 있으면 破로 인하여 복이 들어온다.

害는 六害의 장소로 만약 기신忌神, 흉살凶煞을 데리고 훼하여 오고 절絶竊하여 오면 진정 구해仇害가 된다.

● 상象이 일가一家로 이루어지면 貴氣에 집착하지 않는다.

註釋 사람의 팔자 가운데 財官등 貴氣의 조건이 전혀 없는데 돌연 분발하여 부귀하게 된 者는 어떻게 되어서 그러한가 하면, 모두 氣가 相生하고 자립으로 상象이 이루어진 것으로 생의生意가 도도滔滔*하고 정情이 다하여 없어지지 않고 고원견실高遠堅實하기 때문이다.

본상本象은 본본으로 나누는데, 甲乙丙丁의 종류가 되고, 화상化象은 화화한 것으로 나누는데, 戊癸. 丁壬 등의 종류다.

木火가 성상成象하고, 土金이 성상成象하고, 金水가 성상成象하고, 水木이 상象을 이룬다. 삼상三象이 순서로 함께 하는 것도 이 법法과 같은 것인데 火土金 象이 이 종류가 되고, 또 四象이 화협和協하여 생육生育하는 者도 또한 그러한데 水木火土의 종류가 그 종류에 속한다.

　　　　　　　** 도도 滔滔 : ①물이 그득 퍼져 흘러가는 모양 ②말을 거침없이 잘하는 모양.

● **근원根源의 一氣는 物이 生하여 가득 차게 된다.**

註釋 가령 金氣가 천시天時에 올 바르게 임하면 건왕建旺하고, 지나가면 그 氣는 이미 극절剋竊되어 없어진다. 전부 가고나면 子가 生을 의탁하게 되는데 그것이 水神이 된다.
水神에 이미 干에 드러나 있거나 혹은 支에 범람泛濫하면 物이 왕성하여 좋지 않고, 재차 몇 개의 火土를 얻으면 제방堤防이 되어 의지하여 힘을 얻게 된다.
남은 것도 이와 같은 방법으로 추리한다.
즉 조화造化의 차고 이지러지는 道는 명백한 것이다. 만 가지 중 한 개도 이렇게 되지 않는 것은 없다.

● 팔법八法의 가장 중요한 것은 五氣가 열리는 실마리에 있다.

註釋 팔법八法은 이미 앞에 논했다. 五氣가 있고, 취산聚散, 완결完缺, 실허實虛, 심천深淺, 적교敵交, 협광狹廣, 경중輕重, 후박厚薄, 한화寒和로 이것은 부동不同하다.

[취聚 : 모임] 干支가 유력有力하게 갖추어지고, 극물剋物이 보금자리로 되돌아가고, 정신精神이 강건强健하게 된 것은 취聚가 된다.

[산散] 吉神은 좋고 凶煞은 꺼린다면 吉神이 보좌輔佐하여야 하고, 沖하게 되면 의義가 없고, 刑하면 불귀不歸한데, 이것은 산散이 된다.

[완完] 흉살凶煞이 마땅하고 길신吉神을 꺼린다면 金.木.水.火.土가 완전하게 갖추어져 정해진 차례는 기완氣完이 된다.

[결缺] 오행이 부족하여 歲.運의 보족補足을 기다리는 것은 기결氣缺이 된다.

[실實] 실實은 곧 甲戌이 丙寅을 보는 종류인데 슴이 있고 生이 있어 일상一象에서는 局이 되고, 일방一方에서는 체滯가 된다. 柱中에 만약 격양激揚 앙장昂藏이 없는 종류는 오직 부유한 늙은이로 끝나게 된다. 체體는 있고 용用은 없으면 설령 貴가 있다고 하더라도 시위소찬尸位素餐*하다. 가령 柱中에 토기土氣가 태중太重하면 대략 적으로 보아 官이 오면 貴하게 된다.

[허虛] 허虛는 곧 土가 酉寅에 들고, 木에 乙巳가 임하고, 金이 辰亥가 도달하고, 水가 卯戌로 향하고 火가 丑申에 거주하는 것이 기허氣虛한 것으로 확고確固하지 못한 것이다. 남은 것은 이에 준하면 된다.

[심천深淺] 기심氣深은 木의 본상本象 화상化象이 청명절淸明節의 근처가 되고, 기천氣淺은 木의 본상本象, 화상化象이 우수절雨水節을 만난 것이 그 실례가 된다.

[적敵] 기적氣敵은 辛酉가 乙卯를 본 것이다. 대개 凶이 심하고, 만약 己未, 己丑을 보면 바뀌어 빙적憑藉하여 반길反吉하다. 가령 기대어 의지 할 곳이 없으면 다시 빈주賓主 강약强弱을 관찰하여 主가 약弱하면 귀상鬼象이 되고, 빈賓이 약하면 재상財象이 된다.

[우友] 우자友者는 丁巳가 辛亥을 보고 丙戌이 己丑을 보고 庚辰金이 癸未를 본 종류들이 된다. 어떤 者의 氣가 旺한지 구분하여야 한다.

[협狹] 협狹은 가령 用神이 一二 支神에 모인 局으로 정情이 있다. 협狹은 또 生旺이 있고, 인용引用하는 곳에 氣가 오면 도리어 얻지 못하게 되는 것을 말한다. (협록夾祿, 협귀夾貴, 공협拱夾)

[광廣] 광廣은 인용引用하는 곳에서 氣를 얻어 오면 말미암아 생원처生源處에 인하여 정신精神이 있게 되는데, 곧 三合의 氣와 통通한 것이나 혹은 六合의 氣와 通한 것이다.

[경輕] 경輕은 木의 본상本象, 화상化象에 金이 들어온 것으로 天時에 임해지지 못한 것들을 말한다.

[중重] 중重은 목상木象이 寅卯에 도달한 것으로 地支의 무리가 本象이 된 종류들을 말한다.

[박薄] 박薄은 목상木象이 자가自家가 사절死絶의 지면地面을 만난 것으로 天時가 임해지지 않은 종류들을 말한다.

[후厚] 후厚는 木象 고庫. 묘墓. 장생長生의 地를 만나서 天時를 얻고 또는 다른 干의 내조來助를 얻은 종류를 말한 것이다.

[한寒] 한寒은 木이 마르고 火는 흩어지고 금한수냉(金寒水冷)하여 土가 얼게 되고, 天干은 휴수休囚가 되고 地支는 사절死絶이 된 종류이다.

[화和] 화和는 합이 있고, 생이 있고, 정情이 있고, 조助가 있고, 임관臨官 제왕帝旺이 있고, 휴폐사절休廢死絶은 없는 것을 말한다.

더러 旺相한 神이 와서 부조扶助하고, 더러 당면한 때가 천시天時 전후가 되고, 氣가 가득차서 왕성하게 되는 것이 있고, 또 도리어 물物이 의지 할 바탕이 없고, 제방堤防이 없는 者는 오래지 않아서 기울게 되고, 氣가 이지러지고 쇠약하고, 뿌리가 부실하고, 거듭 時를 얻지 못하면 氣 또한 부족하게 된다.

또 생부生扶가 없는 이와 같은 폐물廢物은 어찌 훌륭하게 된다고 말할 수 있겠는가! 氣가 衰하고, 天時가 오래 머무르지 않고, 또 사패死敗에 임했는데, 도리어 암간暗干의 相生이 있고, 生旺한 곳에서 인귀引歸하고, 旺한 氣가 길지 않고, 일찍 대담한 기세로 분발奮發하게 되고, 태연하게 펴져 통하고, 종終에 곧 수렴귀장收斂歸藏하여 간 곳에 의지하여 기댈 곳이 없고, 산만散漫에서 바뀌고, 뜻은 왕성하지만 근원이 없고, 끊어지게 되어서 새롭게 태어나게 되고, 승세乘勢가 이어지지 못하게 되고, 氣가 여리면 부서지기 쉽고, 사방에서 氣가 오면 모든 사람이 旺相한 象이 되고, 중간에서 완후頑厚한 氣를 만나서 극절剋竊되는 者를 凶으로 말하는 것은 불가하고, 氣가 과하면 견디기 어렵고, 지나간 기후는 모두 휴폐休廢했다고 말한다.

또 성공成功한 者는 퇴장하는 것이라고 말하고, 특히 여기餘氣를 알지 못하면, 갑자기 旺한 곳의 도움을 입어 생의生意가 발생하여 氣가 실實한 곳으로 되돌아가게 되어서 세한歲寒에도 견디기 쉽고, 여기餘氣가 휴폐休廢하면 타상他象으로 바뀌게 되는 것을 구별하여야 한다. 여기餘氣를 알지 못하면 이러한 것을 알지 못한다.

** 관건關鍵:어떤 사물이나 문제 해결의 가장 중요한 곳. 핵심.
** 격양激揚 : 감정이나 기운이 격발(激發)하여 들날림. 감격하여 분기(奮起)함.
** 시위소찬尸位素餐 : 재덕이나 공적도 없이 높은 자리에 앉아 녹만 받는다는 뜻으로, 자기 직책을 다하지 않음을 이르는 말.

◉ 조물造物*은 반드시 원본原本이 체體가 된다.

註釋 동방東方은 陽이 흩어져 새어나감으로 인하여 풍風을 生하는데 風은 木을 生한다. 서방西方은 陰이 머물게 되어 거두어 모으게 되어 조燥를 生하는데 건조시켜 딱딱하게 하므로 金을 生한다. 남방南方은 陽이 극極하여 열熱을 生하여 熱은 火를 生한다. 북방北方은 陰이 극極되어 한寒을 生하여 한寒은 水를 生한다.
중앙中央은 陰陽이 교류하여 습濕을 生하여 濕은 土를 生한다.
五行 체상體象의 연원淵源*은 이미 앞에서 논했다.

** 조물造物 : ①조물주 ②조물주가 만든 것. 천지간의 만물.
** 연원淵源 : 사물의 근본. 본원(本源).

◉ 완전한 그릇器完이 되는 것은 근기根基로부터 말미암아서 이루어진다.

註釋 무릇 象을 이루는 처處가 그릇이 완성되고, 무릇 貴氣가 몸을 한 곳에 의탁하면 또한 그릇이 완료된다. 무릇 六親은 몸에서 이루어지는 것으로 내가 生함은 곧 자식이 되어 丙辛(化水)이 木을 보는 종류가 이것이고, 또 일설은 처가 生한 者가 곧 자식이라고 하는 두 가지의 의미가 존재하는데, 각 그 의미에 대한 이치가 있는 것을 활법活法으로 취하여야한다. 나를 生한 것은 母가 되고, 나와 合하는 者는 처가 된다. 물상物象은 모양이 갖추어져서 이루어지는 것이다.
또 육친의 소생所生은 치일(致一:몸이 하나로 이루어지는 것)에서 이루어진 者가 된다. 가령 運 中에서 象이 이루어지는 것은 근기根基가 풍부하게 되었기 때문에 이루어진다. 곧 원原에 있는데 뜻이 오면 이루어진다.

일컬어 木火는 반드시 상정相停하지 않고 각 경중이 있는데 木이 重하면 火가 경輕하게 되는데, 運上에서 火干, 火支를 만나면 완전한 진상眞象이 된다. 만일 四柱 중의 원原에 火의 임관臨官, 제왕帝旺, 장생長生, 고묘庫墓 등의 글자가 있으면 기완器完한데, 만약 그렇지 않고 참되지 않고, 부실不實하고 불완不完하고 부정不正한 이와 같은 것은 기완器完이 될 수 없다. 남은 것도 이에 준한다.

● **방법은 수검搜檢*과 같고, 각 길흉吉凶의 바탕이 된다.**

註釋 時와 日, 月과 年들의 팔자 干支에서 종횡 왕래하는 구합勾合을 구하여 상호互相 취용取用한다.

한 곳만 관련이 있는 것으로 판단하는 것은 불가不可하고, 썩 적은 부분만 관련된 것으로 보는 것도 미치지 못한다. 가령 四干이 四支에 승乘하여 스스로 각자 貴를 차지하고 煞을 차지하게 된다. 혹 年干이 月支에 승乘하고 時支에 貴를 취하고, 혹 年干이 日支를 취하고, 日干이 月支를 취하고 月干이 年支를 취하여 貴를 소유하고 煞을 소유한다. 혹 歲.月의 二支, 時.日의 二支로부터 干神이 貴氣를 취하기도 한다. 가령 이와 같이 찾아서 조사하면 거의 착오가 없다

** 수검搜檢 : 금제품禁制品 따위를 수색하여 검사.

● **물物은 반드시 열려 안으로부터 밖으로 이끌려 나오는데 명명한 곳에 경중이 있다.**

註釋 이와 같은 단계는 먼저 四支를 관찰하여야 한다.
하나하나에 감추어진 干氣가 제활출래提豁出來*하여 어떤 者가 무리를 이루었는지

상세히 추리하여야 하고, 어떤 者가 힘이 적은지, 어떤 者가 강하고 약한지, 가볍고 무거운지 명명한 곳의 用神이 길흉의 도리를 얻게 되니 하나하나의 제활提豁을 찾지 않아서는 안 된다. 대강大綱*이 혼폐昏蔽하여 어렵다 하여 미루어 생각하는 것은 버려야 한다.

** 제활출래提豁出來 : 열려 안으로부터 밖으로 이끌려 나옴.

** 대강大綱 : 기본적이고 중심이 되는 일의 내용

[蟾彩 : 明은 天干을 말하는 것으로 支中에 암장한 물건 즉 天干이 어떻게 나타나게 되는 가를 잘 살펴야 한다는 것이다.]

● 영화가 쉽게 마르고, 身이 발發하여도 잠시뿐이고, 나타나 있지만 노출되어 있지 않고, 物物은 세한歲寒*에서 이루어진다.

註釋 무르고 허하고 뜨고 어린 氣와 휴休.폐廢.패敗.절絶한 곳의 干支가 도움을 받게 되면 잠시 적합하게 되어서 한때만 발發하게 된다.

혹시 歲,運에서 찬조贊助하는 神을 손상시켜 허물어지게 하거나 혹은 오르는 것을 억눌러 무기無氣하게 되면 패배하기 쉽게 되어서 오래가지 못한다.

가령 물물이 겉으로 드러나지 않았지만 用神이 유기有氣하고, 합신合神이 상상象을 이루어 상승相乘하고, 運이 무파無破하여 일로一路하다면 몹시 오랫동안 견디어 낸다. 비록 세군歲君은 힘이 있지만 축년逐年이 박잡駁雜하게 하면 구름이 태양을 가리고 나무가 가로질러 그림자를 만들 뿐이다.

그래서 干에 드러나지 않고 支中에 은장隱藏하여 有氣하면 生을 얻게 되어 도리어 원대遠大하게 된다.

** 세한歲寒 : 설 전후(前後) 추위라는 뜻으로, 몹시 추운 한 겨울의 추위를 일컫는 말.

◉ **탈태환골奪胎換骨은 의意가 자연히 나타나는 것으로, 本은 내버려두고 말末을 따르게 되는데 원래의 진의眞義는 아니다.**

註釋 본상本象에 財.官.貴神있고, 또 별위別位에 통기通氣가 있고, 화化가 있고, 상象이 있고, 무리가 있으면 인용引用하여 도리어 청청하다. 福이 승승한 地者는 마땅하여 강하게 힘쓰지 않고 行하여도 기류氣類에 감응이 있게 되어 반드시 이르는 곳이 있다.

진상眞象으로 化하고자하는데, 가령 丁壬 化木의 종류가 만일 투합妬合하여 쟁전爭戰하면 이루지 못하는 者가 된다. 홀연히 運에서 도리어 자조資助하여 본상本象이 체體를 갖추게 되면, 본상本象이 財.官.貴등에 승승하여 본상本象의 진眞을 버리고 말절말절末節의 氣를 따르게 된다.

◉ **큰 기자器鎡의 터는 자연히 악惡을 억누르고 선善을 오르게 한다.**

註釋 체국體局이 뛰어나고, 본원本源이 重하고 用神이 단일하고, 겸해서 귀인貴人, 덕수德秀를 차게 되면 비록 대모大耗, 원진元辰, 인살刃煞 등의 악惡이 있다 하여도 도리어 권세를 복 돋게 되어 소위 악惡을 누르고 선善을 날리게 한다는 것이다.

◉ **박재薄才한 체국體局은 물物에 해害가 있고, 다시 사람이 상하게 된다.**

註釋 歲와 日辰의 힘이 허박虛薄하여 전일하지 못하고, 길吉이 흉신凶神과 煞에 업신여김을 당하게 되면, 따르는 氣가 방종하게 되고, 정신이 노역되어 자가自家의

주장主張을 정하지 못한다. 그래서 상상내에서 흉살이 날뛰게 되어 인인, 살살, 망亡, 겁겁, 금인金刃, 백호白虎의 무리들이 행동하여 덕수德秀의 순후純厚한 氣가 나란히 하지 못하게 한다. 그러니 건업립사建業立事가 비록 우연히 이루지게 된다고 하더라도 어찌 物에 해롭지 않고 사람에 손상이 있지 않겠는가!

● 貴人과 祿馬는 교착交錯*하고, 구교勾絞, 원망元亡은 다단多端*하다.

註釋 貴氣는 번잡煩雜을 원하지 않는다. 財를 用한다면 오직 財만 用하고, 官을 用한다면 오직 官을 用하여야 하는데, 가령 녹마祿馬, 귀인貴人, 식신食神, 인수印綬의 무리를 用한다면 단지 1~2건이 마땅하고, 貴氣를 보좌補佐하여야 한다.

가령 財를 사용하면 官으로 서로 보좌하여야 하고, 官印이 서로 이어지고, 祿馬가 겸행兼行하는 종류가 3~4건이 되면 범람하여 귀일歸一하지 못하게 된다.

또 설명하면 일항一項의 貴氣는 모름지기 貴人, 덕신德神의 상조相助가 중요하여 크게 나타난다.

구교勾絞, 겁살劫煞, 원진元辰, 망신亡神 등의 物에 만약 貴氣가 重하면 身을 도우니 권세가 드러나고 악살惡煞이 重하면 사해肆害, 혹절酷切하다.

   일설一說로 이것이 煞등이 다단多端하다고 하는데 오직 마땅한 것은 소식消息*되어야 하는 것이다.

                    ** 교착交錯 : 서로 뒤섞여서 얼크러짐
** 다단多端 : 일이 흐트러져 가닥이 많음. 사건이 많음. 용건이 많음. 일이 바쁨 할 일이 많음. 바쁨.

● 길신吉神에 천월덕天月이 참가하여 부지扶持*하고, 흉살은 空亡에 들면 물건이 채색되어 아름답게 된다.

註釋 귀신貴神과 녹마祿馬는 모두 吉神인데, 다시 천월天月 이덕二德을 만나면 매우 吉하게 된다.

구교勾絞, 원망元亡은 모두 흉살인데 만약 공망에 들면 반감減半하는 것으로 상호 설명하였다.

吉神이 공망이 되면 좋지 않고, 흉살도 또한 이덕二德을 요하고, 옛날 吉神, 貴氣에 대해 의미를 밝혔는데, 비록 청청하고 귀일歸一하여 혼탁混濁하지 않아야 하고, 또 별격別格에 들어야만 뛰어나게 추리할 수가 있다 하였다. 만약 천월天月 이덕二德, 천월天月 이합二合, 월공천사月空天赦의 무리가 찬조贊助가 없으면 감減하는 것으로 나누어 복력이 완전하지 않은 것으로 추측한다.

공망은 生日을 근거로 하여 어떤 순旬에 소속되어 있는 가 인데, 가령 甲子 순旬은 戌亥 二位가 공망이다.

공망은 삼신三神이 있다.
1. 순旬 내의 후후에 소장所藏된 干神, 가령 甲辰 旬은 甲乙 二干.
[蟾彩 : 甲辰 순에선 寅卯가 空亡인데 天干이 甲乙이니 甲乙도 공망]

2. 旬 후후에 숨어(遁)있는 干神, 가령 甲辰 旬에서 丙午는 곧 庚辛이 공망이다.
[蟾彩 : 甲辰 순은 寅卯가 공망인데, 甲辰, 乙巳 후는 丙午로 丙午가 日主가 될 때 時는 戊子.己丑.庚寅.辛卯 ~ 己亥 까지가 이에 속하는데, 이 중 庚寅, 辛卯가 甲辰 순의 공망은 寅卯이니 곧 天干의 庚辛이 공망이 된다.]

3. 절로공망−截路空亡이 더해지면 유긴愈緊하게 된다. 가령 甲己日 申酉 時의 무리이다.

[蟾彩 :절로공망은 둔遁한 곳에서 찾는데, 甲己日에 遁한 甲子. 乙丑, 丙寅, 丁卯, 戊辰. 己巳, 庚午, 辛未, 壬申, 癸酉, 甲戌, 乙丑의 12時 天干에 壬癸가 있는 壬申, 癸酉에서 申酉가 절로공망이다. 곧 甲乙은 申酉. 乙庚은 午未. 丙辛은 辰巳, 丁壬은 寅卯, 戊癸는 子丑]

흉신은 공空에 앉는 것이 좋고, 吉神은 空에 앉는 것이 두렵다. 또 말하면 金火는 空이 좋고 木土水는 空을 꺼린다. 또 말하면 水는 역시 空을 기뻐한다. 또 말하면 柱中 흉살이 교병交併하는데 덕신德神이 있는 者 위태롭게 되고, 스스로 흩어져 죽게 된다. 日時에 차면 더욱 긴박하다.

● 貴氣가 완전하여도 재차 화성禍星의 기복倚伏*을 관찰하여야 하고, 일국一局의 흉신도 복기福氣가 숨어 감추어져 있음을 알아야 한다.

註釋 貴氣가 충분히 완비하면 시종 불괴不壞한다. 중간에 무사하지 않은 것은 한 건의 화신禍神이 은장隱藏되어 있기 때문이다.

흉살신凶煞神이 번잡繁雜하게 왕래하는데 그중에 한건의 福神이 은은 심오하고 혹은 허협虛夾, 요합遙合, 혹은 형출刑出하고 충귀衝歸하거나 하면 뜻하는 것이 이루어진다. 가득 찬 흉살이 있는 것은 불가하다. 다만 어떤 運이 와서 돕게 되면 국중局中의 복기福氣가 일어나 길하게 되고, 화성禍星을 돕게 되면 貴가 깨어지고 用이 파괴되어 흉하게 된다.

◉ **격조格調가 높아 의지 할 곳이 없고, 세勢가 궁窮하여 힘이 다하여도, 올바르게 변통變通*하는 것이 옳은 이치이다.**

註釋 日干 用神을 탐구하여 명암을 수검搜檢*하여야 한다.
조화造化, 길흉, 神煞이 은현隱顯한 곳, 그 체體가 외롭고 높고, 氣도 궁절窮□되지 않고 하니 취용取用이 매우 어렵다. 이들은 지극至極하게 되면 닫힌 곳이 선회하게 되어 스스로 궁窮하면 변變하고 변變하면 통통하는 이치가 있다. 運에서 어떤 氣를 맞아들이는가에 따라서 한 번에 만회 하는 생의生意가 있지 않겠는가! 발發하여 일어나는 근원의 정은 다만 유무有無 한限의 의미만 있을 뿐이다.

** 변통變通 : 형편과 경우를 따라서 일을 이리저리 막힘 없어 잘 처리함. 달리 융통함
** 수검搜檢 : 금제품禁製品 따위를 수색하여 검사함
** 지극至極 : 어떠한 정도나 상태 따위가 극도에 이르러 더할 나위 없음

◉ **氣가 차면 物이 왕성하게 되고, 運과 歲가 나란히 衝하면 主의 身은 어찌 고요하고 맑게 되겠는가!**

註釋 그 대체적인 의義의 줄거리를 관찰하고자 하면 기상氣象은 차盈고, 혹은 흐르게 된다. 물리物理의 체體를 살피면 왕성하게 되고 또 장차 극極이 되어 스스로 오래 견디지 못하는 징조가 있는데, 게다가 歲,運에서 억제하면 기울어져 뒤집혀질 것이고, 양揚하면 범람하여 없어지게 될 것이다.
재차 衝,刑을 하게 되면 主의 身은 어찌 고요하고 맑아져 아무 염려가 없고 시끄럽지 않겠는가? 이러한 이치는 없다.

● 年,月,日,時의 干支는 차례가 있는데 군君, 신臣, 빈賓, 주主이고, 체體, 격格은 조륜朝倫하다.

註釋 月干은 마땅히 年干 다음에 존재하고 時干은 日干의 다음에 존재한다. 만일에 순환에 차례가 있다면 더욱 뛰어나다. 가령 甲子, 乙丑, 丙寅, 丁卯가 차례로 되는 경우인데 格이 뛰어나다.

年은 군君이 되고 日은 주가 되고 月時는 빈賓과 같고 신臣과 같아서 귀기貴氣를 보좌한다. 아울러 전법前法과 비슷하다.

다음에 있는 조朝는 강상綱常*, 보輔는 윤서倫序*, 정正은 존엄尊嚴하고 또 이르면 陽은 홀로 하고자 하고, 陰은 무리를 따르고자 하고 거듭 귀살貴煞이 거처하는 곳을 살펴야 한다.

** 강상綱常 : 삼강三綱과 오상五常. 곧 사람이 지켜야 할 도리.
** 륜서倫序 : 순서

● 日主는 먼저 있는 干을 가장 좋아하고, 日主는 다음 위치는 싫어한다.

註釋 日主의 선간先干은 가령 甲日이 癸를 보는 것으로, 차 등此等의 그 익益은 세 가지가 있다.

일능-能은 戊가 財와 합하여 나의 자資가 되는 것이 첫 번째이고,
일능-能은 장長에 있어서 선善하게 하여 나를 발發하게 하는 것이 두 번째가 되고,
일능-能은 化한 象이 나를 생하는 것이 세 번째이다.

그렇지만 이미 간 氣는 초만稍慢*하다. 日主의 차위次位는 가령 甲이 乙을 보는 종류들인데 이것은 손해 보는 것이 4가지 있다.

일능-能은 처와 재물을 겁탈하여 나를 공허하게 하는 것이 첫 번째요.
일능-能은 煞과 합하여 나를 손상시키는 것이 두 번째요.

일능一能은 나의 氣를 설洩하여 화상化象되는 것이 세 번째요.
일능一能은 통행 앞에서 막아 끊고 칼날을 일으켜 나를 해롭게 하는 것이 네 번째가 된다.

** 초만稍慢 : 조금 천천히. 잠시 느리게.

● 支神의 전기前氣, 支神의 후궁後宮.

註釋 地支 전기前氣를 많이 맞이하는 者는 평생 정신精神이 뇌락磊落*한 사람이 된다. 가령 甲子年 혹은 子日이 丑.寅.卯.辰.巳의 종류가 이에 속한다.
地支 후궁後宮 者는 主가 회둔悔屯 할 일을 만들고, 혹 좌절하고, 진퇴進退가 다단多端*하다. 가령 甲子年 혹은 子日이 亥.戌.申.未의 종류는 보는 것이 이에 속한다. 남은 것도 이에 준한다.

** 뇌락磊落 : 마음이 너그럽고 작은 일에 얽매이지 않다
** 다단多端 : 일이 흐트러져 가닥이 많음. 사건이 많음. 용건이 많음. 일이 바쁨.

● 세군歲君이 홀로 요동치고 日主가 고허孤虛하다.

註釋 月.日.時의 干支가 연이음을 만들고, 무리를 만들고, 旺을 만들고, 合을 만들고, 혹은 一象을 이루고, 혹 一氣로 化하는데 오직 태세太歲 一位만 고독하게 남으면 소원疏遠*하여 필연 조상을 떠나서 별종別宗으로 자립하거나 편출偏出이거나 양아들이 되고 궁핍, 고독하게 된다.
年,月,時도 上과 같고, 日主가 홀로 고과孤寡가 거주하고 자신에 무합無合하고 무생無生하고, 다른 곳에 결함이 있는 者는 따로 살지 않는다면 남에게 길러지거나 거주가 밖에서 세위지게(처가살이 등) 된다.

** 소원疏遠 : 지내는 사이가 두텁지 않고 버성김. 서먹서먹함

● **무리가 모이고黨合, 쌍이 다툰다. 처妻, 재財 두 개에 의미가 있다.**

註釋 柱中에 가령 土의 무리가 이미 많은데 天時는 도리어 木旺으로 매여졌다면 억양抑揚의 도道가 되는데 어떻게 사용되겠는가! 둘이 원수가 되어 서로 다투어 불가하다.

만약 土가 허虛하지 않아 두텁게 되고, 木의 氣가 드러나 있고, 지음支音이 刑.害.衝.剋를 겸하지 않으면 도리어 배양되어 木이 숲을 이루게 되어 빼어나게 되니, 더욱 뛰어나게 사용된다.

나와 합한 者도 처가 되고, 내가 剋하는 者는 財가 된다. 세인世人은 오직 내가 剋한 者만 妻, 財로 알고 있는데 잘 못된 것으로 정당하다고 할 수는 없다. 또한 화상化象의 여하如何도 살펴야 한다.

● **用神 一字에 貴氣가 겹쳐 들어오면 象이 정명晶明하고자 하고, 氣가 상상傷하면 나태하고 산만하다.**

註釋 柱中에 평생 오직 사용하는 한 글자가 있는데, 일컬어 格의 자면字面만 못하다 한다.

合하고, 흩어지고 하여 각자 마침내 무리를 이루고, 가버리고,

日干 또한 다른 곳 한 글자에 매 달려 의지 못하게 되는 것이 허다하다. 그래서 用하는 이 글자, 혹 用하는 두 글자, 用神 1건은 정신精神이 엄절嚴切*하여야 가장 뛰어나다.

가령 官星을 用했는데 또 官星이 다시 들어오고, 건록建祿등이 겹치게 되고, 혹은 財를 用하는데 다시 食神, 貴人을 보면 모두 貴氣가 중첩된 것으로 싹이 빼어나지 않고 빼어난 것은 부실不實하게 된다.

用神이 장건壯健하여 象을 이루면 의意에 전력專力함으로 허虛하지 않고, 주야晝夜(흑백, 어느 것이나) 모두 등지지 않는다.

가령 土.木.水가 낮에 생하고, 金.火가 밤에 생하고, 柱中이 여차하면 어찌 특달特達한 선비가 되지 않겠는가! 만약 地支 天干이 나와 더불어 서로 돌보아 두루 미치지 않게 되면 用神과 불합不合한 것이 되어 主의 세월은 고독하게 된다.

衝. 刑. 尅. 害로 서로 등을 져서 절취되는 氣가 다시 많아지게 되면 상象에 찬조贊助가 없게 되고, 휴폐休廢를 중첩되게 보는 者는 무립無立하고 무성無成하게 되어 格의 바탕이 부족하다.

** 엄절嚴切 : 성질이 몹시 엄하여서 맺고 끊은 듯 함
** 전력專力 : 오로지 그 일에만 힘을 씀.

[蟾彩 : 평생 사용하는 1개의 用神은 格이 완전하게 이루어 진 者에게만 해당한다고 할 수 있어 몇 사람에만 해당하고, 거의 대다수를 차지하는 평범한 보통 사람은 몇 개의 용신이 사용된다.]

● 무릇 내가 生하고 내가 尅하는 것은 물러가게 하는 의미가 있고, 타他가 尅하고 타他가 生하면 氣는 자귀自歸하게 된다.

註釋 내가 生하고 내가 尅하는 것은 스스로 퇴산退散하는 의義가 있고, 타他가 와서 나를 生하고 나를 尅하는 二者는 모두 들어오는 氣가 되고, 支를 생하게 되고 吉神이 들어와서 극복하게 되면 이것이 제일 묘妙하다.

● 生剋의 왕래는 合이 있어 主를 부지扶持*하여야 한다.

註釋 柱中에 合이 공空하면 언제나 찬조贊助하는 神이 있어야 하고 合이 실實하면 언제나 파괴破壞의 神이 있어야 한다. 生에 制가 있는 者, 剋에 부지扶持가 있는 者, 왕래 진퇴가 단일하지 않다. 만일 잘못 취하면 아주 조그마한 틈에 천리나 먼 어긋남이 있게 되니 合이 존재하여 主를 돕는 어떤 神이 급하게 필요하게 된다.

● 선악善惡의 번란繁難은 時의 많고 적음으로 구분한다.

註釋 선악善惡 이위二位가 무리를 갖추어 섞여 어지럽게 되었으면 다만 時의 좌座에 모인 무리의 휴왕休旺의 과다를 관찰한다. 악惡한 무리는 煞이 함께하게 되어 흉하게 되고, 선善한 무리는 복이 모여 吉하게 되고, 善이 적으면 역겁力怯하고 악惡은 적게 되기를 바라고, 한 가지 일컬으면 年.月.時에 상호 貴人이 生旺하게 나타나서 日과 화和하면 제일 뛰어나다.

● 生이 다시 生하게 되면 의탁倚托한 어떤 者에서 이루어지게 된다.

註釋 가령 丙辛人이 戊申 運을 만났는데 다시 庚申 歲를 만나면 의지하여 변하게 되어 도리어 生을 회복하는 의意가 있다. 壬水에 정신精神이 자래自來하였는데, 게다가 丙辛 化水가 되니 生을 얻으니 의탁되어 어떤 者가 이룬 것이다. 이것을 말한 것이다.

● 化하는데 또 化하면 도리어 까마득하고 감감하게 되어 어떤 地에 귀歸하게 된다.

註釋 丁壬 化木이 되는데 게다가 寅,卯,亥,未가 지면地面에 있고, 또 여신餘神이 있고 水木이 돕게 되어 무섭게 잘 자라는 木에 水가 들어와서 자조滋助하면 어찌 옳겠는가?
묘망渺茫한 氣가 되어 의지함이 없는 것인데 도리어 運에서 제방堤防이 들어와 마馬을 제어하는 도道가 있으면 복이 되고, 運에서 生하는 곳을 만나면 하나 같이 한만汗漫하여 도리어 복이 되지 못한다.

● 五象이 서로 타(乘:기회 따위를 이용하다.)면 상스러움이 있거나 괴건(乖蹇:어그러져 진다)이 있고, 五氣는 교전交戰하고 혹 상잔傷殘 혹 분발奮發한다.

註釋 상서祥瑞는 가령 木火, 火土, 土金, 金水, 水木이 상象을 이룬 것이다.
득시得時는 일컬어 天時를 얻은 것이다.
득위得位는 일컬어 生을 얻어 旺한 위치가 되는 것과 건록建祿의 氣를 승승乘한 경우이다.
득권得權은 財.官.貴人등이 승승乘하는 것을 말하는 것으로 권세權勢, 집사執事가 있는 것과 같다.
괴건乖蹇은 이 三者와 반대가 되는 것으로 만약 좌하坐下의 貴地에서 貴氣가 승승乘하여도 地支에 도리어 刑.衝.剋.害가 있는 것을 말하는 것이다.
교전交戰은 체體에 균등한 힘이 머무르는 것을 말하는 것인데, 일물一物은 天時을 얻고 다른 일물一物은 많은 무리를 얻어서 상호 싸움이 있는 것이나, 혹은 一物은 득지得地하고 다른 一物이 득권得權하여 싸우는 것으로 水火, 土水등의 종류가 교전하는 것을 말한 것이다.

상잔傷殘은 用神이 剋을 당하는 것을 말하는 것으로 主干이 해害를 입고, 혹 財도 손상당하고 官도 剋을 당하는 것을 말한다. 혹은 일물一物의 무리가 化를 이루는데 剋神이 와서 괴壞시키는 것으로 가령 丙辛이 化水하는데 돌연 하나의 土가 와서 剋하는 종류도 상잔傷殘이라고 한다.

분발奮發은 나와 物이 서로 좋아하여 빈賓과 主가 화협하게 되고 내가 旺에 올라 상범相犯하고 타他도 득지得地하여 상영相迎하는데 나의 세력이 강하면 적을 제거하고 타他에 氣가 있으면 래조來朝한다.

** 상서祥瑞 : 복되고 길한 일이 일어날 징조.

● 財官은 참眞되기를 바라고, 뛰어나게 되는 것은 모름지기 화기化氣의 이치에 있다.

註釋 가령 丙辛(水)이 戊癸(火)를 보면 財가 되고, 甲己(土)는 官이 된다. 이것이 참된 조화造化가 되고, 빼어난 기운이라고 말 할 수는 없다. 남은 것도 모두 이 방법으로 추리한다.

● 財官의 상象이 있으면 뛰어나게 이르고, 국신局神에 의지하기를 요要한다.

註釋 가령 丙辛(水)이 戊癸(火)를 보면 財가 되는데 火局을 얻고, 甲己는 官이 되는데, 土局을 얻으면 바야흐로 그릇이 완성되고 또 청순清純함을 견줄 만한 것이 없다. 남은 것도 이 예와 같이 추리하면 된다.

● 잡기재관雜氣財官에서 길吉한 것은 고庫가 되고, 흉한 것은 묘墓가 된다.

註釋 財官의 氣가 균정均停하게 맞잡고 있고, 다시 그 上에 貴한 氣가 더해지면 吉이 되고, 고庫가 된다. 고중庫中에는 잡기雜氣가 3건이 있는데, 旺相하면 貴가 되어 내게 이익이 되는 좋은 者가 된다.
만약 官이 귀鬼로 변하여 입묘入墓하고, 財神이 휴수休囚가 되어 입묘入墓하면 흉이 되어 고庫가 되는 것이 아니다. 만약 吉神이 입고入庫하고 거듭 휴폐休廢를 차고 刑이 되고, 또 나를 훼하는 者는 庫가 아니다.

● 선善한 충신衝神이거나 악惡한 충신衝神이거나 충신衝神은 훼하면 입入하고, 生하면 통通한다.

註釋 地支에 貴氣가 충衝하여 들어온다고 吉하다고 할 수 없고 악신惡神이 衝하여 들어온다고 흉하다고 할 수 없다. 반드시 支干이 같이 훼되어야 바야흐로 길흉이 극입훼入되고, 혹 하나는 生하고, 하나는 극훼하고, 하나는 화和하고, 하나는 制하는 이러한 것에서 길흉에 변화가 있게 된다.

● 上이 下를 生하면 탈기脫氣가 되니, 곧 자식이 旺하여 모모母가 쇠약하게 되는 근심이 있다.

三이 一을 도둑질하면 사용되는 神을 生하여야 하니, 도리어 자식이 쇠약하게 되고, 모모母에 旺한 곳이 들어오면 좋다.

[註釋] 上이 下를 생한다는 것은 干이 支를 생하고, 支는 납음을 생하는 것이 첫 번째가 되고, 歲가 月을 생하고, 月이 日을 생하고, 日이 時를 생하는 것이 두 번째가 되고, 生을 얻은 者는 이미 자식이 된 것인데, 한신閑神에 이어 매인 것이 세 번째가 된다. 가령 木이 火를 생하는 이것은 한 여름에는 자식이 旺하고 어미가 쇠衰한 것이 된다. 남은 것은 이에 준한다.

3이 1을 훔치는 것은 가령 金이 3水, 4水를 생하면 어미가 생하는 자식이 많아 어미는 이미 허약해졌으니 자식이 약하게 되는 것이 좋고, 어미가 왕旺한 곳에 존재하면 또한 吉하게 된다.

가령 木은 火를 생하는데 亥가 있으면 자식은 쇠약하고 어미는 旺하게 되는 것이라 할 수 있다. 남은 것은 이 예와 같이 추리하면 된다.

● **전前이 부르면 후後가 응應하고, 生은 계승이고, 剋은 다스림이 된다.**

[註釋] 무릇 격국에는 一辰, 一干의 체용體用이 있고, 본말本末*이 있고, 호응呼應이 있어 어렵지 않은가? 生은 곧 계속繼續되어 끊이지 않고 순탄 원활하여 정情이 있는 것이고, 만약 剋하면 깎아 다듬고 단련하여 기제旣濟되고, 제방이 소통되어 조물造物의 다스림이 적절하게 된다. 이 같은 국면局面은 生剋에서 취하는 소절小節*로 이른바 대체로 꿰뚫을 수 없는 현기玄機일 뿐이다.

　　　　　　　　　　　** 본말本末 : 사물의 중요한 부분과 중요하지 않는 부분.
　　　　　　　　　　　** 완전婉轉 : 군색한 데가 없이 순탄하고 원활함.
　　　　　　　　　　　** 소절小節 : 대수롭지 않은 예절. 작은 절개와 지조.

● 좌左에서 머금어 우右에서 받아들이고, 거두어들이면 곧 귀歸하고, 흩어지면 비虛게 된다.

註釋 무릇 一干 一支가 柱中에서 남보다 뛰어난 것은 좌우에서 받들어 주고 도와주는 무리가 있는 것이다. 포라包羅가 있고, 귀향歸向이 있고, 산만散漫이 있고, 퇴탈退脫이 있으니 경중을 비교하여 득실 가감에 따른 마땅한 곳은 당연히 의의가 있다. 작은 것은 생각하다가 큰 것을 잃지 않아야 하고, 근본을 버리고 중요하지 않는 것을 따르지 말아야 한다.

● 국신局神을 취하지 못하면 일파一派의 청냉淸冷이 와서 한가하게 된다.

註釋 柱中에서 日主.財.官 등건等件을 用神으로 취하는데 잡雜하고, 탁濁하고, 번繁하고, 혼混하고, 승부가 없고, 제항制降이 없어서 우열을 구분하기가 어렵다.
경시한 어떤 한가로운 干이 主가 아니고, 用이 아니지만 도리어 좌우에서 근원을 만나게 되면 貴氣가 오르게 되어, 그 干을 취하여 日主와 神이 이어지게 된다.
어떤 숨은 神이 별 다르게 사용되어 빈 곳에 象을 만드는데, 어떤 경우 官과 合하고, 財와 合하는 등이 되어 局을 이루게 되면 이것을 취하여 적절하게 사용한다.
처음에는 비록 한가하여 사용하지 못하지만 이윽고 한신閑神이 때에 이르게 되면 그릇을 만들게 되어 곧 사용된다. 天下에 버릴 물건은 없다고 말하는데, 하물며 조화造化의 정황이 아닌가!

● 官氣가 혼탁하면 구원되어야 하는데 각 支에 짝지어 있으면 뛰어나게 된다.

註釋 곧 크게 어긋난 기의한 格의 일례로 官煞이 섞여 어지럽게 된 것을 일컫는 것이다. 하나는 짝하는 곳이 있고, 하나는 귀歸하여 승乘이 없는 者가 되면, 모름지기 歲.運에서 얻어 다시 귀歸하지 않은 者와 짝이 되면 吉하다. 혹 柱中의 官煞이 合하는 곳, 制하는 곳을 각 찾는 것이 좋다. 과過와 불급不及이 있고, 또 소식消息이 있는데 지극히 중요하다. 또 두 개의 官과 한 개의 煞, 두 개의 煞과 한 개의 官도 모두 이와 같은 종류가 된다. 가령 土가 日主가 되면 甲乙은 官煞이 되는데 支中에 申酉가 있고 혹 辰巳가 있으면 合하는 것과 制하는 것이 된다.

● 상호 교류하는 뜻이 있으면 누가 돕는지 살펴야 하고, 공협拱夾은 참되다 하더라도 나타나 훼손되는 것을 막아야 한다.

註釋 교류하여 뜻이 생기는 것은 가령 丙午가 壬子를 보는 것인데 남의 덕을 입는 것이다.
丙은 癸를 官으로 사용하고, 壬은 丁이 財, 己는 官으로 사용하는데, 남은 神을 살펴 어떤 者가 긴요하게 돕고 어떤 者가 긴요하게 돕지 않는지 살펴야 한다.
공협수진拱夾雖眞은 예를 들면 乙人이 癸未, 乙酉 二位를 만난 것이다. 확실한 공협拱夾은 甲申으로 진관眞官이다. 貴氣를 의심하지 않아도 되는데, 혹 여신餘神 火가 매장埋藏되어 있고, 혹시 歲運에서 火를 보고, 庚을 보면 그 위치가 전실塡實되어 화禍가 나타나도 이길 수 있다는 말이다.

● 合이 되어 힘이 나타나면 대수롭게 생각하여 내버려 두지 말아야 하고, 정영精英이 탈폐脫廢되면 時를 사용하여 바꾸어야 한다.

註釋 天干의 상합相合은 支神에서 보는 길흉이 중요한데 支神이 유력有力하면 자연히 비상非常하다.
地支가 相合하여 화목하며 승승乘한 곳의 천간의 힘을 보아야 하는데 힘이 중중하면 정신精神이 뛰어나다.

  1. 상하가 합으로 구비되면 合煞에 참됨이 있다. 가령 己亥木이 甲寅水를 보는 종류, 또 煞과 합하는 가령 甲子金이 己丑火을 보는 종류가 이에 해당한다.
  2. 煞神은 合을 꺼리고, 衝.刑.破.害는 좋아한다. 干神, 支神에 한만閑慢한 者가 있으면 歲,運에서 합하는 者는 정신이 백 갑절 된다.
  3. 녹마祿馬는 六合이 마땅하고, 刑.破는 꺼린다. 또 柱中에 合을 보고 힘이 노출되면 한가한 무리는 아니어 정신精神이 쇠퇴되지 않는다.
가령 내가 生하고 내가 剋하는 것은 원래 나의 氣가 흩어지는 것인데, 만약 時上의 用神이 凶을 제어制馭하게 되면 도리어 主의 바탕이 생조生助로 만회挽回되어 참된 생의生意가 있게 된다.

● 무리의 구분은 오로지 日主로 관찰하는데, 日辰으로 길흉의 위치를 구한다.

註釋 길신吉神은 재원財元, 관귀官貴, 인수印綬, 식신食神, 일덕日德, 월덕月德, 일귀日祿, 귀인貴人, 덕신德神, 천월합덕天月德合, 천사天赦, 월공月空, 시록時祿, 시상時象, 기보학당奇寶學堂.
흉신凶神은 금신金神, 양인羊刃, 칠살七煞, 공망空亡, 육해六害, 고과孤寡, 격각隔角, 삼형三刑, 충신沖神, 사신死神, 사절死絕, 구교勾絞.
일설一說은 年에 존재한다 하고, 망신亡神, 원진元辰도 상동上同하다.

　　　　　　　　** 전행專行 : 오로지 제 마음대로 결단하여 행함.

● 유취類聚*들은 年이 그 神을 사용하는 요소가 되고, 태세太歲가 택宅의 길흉의 궁宮으로 간여한다.

註釋 길신吉神은 건록建祿, 역마驛馬, 택신宅神, 천의天醫, 복덕福德, 궐문闕門, 진신進神, 생왕위生旺位, 화개華蓋, 삼기三奇.
흉살凶煞은 쇄살碎煞, 적살的煞, 함지咸池, 목욕沐浴, 망겁亡劫, 백호白虎, 양인羊刃, 비인飛刃, 파댁破宅, 대모大耗, 구교勾絞, 상조喪弔, 관부官符, 병부病符, 사절死絕.

** 류취類聚 : 같은 부류에 딸리는 것을 모음. 휘집彙集

● 時 좌坐를 자세히 헤아려야 하는데, 당연히 오행의 이치가 있다.

註釋 一. 時上의 망겁亡劫, 인살刃煞, 공망空亡, 원진元辰, 고과孤寡, 사패死敗, 금신金神, 백호白虎 등의 항목은 하나 같이 악악惡惡한 기운이 모여 日에 귀귀歸하면 뒤집히게 된다.
刑, 沖이 극범尅犯하는 者는 상서롭지 않고, 만약 귀기貴氣가 이 같이 모이면 상서祥瑞롭게 된다.

一. 年.月.日의 세 항목에 귀기貴氣, 삼원三元, 복록福祿의 神이 인입引入하면 어떤 者가 중重하고, 어떤 者가 경경輕한지 상서詳端를 확실히 구분한다.
어떤 者가 안온安穩을 얻게 되는지 어떤 者가 정주停住하지 못하는지 다시 자가自家에 또 재재載하여 거듭 얻는지 아닌지, 혹 선거船車와 같고, 또 옥택屋宅에 가加하고, 또 時에 가가家가 있고, 年.月.日 上에서 서로 의존하여 기대고, 호응하고, 그렇지 않은가 살피고, 또 시좌時座의 일위一位가 주체主體의 실마리를 만들기도 한다.

나의 견해는 감히 이와 같은 것은 아니다.

만약 길흉의 옳고 그름을 생각해보면 묘妙한 하나의 이치가 있는데, 체體가 정밀하고 적절한 조화造化를 얻어야 한다.

年.月.日의 내內 일위一位와 時가 화합한 者는 평평하고, 이위二位와 時가 화합한 者는 다소 부귀하고, 삼위三位가 다같이 時와 화합한 者는 대발大發하여 큰 부귀를 이룬다. 다만 日이 年과 굳게 얽매이고 月이 천淺하면 부귀가 다소 완만하다.

 一. 時에 剋.破.衝.害가 있어 구인勾引, 공망空亡, 사死, 패敗 등의 건과 화합하고 도우면 사태의 요점을 골라 취하는 최고가 된다. 가령 庚寅木 時를 乙亥火가 취하여 사용하게 되면 왕상旺相 생부生扶하는 氣를 얻고, 地를 얻은 것이 된다.

가부可否는 설령 바탕에 기댄다 하더라도 歲,運을 참고하여 길흉이 나타나고 쇠퇴하여 없어지는 연유를 비교하여야 한다.

 一. 時가 왕상旺相 유기有氣를 원하면 휴수休囚는 무정하여 사용하지 말아야 한다. 또 초初.중中.말末 3차의 정의情義가 있는데 가령 寅時 초初는 土에 속하고 中은 火에 속하고 말末은 木에 속한다.

 一. 時와 서로 충형衝刑하면 긴요하고 절실한 일이 되고, 실린 물물이 미덥지 못하게 된다.

시좌時座의 五는 긴요하게 이어지는 것으로 꼭 필요하고 중요한 길도가 된다.

대개 이 같은 日의 生辰은 天下에 두루미치어 통용되는 것으로 많은 사람에게 가장 중요한 공통된 부분인 조화造化이다.

시각時刻을 생각해 보면 많은 의혹은 있지만 크게 어긋나지 않아 사실을 증명할 만한 근거가 됨으로 기준으로 삼게 된다.

이에 교환하는 일괘日軌 각차刻次 사이의 정황은 원래 未時는 물시계의 누전漏箭*이 一刻의 다음이 되고, 午時는 사각四刻 팔각八刻이 된다.
게다가 도시에서 멀리 떨어진 山이나 촌구석에서 태어나 물시계의 영향을 받지 못한 사람도 있다.

** 변명辨明 : 어떤 잘못에 대하여 구실을 대며 그 까닭을 밝힘. 옳고 그름을 가리어 사리를 밝힘

** 루전漏箭 : 물시계의 누호漏壺 안에 세운, 물이 줄어 가는 도수를 보이는 눈금을 새긴 화살.
그 눈을 보아 시간을 앎.

● 허진둔법虛辰遁法*엔 삼술三術의 미묘한 뜻이 있다.

註釋 하나의 祿馬, 貴人 등은 吉하고, 刃.煞.死.敗 등은 흉하다.
일일이 정해진 위치가 갖추어져 있어 이에 오행이 둔원遁元한 干支를 사용하는데, 官(직무)의 일을 맡을 수 있어 지극히 응험應驗하다. 또 설명하면 太歲는 12宮의 선악善惡이 임한 곳으로 둔遁은 오직 歲神의 干에 감추어진다. 길한 곳은 복을 만들고, 흉한 곳은 재앙을 일으키게 된다.
도리어 日主가 財官 등의 건을 취하여 사용하게 되는데, 어찌 歲.日의 干, 이위二位를 관찰하지 않아도 되겠는가!
숨은 곳에서 생겨 나타나는 어떤 길흉 神煞과 主의 경중을 구분하여야 하는데, 가령 사람의 출신, 한 곳의 원류, 자격, 갈래 등의 경중을 살펴야 한다.

** 허진둔법虛辰遁法 : 月을 세울 때, 時를 세울 때 사용되는 각 天干 슴에 따는 12개 柱로 즉 甲己는 甲子부터 乙亥까지의 柱.

◉ **用神은 生時가 旺한 곳이 되어야 하고, 극제剋制되는 것은 꺼린다.**

註釋 사용하는 水가 官에 해당하면 申子辰의 곳이 되어 土를 꺼리고, 木이 官이 되면 亥卯未의 곳으로 金을 꺼린다.
이허중李虛中은 이른바 用神 가택家宅이 깨어진다고 하는데 나(育吾)는 오직 用神이 기발起發하는 곳이 먼저 깨어져 손상되면 用神이 귀歸와 저著가 없는 것으로 생각한다.

◉ **기신忌神의 좌령坐令이 旺한 곳이 되면 도리어 형상刑傷이 좋다.**

註釋 기신忌神은 가령 사용하는 金이 財가 되면 火는 꺼리게 되는데 火를 剋制하는 神이 좋고 土는 묘妙하게 된다.
水를 원하는데 도리어 寅,午,戌,巳가 오면 水가 줄어들고, 기신忌神 火가 크게 일어나는 기택基宅이 된다.

◉ **用神이 귀묘鬼墓가 되면 재앙이 되고, 用神에 貴한 뜻이 있으면 찬조를 받아 우뚝 서게 된다.**

註釋 用神이 몸소 귀묘鬼墓가 되었다면 吉한 것은 官庫가 된다. 가령 흉살凶煞을 차서 刑.剋.衝.절절竊하면 그 用神은 스스로 꺼리게 되고, 日主는 더욱 꺼린다. 用神 자신에 財.官.貴氣가 있는 것이고, 본가本家의 財官에 貴氣가 있는 것은 아니다.
순수하게 생부生扶하여 合하여 오면 정신精神이 백배가 되고, 日主가 보는 것이 더욱 마땅하다.

261

● 묘墓. 절絶과 煞刃이 刑하여 오면 재앙이 형성되고, 악이 모이고, 공空, 사赦가 財官을 거느려 체體가 되면 祿이 모이고 福이 더해진다.

註釋 墓.絶.死.敗는 활동력이 없는 부족한 도道다. 만약 살인刃煞, 망겁亡劫, 구원勾元 등을 차고, 日主와 用神을 衝.刑.尅.竊하게 되면 재앙이 온다.
월공月空, 천사天赦 二神은 길선吉善하고, 천월덕天月德, 천월합天月合, 四神도 같이 단정한다. 각 主의 일을 맡는 직무가 있다.
만약 財,官 등 貴를 主가 거느린 者는 다시 아름답게 되어 영화와 복기福氣가 빛나고 늘어선다.

● 傷官 묘신墓神의 무리는 柱中에서 가장 나쁘다고, 암暗에 겁재劫財, 고귀庫鬼가 있어도 흉한 命으로 구분한다.

註釋 傷官 본연이 묘고墓庫가 되면 가령 丙人은 土가 傷官이 되는데, 辰을 만나게 되면 傷官이자 묘신墓神이 된다.
만약 흉살을 차서 日主와 用神을 극尅, 절竊, 형刑, 충衝하면 악기惡氣가 긴절緊切*하게 된다. 劫財의 庫墓는 丙人에 戌이 되는데 겸해서 丁이 上에서 旺하고, 흉살이 앞에 와서 用神과 日主를 尅.절竊.刑.衝하면 흉하게 된다.

** 긴절緊切 : 썩 필요하고 실지에 꼭 맞음.

● 印綬에 生이 있는 곳은 윤택하여 좋고, 악신惡神 사지死地는 형상刑傷을 일으켜 두렵다.

註釋 印綬는 원래 나를 生하는 神으로 만약 자가自家가 生旺하고, 또 生合하는 神이 있으면 화禍가 바뀌어 福이 되고, 자가自家의 대의大義가 끊임없이 이어져 끊어지지 않아 좋다.

혹 가득차고, 혹 넘치면 곧 火가 나타나면 木이 분소하고, 水가 범람하면 木이 뜨고, 土가 많으면 金이 묻히고, 火가 많으면 土가 허虛하고, 水가 흐르면 金은 가라앉게 되니 도리어 크게 차게 되면 기울어지게 되고, 크게 왕성하면 꺾어져 재앙이 있게 된다.

흉악한 神은 자가自家가 이미 死絕이 되는 곳이 존재하고, 上에도 악기惡氣가 타 있고, 극剋. 절竊. 형刑. 충衝하여 用神과 日主가 낭패 당한다. 만약 사死. 절絕. 묘墓. 패敗의 궁상宮이 되면 主에 악惡이 와서 파괴시킨다.

● 用神이 악惡에 몰락한 곳이 되면 어찌 地支에서 뚜렷하게 갖추어지기를 원하지 않겠는가? 납음納音이 生旺하여 주면 用神이 안정되어 꺼릴 것이 없다.

註釋 무릇 用神은 패敗, 절絕, 악함惡陷한 위치가 柱中에 많이 노출 된 것을 꺼린다. 이것은 비천한 하격下格인데 흉살을 차게 되면 어찌 옳게 되겠는가?

혹시 一,二를 보면 옳게 되는 경우도 있다. 만약 歲,運에서 악함惡陷의 氣를 돕고 겸해서 살국煞局이 된 者는 침륜沉淪, 회민悔吝, 파실破失하는 氣의 종류가 되어 심하면 사망하고 장사 지낼 땅도 없게 된다.

공망과 煞이 있는 곳에 命의 납음納音이 예사롭지 않게 生하고, 예사롭지 않게 旺하고, 四貴의 地가 있고, 用神을 生하면 자연이 희열이 있게 되고 거리낌이 없어지고 편안하게 된다.

◉ 火土가 근원을 잃게 되면 진몽塵濛의 상象으로 변화된다.

註釋 만약 火土가 조화造化, 중화中和의 氣를 얻지 못한 조燥, 한寒, 편고偏枯한 者는 물물의 氣가 어둡게 바뀌게 되어 체암滯暗 혼몽昏濛의 象이 되어 빛이 나타나기 힘들어 만난 者는 이루지 못한다.

◉ 사패死敗의 상象인 무리를 生旺한 神이 손상하지 말라.

註釋 가령 사패死敗의 象이 되는 무리에 도리어 刑.衝.절竊을 범犯하는 이 무리가 生旺한 神이면 대개 형통한 조짐이 되지 못한다.
가령 水人이 묘가卯家의 木을 보았는데 酉金, 辰土, 巳火등 神의 무리는, 곧 日主가 生旺한 궁주宮主, 用神이 生旺한 궁주宮主라 할지라도 서로 犯하고 서로 剋하면 허물이 적지 않으니 상세히 살피는 것이 마땅하다.

● **五氣(오행)는 동서남북에 분포하여 있고, 地의 이치에서 배양되고, 없어지고 한다.**

註釋 亥子 水, 寅卯 木, 巳午 火, 申酉 金, 辰.戌.丑.未 土가 되는데 가령 金이 亥子에 도달하면 氣가 빠져서 없어지고 木이 亥子에 도달하면 태어나 길러진다. 남은 것은 이에 준하여 추리하면 되고 아주 중요하다.

● **一辰에 貴煞이 모여 숨어있고, 납음納音은 자왕自旺, 자생自生한다.**

註釋 가령 一辰에 貴가 모이고, 장생長生이 煞을 차 日時에 있으면 煞을 생하는 것과 같다.
一. 煞이 貴를 차고 이 貴가 長生이 되어 사용되는 이것이 貴가 스스로 生을 찬 것이다. 또 煞中에 貴가 감추어져 있는 것이다.
一. 年中 간음干音이 長生을 따르고, 같은 神煞이 日時이 있는 者는 진장생眞長生이 되고, 이에 年.月.日.時에 氣가 모이고, 또 하나는 강하고 네 개는 약하게 되고, 또 설명하면 사주에 오직 一位의 長生만 필요하고 오로지 旺氣가 되면 정신精神이 모이게 된다.

● 공망空亡은 소식消息되는 수數의 끝으로, 어찌 十干이 멈추어 이지러지는 곳이 되지 않겠는가?

註釋 이 煞은 가장 요긴要緊한데 경중輕重 진가眞假를 자세하고 상세하게 살펴야 한다.

一. 순공망旬空亡은 10日이 맡아 관리하거나 관할하는 上下를 구분하여야 한다. 가령 甲子 순중旬中에서는 五 陽干은 戌이 공망이 되어 끊기고, 五 陰干은 亥가 공망이 되어 끊기게 된다.

一. 氣을 경중輕重으로 나누어야 한다. 甲子가 壬戌을 보면 진공眞空이 되고 戊戌은 경輕하다.

一. 上의 比肩 일위一位는 태중太重하다. 가령 甲人이 癸를 보고, 乙人이 甲을 보는 종류가 되고, 또 십악대패十惡大敗가 있는데, 일순一旬 中에서 祿이 공망을 만나는 것으로 가령 甲子 순旬의 壬申, 甲戌 旬의 庚辰이 그 종류다.

一. 五氣의 낙공落空은 가령 甲子 旬의 水土, 甲戌 旬의 金, 甲申 旬의 火土가 이 종류가 된다.

● 官貴 양위兩立의 억부抑扶는 일로一路*로 자기磁基가 머무르는 것으로 칭한다.

註釋 官星은 一身의 귀기貴氣, 복福의 근원이 되는 것으로 제일 중요하고, 財神은 다음으로 중요하다. 만약 일부一扶와 일억一抑이 있으면 양위兩立의 의의는 승부를 분간하기 어렵다. 가령 陰陽 氣가 승강升降하지 않고, 한 運으로 쭉 나아가다 그 배속된 강약의 뜻에 의해 멈추는 것을 말한 것이다.

일어나고 닫히는 것을 잘 살펴야 한다.

** 일로一路 : 한 줄기로 곧장 뻗친 길 ②외곬으로 나가는 길.

● 煞이 나타나고 官은 숨으면 탁정託情*하고, 官이 나타나고 煞은 감추어지면 뜻이 세워진다.

註釋 煞을 보았는데 노신露神과 제합制合하면 고르게 나누어지고, 官이 숨어있고, 印은 없고, 다시 숨은 者의 主는 외외外外로 권모조략權謀操略하고 내내內內로는 간사한 계략을 품게 된다.
만약 煞이 重하고 財가 없으면 官神이 무정無情한 者로 도리어 좋지 않다. 官이 나타나 있고 煞은 감추어져 있으면 內는 성악무정性惡無情하고 外는 의화근절義和謹節하다. 대의大義는 이와 같은데 격물格物을 상세히 살피는 것이 좋다.

　　　　　** 탁정託情 : 인정에 호소하다. 청탁하다. 남에게 아쉬운 소리하다. 남에게 부탁하여 사정하다.

● 煞氣가 전일專一하고, 用神의 뜻이 먼 것은 꺼리고, 用神의 힘이 적절하다면, 煞이 밖으로 달리는 것을 꺼린다.

註釋 煞이 생부生扶되는 것은 꺼리는데, 혹 좌坐에 生旺한 곳이 있고, 또 찬합贊合의 神이 있다고 그 뜻이 전일專一한 것으로 말하는 것은 옳지 않다.
柱中에 用神에 生合하는 곳이 들어와도, 형형形形이 나타나 유기有氣하여도 뜻이 멀고, 혹 천중天中에 떨어지고, 비록 旺하다고 하더라도 지면地面이 없고, 힘 흩어져 뜻이 멀고, 그래서 氣가 전일專一하지 않다.
만약 用神이 찬합贊合하고, 부부扶가 있고 生이 있고, 혹 힘이 오로지 生旺한 자리가 되고, 또 생조生助하는 神이 있어 재능이 있고, 정정情이 있고, 힘이 있으면 적절하여 좋다. 기신忌神과 煞神 二者가 비록 柱中에서 못된 행실을 부려도 힘이 도리어 자편自偏하고, 歲.運에서 극절剋竊을 겸하면 자연히 柱中에 머물러 氣를 얻지 못하고 흩어져 외치外馳하게 된다.

◉ **이지러진 곳은 납음納音이 사용되어 기운이 보완되어 완전하게 된다.**

註釋 대요大撓가 납음법納音法을 만들어 8개의 구획을 사용하는 것으로 했다.
가령 어떤 버리는 물物과 氣가 이지러진 곳을 납음을 빌려 도울 수 있다. 가령 土에 흠이 있다면 납음이 土가 되면 도와 부족하지 않게 되고, 휴수休囚도 많은 도움이 된다.

◉ **물물에는 모두 묘묘한 뜻이 있는데, 身이 무엇을 할 수가 없게 된다.**

註釋 貴氣가 많고, 겹쳤는데 자신은 무기無氣하다면 어찌 임무를 맡아 수행할 수가 있겠는가? 가령 무리를 쫓고, 化를 쫓고, 象을 쫓고, 氣에 응하는 이것은 논하지 않는다. 일설一說에 身이 임무를 행할 수 없다고 하여 가령 병들면 생활 할 수 없고, 꽃은 열매를 맺을 수 없는 것과 같은 것이 이것이라 하였다.

◉ **세력이 충만하여 좋은 뜻을 가지게 된 것은 時에서 왕旺이 나타난 것이고, 象의 의미가 공한空寒하면 유서(幽棲:그윽한 거주지)에서 세월을 보내게 된다.**

註釋 팔자의 기후氣候의 세력 정황은 감정과 생각, 몸의 단계가 된다. 가령 사람이 氣가 건장하고 氣가 충만하면 온화하고 희열한 것과 같다.
젊어서 때를 만나 성공하는 것은 이로운 물건이 끊이지 않은 것이고, 혹은 歲,運에서 부지扶持하게 된 것 외에 어떤 것으로 더 말 할 수 있겠는가?
만약 팔자의 체제體制가 고허孤虛하고 기상氣象이 냉락冷落하고 겸해서 공망空亡, 휴수休囚를 찬 者는 지모와 재능을 펼치지 못하고 세월만 보내게 된다.

● 공공을 이룬 氣는 변화하여 존尊이 되고, 교호交互의 神은 왕래로 貴가 갖추어지게 된다.

註釋 성공 변화는 가령 壬水가 12月(丑)이 되면 기본氣本이 쇠잔하여 없어진다. 목상木象이 있어 支干을 끌어 화化하면 제일 묘妙한 일이 된다.
상호 교류하여 貴를 갖추는 것은, 가령 丁巳土가 辛亥金을 보는 것, 혹 庚寅木, 己卯土의 종류가 地支가 충충하여 불화한 곳에서 二支에 상호 한신閑神, 귀기貴氣가 있어 내왕하는 것을 말한다.

● 휴수休囚에 재차 공망이 들면 때가 이지러져 일이 물러나게 되고, 旺相하고 겸해서 生이 되면 권력이 집결한다.

註釋 무릇 休囚는 근본으로 좋지 않은 것인데 다시 공망이 되면 어찌 불우한 인생이 되지 않겠는가? 설령 때를 탄다고 할지라도 일 또한 퇴산退散하여 구제되지 못한다. 만약 五象이 旺相하다면 공망이 오히려 좋고, 金에 旺한 火가 들어오면 火가 공망이 되는 것이 오히려 좋다.
무릇 旺相한 神이 時를 얻으면, 가령 生하고 合하면 나은 정신精神이 되어 권력으로 변화하게 되고, 복이 늘어서 모여들고, 뜻이 옳게 행하여지고, 물러가고 나아감이 모두 차례를 잃지 않는다.

◉ **氣가 이미 과過한 者는 퇴장退藏하고자 하여 도리어 묘절墓絕의 地가 마땅하고, 물물에 방방이 들어오는 者는 장차 진취進取한 것이니, 근원이 生旺한 궁宮이 되어야 기쁘다.**

註釋 가령 3月 甲木은 氣가 지나간 것으로 퇴장退藏한 것이니 오직 묘묘墓, 절절絕의 地가 되는 것이 자연의 道가 되어, 만약 生旺한 곳에 임하게 되면 도리어 이치에 어긋난다. 방방이 生旺한 者는 가령 12月은 甲木의 진기進氣가 되고 1月은 乙木의 진기進氣가 되니 장차 나아가는 방향이 되어 生旺의 地가 마땅하니 禍가 되고 복이 되는 것이 더욱 절박하게 된다.

◉ **휴수休囚가 用이 되면 발월發越이 더디고, 旺相하여 무정無情하면 그 나쁨이 매우 빠르게 나타난다.**

註釋 用神이 비록 貴를 사용하는데, 나를 생하고 나를 돕고, 또 천을이덕天月二德, 天乙의 종류가 임하여도 天時의 旺相을 얻지 못하면 설령 사용한다고 하더라도 발월發越이 느리다. 柱中에서 비록 旺相한 神을 찬다고 하더라도 나와 더불어 아무런 뜻이 없으면, 가령 반길半吉 반흉半凶하고 歲,運에 이르러 흉살을 돕게 되면 재앙이 매우 빠르고 크다.

◉ **진신進神이 권력을 잡으면 지극히 뛰어나고 지극히 정당하다. 납음이 貴에 실리면 극剋이 마땅하기도 하고 생생이 마땅하기도 하다.**

註釋 진신進神이 貴氣를 차면 柱中에 제일 묘묘妙하고, 煞을 끌어 내입入內하면 제일 흉하다. 貴氣가 柱中에서 吉하다 하더라도 정정情은 끊어지지 않아야 한다.

납음은 나를 헌하거나 나를 生하거나 그 뜻이 부합하여야 한다. 그렇게 되면 貴가 아름답게 되고, 만약 납음의 生헌이 마땅하지 않고, 이 貴가 공망이 되면 부담이 되고, 나의 계통이 되지 못한다.

◉ **旺神이 충기衝氣하는데 투출한 것이 사용되면 시들어 마르고, 악살惡煞이 권력을 맡으면 본순本旬은 매우 급하게 닥친다.**

註釋 가령 丁未가 여름에 태어났으면 時를 만나 얻은 것인데, 丑과 刑하면 丑중의 辛癸가 나타나 형벌이 되고, 柱中에 투출한 것을 사용하는 者는 복기福氣가 박박薄하고, 禍도 경輕하다. 악살惡煞이 旺相하면 원래 흉한데, 만약 日辰과 일순一旬 내에 같이 있으면 禍가 빨리 나타나 엄중하게 되고, 貴神이 본순本旬에 있으면 吉이 요긴하다.

◉ **金神이 세력을 얻으면 흉하게 되고, 공망이 衝을 만나면 반드시 발發發한다.**

註釋 金神은 원래 흉한 것이다. 만약 火가 없어 制하지 못하고, 도리어 다른 곳에서 돕게 되면 旺相하게 되니 세勢를 얻어 난폭하고, 강剛하게 되어 그 흉이 극히 심하게 된다. 공망이 함몰陷沒시키면 사용하지 못해 물物을 버리게 되는데 충신衝神을 만나면 반드시 일어나 나타나게 되어 사용이 된다. 가령 寅이 공망이면 申을 본 것이 이에 해당한다.

◉ 인刃, 원진元辰, 망신亡神이 金으로 만국滿局되었다면 오직 火神이 힘을 입어야 하고, 火가 흉살로 旺相하면 모름지기 水의 상象에 기대야 한다.

註釋 金은 命에서 물物을 살해하는 상象으로 金氣가 만국滿局되고 흉살 등의 神이 되어 刑尅하는 者는 내가 타인에 살해되지는 않으면 사람에 상해를 입는다. 火가 制하지 않으면 반드시 증험하게 된다.
火가 만약 분염焚炎하면 왕성한 상象이 된 者로 즉 화염火災의 값이 많은 것인데, 하물며 歲, 運에서 또 그 氣에 부합符合하게 되어야 하는데 곧 水의 상象으로 구제하여야 한다.

◉ 木土 氣가 의탁하면 의지하여 발명發明하고, 극충尅衝의 힘이 머무르면 승부를 분간할 수가 없게 된다.

註釋 木은 土가 없으면 재배되지 못하고, 土는 木이 아니면 소통되지 못하니 歲, 運을 기다려 부족한 부분을 도움 받아야 氣가 빛나게 되어 자연 익견益堅하고, 윤택하게 된다.
충극衝尅되면 승勝이 있고 부負가 있고, 힘이 머무르면 승부勝負를 나눌 수 없게 되니 그 氣의 소식消息을 관찰하여 판단한다.

◉ 부지扶持 생조生助하면 양육되어 변한 神을 살펴야 하고, 전투戰鬥, 충전衝爭하면 붕괴되어 없어지는 氣를 살펴야 한다.

註釋 생조生助가 너무 넘쳐흐르는 者의 길러져 변화된 神을 살피면 어떤 곳이 체용體用의 터가 되어 吉凶의 징조가 있다.
전투戰鬥 충쟁衝爭은 붕괴되어 없어지는 氣를 살펴야 하는데 이것은 한가하여 물러난 것으로 쓸모없는 사람이 된다.

◉ 陰干의 刃도 분명히 취하여야 하고, 支의 힘이 당권當權하면 암범暗犯을 막는다.

註釋 지력支力은 하나의 귀력貴力을 일컫는다.
陰干의 刃은, 가령 丁己가 未를 보고, 辛사이 戌을 보면 刃이 되는 종류들이다.
支力에 당권當權하면, 가령 未가 貴神이거나 혹 힘이 重하게 되는 것은 午와 合한 것으로, 子가 未를 犯하러 오면 午가 衝한다. 또 未에 힘이 있으면 丑과 衝하면 丑중의 癸己가 출래出來하게 된다.

◉ 旺神은 높이 솟아있어 물물들의 목전이 아득하고, 악살惡煞이 꽉 차면 干이 머무를 곳이 없다.

註釋 가령 一位의 干이 天時의 旺한 氣에 이르면 탁월하여 柱中에서 권력權力을 마음대로 부리게 되어 다른 이끄는 者가 없게 되는데 尅하는 神이 어찌 감히 밖으로 나타나겠는가?

설령 숨어 엎드려 있다고 할지라도 어느 때고 감히 일을 처리하려고 나오지 못하는 것이다.

歲干, 日干이 가득한 煞刃 등의 악살을 만나면 자가自家 간주干主가 마침내 거주할 곳이 없게 되어 主에 좋지 않아 가난하지 않으면 사망한다.

⦿ 귀중鬼中에 귀鬼를 만나면 거취去就가 없고, 충衝이 충衝을 만나면 기대어 의지하는데 흠결이 있다.

註釋 나를 극해剋害하는 者는 귀鬼가 되고 뛰어난 鬼가 또 鬼를 만나 상해相害하여 상극傷剋이 되풀이 되면 氣가 최상에 달해 내가 핍박을 당하게 되고, 만약 다시 전제轉制가 없으면 갑자기 사망하게 된다.

支神이 충衝을 당하면 干神의 貴氣도 곧 불안정하게 된다.

어찌하다 충신衝神이 또 충격衝激을 만나게 되면 나의 집인 터전에 의지하고 의탁하지 못하게 되고 상象이 서지 못하고 물物도 이루어지지 못하여 재앙을 당하지 않으면 요절하게 된다.

⦿ 병탄倂呑* 중극重剋, 모두 禍를 이루고, 이격二激, 쌍충雙衝도 상서祥瑞롭지 못하다.

註釋 가령 甲이 二壬을 보면 중탄重呑이 되고, 二庚은 쌍극雙剋이 된다. 柱中에서 겹친 충신衝神을 보거나, 혹 합한 곳에 刑이 있고, 害가 있고, 剋이 있고, 破가 있으면 모두 상서祥瑞롭지 못한 조짐이 된다.

** 倂呑 : 아울러 삼킨다는 뜻으로, 남의 재물, 영토, 주권 등을 강제로 한데 아울러서 제 것으로 삼음.

● 五行은 반드시 균정均停하여야 한다. 치우치게 되면 물物을 구제하기 어렵고, 四柱는 완전하게 짝으로 맺어져야 흥쇠興衰에 두렵지 않게 되어 성공하게 된다.

註釋 균정停均은 5가지 설說이 있다.
 一. 日主와 用神이 부드럽게 조화되어 서로 구제하여야 하고 피차 각 의지 의존하여 치우치지 말아야 한다.
 一. 用神의 氣가 손상된 者는 손상 시키는 物을 制하여 못된 행실을 하지 못하게 한다.
 一. 干支 上下의 자양字樣이 서로 이어져 얻는 곳이 되고 과過하지 않고 부족하지 않아야한다.
 一. 사기死氣와 활물活物이 대결하면 적은 무리가 많은 무리에 이기지 못한다.
 一. 변變하고자 하면 化하여야 하고, 투기하고자 하면 파破가 있어야 하고, 정靜하고자 하면 편안하여야 하고, 犯이 있으면 격激하는 者가 있어야 한다.

필배匹配는 6개의 설說이 있다.
 一. 쇠신衰神을 이용할 때가 있다면 모름지기 運에서 쇠약한 者를 도와야 옳게 된다.
 一. 선악善惡이 비록 균배均配되었다고 하더라도 運에서 어떤 者를 돕는가에 따라서 길흉을 나누어야 한다.
 一. 아무리 用神을 사용하여도 성盛하는 때도 있고 쇠하는 때도 있는데 편고하면 구제되지 못한다.
 一. 서로 화목하고, 조화되고, 서로 화답하고, 서로 필요하고, 각 의지하고 기대야 한다.
 一. 旺하면 物을 이루고자 하고, 다만 쇠衰하면 온전하게 이루지 못한다.
 一. 干支가 각 貴氣와 짝하는 者가 있고, 혹은 괴렬乖劣한 者가 있다.

● 평생 복덕福德은 화물化物이 잇닿아 나타난 것을 알지 못한 것이고, 다음 위치에서 오는 神이 암상暗傷하고 저지하는 것도 알아야 한다.

註釋 支 內에 己乙, 辛丁의 종류는 모두 七煞로 나쁘게 말하는데 己(甲己合)土가 乙(庚合)金을 生하고, 乙(庚合)金이 辛(丙辛)水를 生하고, 辛水가 丁(壬合 木)火을 生하여 연이어져 끊어지지 않고, 하물며 명로明露하지 않는가!
허虛가 처處와 공공拱하고, 혹 甲.丙.壬.庚이 있어 암합暗合으로 氣가 완전한 者는 큰 부귀격富貴格이 된다.
天干에 다가오는 앞의 一位, 地支에 다가오는 앞의 일위一位도 모두 흉악하게 된다는 것을 알지 못하면 안 된다. 가령 乙이 丙을 보았는데 辛과 합하여 암손暗損된다.
또 刃의 종류로 子가 丑을 보고, 丑이 寅을 보고, 寅이 卯를 보는 것인데 刃이 있고 煞이 있고, 함지咸池, 比肩이 있는 것으로 악기惡氣가 다단多端하다.

● 十干은 진기眞氣가 서로 업신여기는 것을 고려하여야 하고, 七煞은 神을 剋하여 극히 절박하게 한다.

註釋 가령 乙酉가 戊戌을 보면, 戊火(戊癸合 火)가 乙金(乙庚合 火)을 손상 시키고, 육해六害(戌酉)의 묘화墓火가 되고, 왕금旺金의 氣가 나타나게 된다. 남은 것은 이와 같이 추리한다. 七煞이 극剋을 범범犯하는 것은 가령 乙木을 원래 사용하는데, 酉運으로 나아가고 丑 歲가 되면 충손衝損된다.
乙未에 金局이 있으면 본本의 乙木 用神을 깨는데, 겸해서 丑이 未를 衝하면 未가 비게 되어 장차 소장된 神이 부서져 깨어지고 땅에 떨어지게 된다. 이것은 한 예를 든 것인데, 남은 국국도 상세히 살펴야 한다.
단계에서 말할 만한 것을 멈추는데, 七煞이 충자衝者를 만나서 불길不吉한 것을 금국金局이 乙木 用神을 깨는 것을 가지고 논하는 것은 옳지 않다.

● 팔자의 태胎에 살형煞刑을 차면 의외意外가 있는 것을 알아야 하고, 四印은 어떤 干이 승기乘氣하는 가 그 종류를 상세하게 추리하여야 한다.

註釋 태신胎神의 소식消息을 전하는 바는 각 다른 종류가 있는데, 요즘 사람들은 다만 총 약 10개월만으로 정하여 얕고 깊음이 없어 이치에 어긋난다.
하나의 법은 10개월 좌우 사이에 소생한 日辰을 대조하는 것이 옳다. 가령 丙午日은 어떤 절내節內에 있는 가 대조하는 것으로 11개월 혹은 9개월도 될 수가 있다.
만약 刑을 차게 되면 主는 일찍 부모가 손상되고, 공함空陷, 충형衝刑, 사살四煞이 가장 나쁘다.

사인四印은 고가에 이르기를 辰.戌.丑.未는 四印이라 하였다.
戊己가 얻으면 主는 믿음을 속이고, 甲乙이 만약 만나면 탐욕으로 더럽게 되고, 丙丁이 혹 만나게 되면 질병과 가난이 있고, 庚辛 격은 어미가 자식을 생하게 되고, 丑 宮에 煞이 모이면 단명短命하고 壬癸未는 상세히 살펴야 한다.
[蟾彩 : 胎月을 구하는 한 방법이 있는데 丁巳월에 태어났다면 巳부터 4번째 있는 申을 地支로 하고, 丁 다음이 되는 戊를 天干으로 하여 곧 戊申이 胎月이 된다.]

● 오행은 방우方隅*에 분포하고, 死水, 生金은 사용에 차이가 있다.

註釋 火는 寅에서 生하고, 卯는 敗가 되고, 午는 旺이 되고, 金은 巳가 生이 되고, 午는 敗가 되고, 丑은 墓가 되는 류類이다.
가령 甲子人이 巳를 만나면 金은 生되어 生金이 甲을 剋하고, 절수絶水가 甲을 생하고, 임관臨官은 火가 도둑질해가는 것이 甲에 대한 것이 된다.

또 卯를 만나게 되면 사수死水가 甲을 生하고, 旺木은 같은 무리가 되고 敗火는 甲을 줄게 한다. 각각의 위치 위치마다 맡은 곳이 있으니 남은 局을 관찰하고, 차제에 억부扶抑로 논한다. 남은 것도 이와 같이 추리하면 된다.

** 방우方隅 : 전체의 면적 중의 한 모퉁이.

● 한 개의 神이 좌우左右에 한가하게 머무르고, 傷官이 본本을 훔치면 때를 기다리려야 한다.

註釋 한가하게 머문 神이 좌우左右에 존재하는 者는 곧 月, 時, 歲의 干이 된다. 뛰어나도 이것을 用으로 취하지 못한다. 연고는 한 결같이 차만差慢하여 갇혀 지혜를 기르니 병病을 길러 몸이 상喪하기 때문이다.

傷官의 神이 묶으면 무기無氣하고 묶지 않으면 일이 이루어진다. 홀연히 運에서 도우면 차등此等의 神이 일어나 나의 氣가 줄어들어 내가 사용하는 힘이 손상된다. 반은 진짜가 되고 반은 가짜가 되고, 그 실實은 몸이 괴롭게 되는 것인데, 세勢를 얻게 되면 소인小人은 영화를 만나고 권력이 생긴다.

머무르게 되면 이것은 재앙의 뿌리가 되는 것인데 어찌 소홀히 하겠는가!

● 干神이 피차 서로 안락한 것은 방방에 祿을 갖추었기 때문이고, 地支에 충격衝激이 내왕한다면 어찌 마馬가 달릴 수 있겠는가?

註釋 가령 甲人의 祿은 寅이 되는데, 壬寅를 보면 자가自家가 절로공망截路空亡을 본 것으로 복이 있는 승도僧道가 된다. 庚寅은 파록破祿이 되어 반은 吉하고 반은 흉하다.

또 丁이 戌를 보면 刃으로 祿으로 말하는 것은 어려운데 貴가 된다.
辛의 祿은 酉가 되는데 癸酉를 보면 火水가 상범相犯하게 되고, 丁은 酉가 공망귀空亡
貴가 되고, 丁은 木에 氣를 받고, 辛은 水가 목욕沐浴으로 主는 간음奸淫이 있고, 祿上
에 干이 숨어 있으면 이름이 진록眞祿이 된다. 저락著落*한 것을 어떤 방법으로 사
용하게 되겠는가?

干이 천을귀인天乙貴人을 보고, 貴上의 명간明干이 거듭 坐에 귀록貴祿이 되면, 가
령 丁人의 祿은 午가 되는데 月에 丙을 얻고, 丙의 천을귀인은 酉,亥가 되고, 辛酉,
辛亥를 만나고, 辛이 貴人 午를 보게 되면 入格으로 극품極品이 된다. 이것을 이허
중李虛中은 천록호귀天祿互貴라 하였다.

[蟾彩 :　　　時　　　日　　　月　　　年
　　　　　　　〇　　　辛　　　丙　　　丁
　　　　　　　(亥.　　酉)　　　午　　　〇

丁丙의 천을귀인은 亥,酉. 辛의 천을귀인은 午. 丁의 록은 午로 상호 호환한다.]

일마一馬가 충衝되는 것은 좋지 않다. 충衝하면 동動한다. 馬上의 干神이 貴에 승乘한
者는 吉하고, 馬上의 둔간遁干이 유정有情한 者도 吉하다. 가령 丁丑人이 辛亥를 만나
면 이는 귀처貴處(천을귀인이 역마)를 사용한다. 마상馬上(역마)의 干神(辛)이 몸소 흉살,
공망을 찬 者는 좋지 않고, 주체主體 혹은 用神을 剋하는 者도 좋지 않다. 혹 支神이
격렬하게 刑衝하면 여기저기로 떠돌아다니게 되는데, 馬가 어찌 편안하게 되겠는
가?

** 저락著落 : 물가(物價) 따위가 눈에 뜨일 정도로 현저하게 떨어짐.

● 官星이 손상되면 祿이 사용되는 것을 알아야 하고, 祿位가 衝破되면 官을 득용得用하여야 한다.

註釋 柱內에 傷官이 있어 官星이 피극되고, 해침을 당하면 日祿이 있으면 祿이 사용되어 도리어 온당하게 된다. 두 개가 사용되지 않고, 한 개는 불귀不歸한다.
祿位가 파괴破壞되면 오직 官星을 사용하여 체體를 정하게 된다. 무릇 일단一端의 貴을 사용하면 가장 뛰어나고, 많으면 정신이 흩어 진다.

● 祿位가 비록 명료하더라도 化氣는 두려워 꺼리고, 역마驛馬를 이미 보았으면 日辰 또한 중요하다.

註釋 官星 건록建祿등의 건이 이미 명료하고 깨어지지 않았다면 吉이 되고, 福이 반드시 된다.
만약 체용體用이 化를 이루었으면 도리어 시기가 있고, 약탈이 있다. 化가 와도 얻지 못하면 物이 이루어 지지 못한다. 또 싹이 빼어나지 않고 貴가 공망이 되고 官이 없으면 혹시 福이 있다고 하더라도 재물이 쌓이지 않고 복이 두텁지 않다.

역마驛馬는 원래 태세太歲宮에 묻혀있는데 승용乘用되기를 요하다. 만약 日宮에 마마가 나타나 중첩重疊한 者는 도리어 천賤한 국국이 된다.
일설一說에 日辰 마마와 세마歲馬가 비록 重하다고 하더라도 馬가 만약 유용有用하고 貴氣가 안상安相한 者는 뛰어나게 좋다 하여 다시 보니 적중하지 않더라.

● 녹빈祿賓이 사용되는 것을 기억하여야 하고, 馬가 근원이 되니 세밀하게 관찰하여야 한다.

註釋 둔록遁祿 上의 干을 녹빈祿賓이라 한다. 가령 年祿이 없으면 모름지기 둔遁의 祿官이 이른 것을 보고 干神을 사용한다. 主祿이 가장 적절하다.

日辰이 어떤 神을 사용하는가 보고 馬도 녹법祿法과 같다. 예를 들면 가령 丁巳歲의 丙日은 亥가 馬가 되고, 丁壬에 둔遁한 辛亥를 보면 丙日의 처가 되는데 主는 길 외에서 여자를 취하게 된다.
貴, 祿, 財, 官, 凶煞, 煞의 경중輕重을 구분하라는 말이다.

● 사용하는 象이 合을 맺으면 투쟁妬爭을 막아야 하고, 貴氣가 교류하여 통하면 분탈分奪을 확실히 관찰하여야 한다.

註釋 用神은 원래 日干과 합당하여야 하고, 유정有情 유기有氣는 짝이 되어야 하고, 혹 그 명암 中에 比肩이 쟁투爭妬하는 것을 만나지 않아야 한다.
用神이 자가自家의 神과 쟁투爭妬하는 者는 하나의 체단법體斷法이 되고 歲, 運도 마찬가지다.

무릇 貴氣 하나를 사용하는 것은 좋고 두 세 곳으로 用이 나누어지게 되면 중인衆人의 물物이 된다.
평생 분쟁으로 소송이 많이 일어날 뿐만 아니라 자가自家의 재산도 比肩이 쪼개게 되고 저쪽이 중중하고 내가 경輕하면 더욱 심하다.

● 財官은 오직 日辰에 의거하여야 하고, 망겁亡劫은 모름지기 태세太歲를 참고하여야 한다.

註釋 日辰은 오직 財官을 취하여 사용하고, 가장 친절親切하게 되는데, 흥하면 쇠약해지고, 왕왕하면 끊어지고, 상생相生, 상극相剋 각 歲와 더불어 세가歲家가 어떻게 통섭統攝하고, 그 나아가고 물러가는 것에서 화복禍福이 극험極驗하게 된다. 망겁亡劫 두 神은 일년의 지중至重*한 악살惡煞로 모름지기 歲君에 준하여 추리하여야 하고, 각 16반반般 망겁亡劫의 진퇴로 길흉이 있게 되는데, 나아가고 물러나고 취하고 버리는 것은 이미 앞에서 설명하였다.

** 지중至重 : 더할 수 없이 중함 지극히 귀중함.

[蟾彩 : 망겁 16반般은 삼명통회 적요에 수록하였다.]

● 貴는 강명降明 중경重輕이 있고, 부富는 고저高低가 있고 후박厚薄으로 나눈다.

註釋 貴

一. 격국의 체제를 살피면, 가령 세력이 맹렬하고, 主의 本은 웅건하고, 貴氣가 호환 왕래하고, 凶煞의 득소得所를 보좌하고, 거취가 없어 氣가 차지 않는 것, 이러한 것이 제1의 의미가 된다.

二. 用神은 지절至切* 지정至情*, 무파無破 무괴無壞, 격국의 무게(근량)가 상등相等*하여 순수하여야 한다.

三. 福神은 유정有情하여야 하고 화상化象은 체體를 얻어야 한다.

四. 本은 財官을 유용有用하여야 하고 運에서 부지扶持하고 절絶되지 않아야 한다.

五. 좋은 물物은 時上과 運中에서 부지扶持하여야 하고, 악惡한 물物은 時上과 運中에서 제어制馭하여야 한다. 흉한 곳에 덕신德神이 겸해있으면 吉한 곳은 늘 빛나게 된다.

富

一. 큰 부자는 財神의 경중輕重에 따른 것뿐만 아니라 貴氣가 완전하게 갖추어져 있는 者가 되는데, 氣가 두텁고 氣가 건장한 것을 보는 것에 불과하다. 다만 중간中間에 청순한 상象이 있으면 흠이 된다.

二. 정신精神을 도와야 하고, 한신閑神도 자못 뛰어남이 있고, 日主가 의지하여야 하는 印,食,財神 三者가 꼭 필요하다.

三. 녹마祿馬가 身을 도와야 하고, 日主의 포태胞胎 절처絕處에 氣을 받아야 하고, 財官을 사용할 시 生氣를 만나야 멀리 흐르고, 상象에 모인 氣는 광활하지 않아야 한다.

四. 庫財와 공공拱하고, 혹 노출되어 있으면 氣가 두터워야 하고, 衝하고 刑되면 財, 印, 食神을 三位, 一位을 사용하여야 한다.

日辰이 오직 자기 멋대로 구절拘切하고, 貴氣가 산만散漫하게 되니 상세히 살피면 각 고하高下가 확실하게 나타나 있을 것이다.

五. 나를 剋하는 物이 刑剋되고, 또 財星에 生旺의 氣, 혹은 財神, 祿馬, 貴人의 氣에 얽매여있게 된다.

** 지절至切 : 더할 수 없이 간절함. 꼭 필요함. 아주 종요로움
** 지정至情 : 썩 가까운 정분. 진심에서 우러나오는 참된 정.
** 상등相等 : 정도나 등급 따위가 서로 비슷하거나 같음.

◉ **빈천貧賤한데 수명은 길고, 부귀한데 일찍 사망한다.**

註釋 一. 用神이 극전剋戰하여 기댈 곳이 없고, 겸해서 休囚로 사용되지 못하고, 혹 死絕 박잡駁雜 한데 오직 身은 중화의 氣를 얻고 運에서 끌어 어느 한쪽으로도 치우치지 않게 된 것.

一. 身이 포태胞胎 사절死絕의 氣를 받은 곳에 임하였고, 福神을 차지 않았는데 運에서 해롭게 하는 者와 통하지 않았을 때, 혹은 공망空亡, 파쇄破碎, 원진元辰, 대모大耗, 육해六害 귀묘鬼墓, 금신金神, 백호白虎, 사절死氣, 刃, 煞과 교병交併하여 귀국歸局하는데 오직 한 개의 印綬가 있거나 한 개의 유력有力한 食神이 運에서 통인通引했지만 박잡駁雜한 것이 끊어지지 않은 者도 전문前文에 준한다.

一. 복이 득세得勢하여 왕래하고, 자신은 旺相하고, 歲,運이 현량顯揚하고, 用이 태만太滿하여 기울려진 者, 전생轉生의 神에 흠이 있고, 나를 剋하는 곳에 도리어 물러감과 나아감이 없고, 혹은 공망에 빠진 물물, 나를 刑衝한 취기聚氣의 장소.

一. 본상本象과 화상化象 모두 用神을 얻으면 복이 되는데, 좌우에 원원을 만나면 身은 도리어 化하지 못하여 불화不化로 근본이 평온하지 못하게 된다.

一. 貴氣가 만국滿局하고 身弱하면 임무를 맡지 못하고 歲,運에서 日主를 극전剋戰하면 위 글에 준한다.

　　　　　　　　　　** 현양顯揚 : 이름, 지위를 세상에 높이 드러냄
　　　　　　　　　　** 전생轉生 : 전생〔환생〕하다. 다시 태어나다.

● **성곽城郭이 튼실한 것은 火土로 말미암은 것이다.**

註釋 火生土는 가장 좋고 가장 튼튼한 뜻이 있다. 기상氣象은 자연히 굳게 갖추어져 반드시 本이 돈후敦厚하고자 힘쓰고 명성에 안형安享하게 되어 이롭고, 처세가 우유優游*하여 도리어 벼슬을 하지 못하고 건공입업建功立業이 공허한 者가 된다.

　　　　　　　　　　** 우유優游 : 하는 일 없이 편안하고 한가롭게 잘 지냄.

● 유년流年, 대운은 근원根源에 깔개를 갖추어야 한다.

註釋 무릇 유년流年과 운한運限의 속내를 따르게 되는데, 풍파風波 성패成敗를 격지 않는 者는 대개 근기根基가 우거지고, 근원에 있는 貴氣가 힘을 얻고, 歲,運이 끌어 행하고, 찬조贊助로 깨어지지 않고, 빙자憑藉*의 곳이 되어야 한다.

** 빙자憑藉 : 1.어떤 일이나 생각을 정당화하기 위한 핑계를 내세움 2.어떤 다른 힘을 빌려서 의지함

● 총명聰明은 덕수德秀가 아닐 수 없고, 어둡고 나태한 것은 늘 휴수休囚에 있게 된 것이다.

註釋 덕수德秀는 가령 申子辰月은 壬癸가 덕德이 되고 丙辛(水)은 수秀가 되는데 이것을 찬 者는 문업文業에 통달하고 총명하여 일에 밝은 사람이다. 남은 局은 이 례에 준한다.

휴수休囚, 폐사廢死 者는 천시天時가 되고, 사패死敗, 묘절墓絕 者는 오행이 된다. 가령 만국滿局에 이들 기수氣數를 차 갖추면, 일생 계책을 바라서 이루지 못하고, 물러나 어두워 장졸藏拙*하고, 만약 고독한 氣를 겸하면 물러나 은거하게 된다.

** 장졸藏拙 : 자기의 변변하지 못한 점을 감춤.

● 편기偏氣가 강강하게 갖추어 있으면 거칠고 저속하고, 본원本源이 의존할 곳을 잃으면 표류漂流한다.

註釋 가령 팔자가 순음純陰 순양純陽이 되고, 柱中의 合神, 財官 등의 貴가 결함이 있고, 用神은 이미 치우쳐 있고 또한 강강하고, 또 刑, 衝의 물물이 온 者도 모두

편기偏氣에 이른 것이다. 비록 뛰어난 사람이지만 또한 세속 서럽고, 준수하고 재주가 있는 사람은 아니다.

日主가 상象을 취할 수 있는 무리가 없고, 氣가 오르는 貴가 없고, 柱中에 한신閑神과 만살慢煞과 얽히고, 형刑. 극剋. 충衝. 절竊이 겸해 있어 산만散漫한 氣가 되는 이들은 나산치축懶散馳逐하여 계략만 많고 이루는 것은 적다.

● 氣가 맹렬猛烈하면 物에 해롭고, 사람이 상傷하고, 象이 순화純和하면 조종操縱이 없다.

註釋 세勢가 天時의 氣에 당면하면 용맹강강勇猛剛强한데 만약 다시 금신金神, 백호白虎, 인刃, 살煞, 형刑, 해害들 神을 차서 흉하면 강도强盜 겁략劫掠하고, 선善하면 백정, 장사꾼등 상업을 하게 된다. 종내 해로운 物에 의해 죽고, 사람이 살육을 당할까 두렵다.

임하는 일이 끊어지고, 조짐의 변화가 날카롭게 통하는 이러한 모든 것은 흉살의 神에 말미암은 것이다.

지체하지 않고 막히지 않는 것은 用神을 돕는 것이 있어 그러한 것이다.

만약 柱中에 상수象數가 순화純和하고 유선柔善하고 기실氣實하여도 곧 사람이 지켜야 할 도리와 윤서倫序가 있어야 가능하다. 비록 用神이 있다고 하더라도 또한 어렵다.

** 조종操縱 : 마음대로 다루어 움직임. 자유로이 다룸. 현금에는 직접 손을 대거나 지시하지 않고, 결과적으로 자기 뜻대로 사람을 움직이는 일에도 이름

● 풍채가 좋고 의기가 당당하게 호응呼應되는 것은 원原의 刃煞의 위엄에 의거하고, 풍부한 재물에 악착하는 것은 고묘庫墓의 氣를 차서 최고에 달한 것이다.

註釋 貴氣만 있고 刃煞의 보좌輔佐가 없으면 단독으로 일에 임하지 못하여 위용威勇이 없다. 상호 상응하게 뛰어난 부분과 부족한 부분을 합당하게 만들 수 있게 刃煞이 貴를 돕게 되면 반드시 큰일을 세울 수 있다. 딱 잘라서 인정에 억매이지 않고 결정하는 사람이 된다.

[蟾彩 : 官殺의 성정]

명목名目*이 미비微卑한데 도리어 재록財祿이 나타나게 되는 것은 고묘庫墓 中의 잡기雜氣 財.官.印綬와 친분이 두터워 日主에 유익하고 게다가 歲,運과 다시 부합하게 된 것이기 때문이다.

● 신강身强한데 刃이 노출 되어 있으면 도리어 취렴聚斂* 영영營營*하고, 干合이 많아 치우치면 정신精神이 도란倒亂 묘묘渺渺*하다.

註釋 신강身强은 힘이 건장한 것으로 柱中 암暗에 재원財源이 있는데, 만약 刃이 노출되어 있으면 원래 財를 겁탈하는 것인데, 다만 나에게 힘이 집중되어 있고 財神과 유정有情하면 도리어 刃이 노출되어 있어도 나쁘지 않다. 무릇 나의 物을 거두어들여 저장 할 수 있기 때문이다.

이 등급의 격조格調*는 간린慳吝*하고 독충 같고 돈을 모으는 능력은 좋다. 그러나 柱中, 歲,運에 刃이 旺한 地가 되면 구태여 이와 같이 논단論斷하지 않으니 구분하여 상세히 논하여야 한다.

干에 合이 많아 치우친 것은 가령 乙이 三庚, 二庚과 合하는 者인데 어찌 합당한 것을 얻을 수 있겠는가? 또 몸소 편고偏枯 도란倒亂하여 설령 化를 얻어 象을 이룬다 하더라도 완전한 아름다움을 이루지 못하고 삼성三姓과 동거同居하면서 살아가고 양성兩姓과 만나 살아가는데 불과한 것이다. 오얏에 접붙혀 복숭아로 바꾸는 사람이 이것이다.

** 영영營營 : 세력이나 이익 등을 얻으려고 골똘함. 또는, 그 꼴.
** 취렴聚斂 : 백성의 재물을 탐내어 함부로 거두어들이는 것.
** 묘묘渺渺 : 요원하여 끝이 안 보이는 모양. 그지없이 넓고 아득한 모양. 아주 약하고 작은 모양. 미미한 모양. 보잘것없는 모양.
** 격조格調 : 사람의 품격과 지취志趣, 품격, 인격,
** 간간린吝 : 몹시 안달하여, 하는 짓이 다라움. 간탐. 칠죄종七罪宗의 하나인 인색.

● 만약 신살神煞이 펼쳐져 무리가 되면 허장성세虛張聲勢*하고, 일종一種의 貴가 세 곳에 말미암게 되면 영령英靈이 분산된다.

註釋 煞은 本에 모이지 않아야 한다.
만약 단지 一位의 煞이 모든 곳으로 향해 퍼지면 힘이 자연히 분산되어 경미하다. 많은 꾀가 이르지 않고 적게 이루어지고, 입은 거칠지만 악의는 없고, 분에 지나친 욕망, 큰 절조, 힘은 적고 임무는 크다.

한 건의 貴氣는 정신을 몰두되어 뛰어나다. 만약 2,3 곳에 있으면 구름은 빽빽한데 비는 오지 않고, 빼어나지만 부실하다. 혹 貴가 비고 官이 없으면 공부는 많이 했지만 이루지 못한다.

** 허장성세虛張聲勢 : 헛되이 목소리의 기세만 높인다는 뜻으로, 실력이 없으면서도 허세로만 떠벌림

● 평두平頭가 현침針刃을 차면 어찌 상잔傷殘이 없겠는가! 구교勾絞와 망겁亡劫에 아울케 되면 어찌 교활하지 않겠는가!

註釋 평두平頭는 甲,丙,丁,壬 등의 자양字樣에 현침懸針, 양인羊刃, 형해刑害의 日辰이 된 것이다.

一云 : 日 中에 煞, 화개華蓋등을 찬 것으로 主의 첫 부인은 잔질殘疾이 있고 우둔하다.

一云 : 대개 사사로 인하여 결혼하고, 혹 아름답고 반드시 음란하다. 가령 己巳의 未日, 혹 己亥, 己卯가 된다.

一云 : 日時 羊刃은 첩신貼身한 刃으로 처와 생이별, 사별한다.

一云 : 현침懸針과 호환되면 主는 질병이 있게 되고 관청에 형벌이 있게 되고, 아울러 좋지 않게 사망하고, 자형自刑이 되면 女人도 그러하다.

구교勾絞 二神은 主가 교활, 파패破敗하고 좀하면 위엄이 있고, 만약 망겁亡劫에 임하면 필히 흉하고, 게다가 日主에 불화한 者이다.

[현침 : 甲.卯,辛,申,午]

● 財가 庫地에 있고 身은 쇠衰하면 성性이 비린鄙吝*하고, 氣도 비열하다.

註釋 財神이 庫에 폐장閉藏되어 있으면 이미 모자라 刑衝으로 열어야 하고 게다가 身弱한 者, 이러한 사람은 도량이 인색 비천하고 기량이 활달하지 못하다.

** 비린鄙吝 : 몹시 다랍게 인색함.

● **木이 학당學堂을 만나고 火가 生地에 임하면 글이 정화精華하고, 감정이 거만하고 교만하다.**

註釋 木火는 문명文明의 상象으로 生旺의 위치에 거주하면, 主는 문학文學에 소통疏通하고, 재능이 웅건雄健한데 木火는 염상炎上의 氣로 사람이 작은 일을 고려하지 않고 밑으로 굽히지 않고 거만 교만하고 경솔하다.

　　　　　　　** 정화精華 : 물건 속의 깨끗하고 아주 순수한 부분. 뛰어나게 우수함. 광채.

● **덕망德望을 뿌려 명성聲名이 높고, 영리하여 지모智謀의 재략才略에 능하다.**

註釋 貴氣가 도와 干이 유력有力한 것은 천월덕天月德 및 天乙이 호환 내왕하는 것이다.
主는 총명聰明 아망雅望하고, 겸해서 공망空亡, 형충刑衝의 바탕을 득용得用하면 위 글에 준한다.
煞刃이 貴象을 돕고 제복制伏이 있으면 얻는 것이 있고, 日干이 다스릴 수 있으면 위 글에 준한다.
또 설명하면 水가 貴氣를 차고, 부조扶助하고, 제방隄防이 있으면 재능이 있고 임기응변에 능하고 지모가 넘치는 사람이 된다.

● 재원財源의 局이 되면 길거리에서 점포를 경영하고, 절기竊氣로 의지할 곳이 없으면 외국, 강호를 분주하게 나다닌다.

註釋 格局이 넓지 않고 기량이 충분하지 못한데 다만 재원財源이 身을 도우면 1,2 支의 생부生扶는 영리하고, 순수한 局이 되고 겸해서 고신庫神을 득용得用하고 택신宅神과 유정有情한 者는 위 글에 준한다.
또 설명하면 食神 혹 印도 이 예와 같이 단정한다. 만약 설기泄氣의 神이 한만汗漫* 도도滔滔의 세세*와 소원하고, 유력有力하고, 모여 의지하지 않으면 위 글에 준한다.

** 한만汗漫 : 탐탁하지 않고 등한함
** 도도滔滔 : 세력 등이 걷잡을 수 없이 성하는 넓고 큰 모양.

● 강호江湖가 범람하면 풍찬우숙風餐雨宿*하고, 나망羅網으로 홍몽하면 쇠사슬에 이리로와 속박되는 이름이다.

註釋 강호江湖는 亥子를 말한다. 만약 財官 계통이라면 用神은 祿馬가 되고, 그 氣가 범람하여 넘치는 者는 생계의 길이 한 밤중까지 이른다. 水가 넘치면 馬가 刑衝이 된 것으로 단정한다.

辰巳는 지망地網이 되고, 戌亥는 천라天羅가 되는데 用神이 완전한 者가 地를 잃으면 五氣가 象을 이룰 수 없어 썰만한 이름이 되지 못하여 이루지 못하고 그물에 먼지만 끼고 어두운 안개 속을 헤맨다. 歲,運에서 같이 임하게 되어 日干을 剋害하는 者는 사망한다.

** 풍찬우숙風餐雨宿 : 바람에 불리면서 먹고, 이슬을 맞으면서 잔다는 뜻으로, 떠돌아다니며 고생스러운 생활을 함을 비유해 이르는 말

◉ 水火 동요動搖는 벼슬길林裏立身에 시비是非가 많고, 木金 화협和協은 예의가 있는 집안이 되고 재물이 일어난다.

註釋 水火는 곧 인간과 동물, 이 格은 시비와 구설수를 많이 범犯한다.
무릇 입신立身하여 맡은 일로 매 싸우고 시끄러운 곳으로 출두하고, 싸우는 중에 지위는 분명하게 된다.
만약 吉하면 책략을 결정하는 위치에 오르고, 책략을 결정하는 재치가 있고, 凶하면 아름다운 이름이 되지 못한다.
金木이 치우치지 않고 氣가 화합되어 중화中和를 이루면 음양이 서로 짝이 되어 구제 된 것이니 반드시 임무가 튼실하게 되고, 내가 만약 저쪽을 剋하면 마땅히 합당한 재물을 얻게 되고, 만약 교착交錯 무정無情하면 주가 객客에 능범당하여 주는 옳지 못한 사람이 된다.
내가 손상되면 의중意中의 재물을 잃고, 혹 불의의 일을 당하여 누명을 써서 원통하게 되고 욕辱되게 꺾인다.

◉ 역마가 나를 剋하고 타他를 生하면 바깥의 祿이 나타나고, 공망된 물물에 명료한 氣가 있으면 가슴에 뜻이 없는 이름이 된다.

註釋 마상馬上 干이 日主를 剋하고, 혹 마위馬位에 있는 물물이 나를 生하는 者는 먼 곳의 외재外財가 나타나게 되고, 혹 변경邊境에서 재록財祿이 나타난다.
공망은 흉패凶敗의 곳이 되는데 만약 좋은 象이 모여 들어오면 가령 金火가 공망되는 것이 좋다면 승왕乘旺하여야하고, 官,貴 등의 神과 유정有情한 者도 이 격국과 합당하다.

● 身에 비록 食祿이 있지만 빈한貧寒하고, 庫에 여재餘財가 있으면 명목이 비천卑賤하다.

註釋 팔자 체단體段이 경청輕清하고, 官神이 승귀乘貴하고, 地支가 그 象을 깨고, 財가 휴폐休廢되고, 또 사절死絕 등의 곳에 들고, 묘고墓庫, 택신宅神이 貴를 차지 않고, 택신宅神이 거듭 충파衝破된 者는 위 글에 준한다.

貴氣가 공망에 떨어지고, 用神이 사패死敗한 곳에 들고, 生하는 뜻이 없고, 함지咸池, 목욕沐浴, 백호白虎, 공망이 도리어 보호하는 것과 손잡았고, 柱中에 오직 財庫만 있거나, 혹 財神이 전왕專旺하고, 日主를 돕는 者를 剋하면 위 글에 준한다.

● 歲가 대궐문을 엿보면 마땅히 조당朝堂 직職에 가깝고, 氣가 저택을 衝하면 조업祖業의 터에 의지하기가 어렵다.

註釋 태세太歲의 대상은 대궐문으로 공공拱하게 되면 格에 들게 되어 主는 食祿이 있다. 직임職任*은 모두 조당朝堂에 가까워야 하고 요로要路*의 곳은 歲 앞의 제 五位가 된다.
만약 파충破衝하고, 다시 日主와 貴氣를 생부生扶 통섭統攝하지 못하는 者는 主의 조상 기업基業을 이파離破하여 거주하지 못한다.
만약 관부官符와 망신亡神이 승乘하면 主는 벼슬을 하지 못하고 파쇄破碎 겁인劫刃이 범하여도 과거에 급제하지 못한다.

** 직임職任 : 직무상의 임무.
** 요로要路 : 가장 신요한 길. 현요顯要한 자리・요진要津.

◉ 이위二位의 망겁亡劫은 좋지 않아 집과 전답이 깨어지고 사중四仲이 함지咸池를 犯하면 재물을 탐하고, 자태는 아름답다.

註釋 歲 앞의 제 五位는 명택命宅이 되고, 뒤의 제 五位는 녹택祿宅이 되는데, 命宅은 사람이 사는 집과 같고, 녹택祿宅은 전답, 무덤이 된다.

만약 망겁亡劫을 차면 主는 평생 재물을 헛되이 사용하여 집을 짓고 논밭을 폐기하여 도리어 主가 파괴破壞되고, 게다가 日과 형刑, 충衝, 해害, 겁劫, 파破, 극剋되면 어떻겠는가?

子.午.卯.酉가 완전하면 예부터 말하기를 편야遍野의 도화桃花라 하였다. 또 염정廉貞, 목욕沐浴, 또 폭패暴敗 도화桃花라는 이름이 있고, 이것을 차면 主는 풍류風流 예술藝術을 좋아하고, 성격이 공교롭고 급하다.

입신立身을 가려보면 日과 더불어 형刑, 충衝, 극剋, 절竊한 곳을 보아서 판단하고, 水는 꺼리는데 主가 음란하다.

즉 貴,煞의 경중을 잘 판단하라는 것으로 함지咸池는 심하고, 목욕沐浴은 함지보다 심하지 않다.

◉ 마馬가 공망이 되면, 늘 다른 길에서 상업으로 재백(財帛)을 만난다. 녹위祿位가 천중天中(공망)이 되면 항상 명성과는 먼 이름이 된다.

註釋 마상馬上에 둔간遁干을 득용得用하고, 馬上의 명간明干이 나를 돕고, 재원財元을 만들고, 馬에 坐한 財가 生旺의 地가 되어도 도리어 공망을 좌坐하면 의미가 없다.

딴 곳에 출입이 많으면 딴 곳에서 에서 財祿을 얻고, 혹은 딴 방도에 흔들리면 祿에 이로운 마음이 없어져 다른 길을 택한다. 본업으로 얻은 재물이 아니라는 말이다. 天中은 곧 공망인데, 祿을 대帶했지만, 만약 쇠패衰敗한 者는 위 글에 준한다.

日에 백호白虎가 더해지면 긴절緊切하게 되는데, 혹 사람들에게 악한 소문을 퍼트리기도 한다. 게다가 水火 象으로 다시 함지咸池 도화桃花가 아닌가?

● **卯酉는 문호門戶를 옮기어 바꾸기를 좋아하고, 巳午는 마땅히 태몽을 꾸게 된다.**

註釋 卯酉가 日時에서 서로 犯하면 집과 정자 장식을 좋아하고, 문호門戶를 옮기고 고치고, 馬를 차면 보통 거주지를 옮긴다.
태胎, 시時에 巳午가 더해져 임하고, 年祿을 차고 日主와 화해한 者는 자식을 얻어 부모가 된다.

● **旺한 刃에 煞이 없으면 이단異端을 편호偏好하고, 亡劫이 다시 타신他神을 이끌면 술을 잘 마신다.**

註釋 陽刃은 旺한 기운인데 별다른 여분의 煞이 없는 者는 강렴剛廉 정직正直 무용武勇이 있고, 동물을 잡아 기르고 때려잡고, 火가 모여 있는 類類에 학당學堂, 官貴를 차면 다르게 살핀다. 망신亡神, 겁살劫煞, 양인羊刃이 많이 모이고 다시 日과 불화협不和協하면 이리와 고래의 음식이 되고, 日을 따르면 술을 취하여 노래를 부르고 풍파風波에 일임하고, 낙백落魄하여 아무것도 이루지 못한다.

● 도화桃花는 방자한 풍류가 되고, 파쇄破碎 조원朝元은 낙백落魄이 된다.

註釋 도화桃花는 主가 비녀를 꼽는 것으로, 가령 卯人이 寅午戌를 보고, 酉人이 申子辰를 본 종류다. 또 도삽도화倒插桃花가 있는데 사람이 풍류로 호방하고 세속에 구속되지 않고 또 어질기도 하고 어질지 않기도 하는데, 日이 극절剋竊되는 것으로 준하게 된다.

파쇄破碎 조원朝元은 가령 酉人이 寅.申.巳.亥를 보는 것, 丑人이 辰.戌.丑.未를 보는 종류이다. 또 회두파쇄回頭破碎가 있는데 日辰을 극剋. 절竊. 형刑. 해害하는 것으로 主는 간교하고 요절하고 경輕하면 뜻을 이루지 못하고 가난하다.

● 관부官符(망신)가 天中(공망)에 떨어지면 말이 허망虛妄하고 터무니없는 거짓이 많고, 공망이 天乙에 임하면 노래를 부르기를 좋아한다.

註釋 간부官符는 곧 망신亡神인데, 공망이 되고 더불어 日을 극절剋竊하고, 천을귀인이 공망이 되고 더불어 日을 극절剋竊하면 각 위 글에 준한다.

● 기본적으로 사용하는 氣가 손상되면 원망을 품어 탄식하고, 신강身强은 무거운 멍에로 허망하여 방탕함으로써 예의범절도 무시한다.

註釋 用神이 당생當生하고, 설령 상상傷하지 않더라도, 만일 歲,運에서 剋한다면 반드시 의중意中은 있지만 도리어 실의失意하게 된다. 그래서 원망이 생겨 탄식한다.

무릇 身旺한 사람은 음주에 취하여 어질어질하게 되는 者로 하고자 하는 것에 기세가 세지 않아 얻는 것이 없는 사람이다.

혹 또 歲,運에서 다시 겹치게 되어 氣가 감강하게 되면 자연히 음탕淫蕩하고 미쳐 망령스럽다. 겸해서 재산이 깨어지고 가업家業이 몰락한다. 柱에 어제馭制 의탁倚托이 있으면 다른 것을 상세히 살펴야 한다.

● **백호白虎가 刃을 겸하면 늘 욕하고 싸움을 많이 하고, 화개華蓋와 자묘自墓는 청복淸福을 누린다.**

註釋 백호白虎가 刃이 되거나 이에 백호白虎와 비인飛刃, 양인陽刃이 동궁同宮하고, 더불어 日이 형형刑. 충衝. 극剋. 절竊한 者는 이와 같다.

하나를 설명하면 만약 日時 上에서 年을 剋하는 者는 처첩이 흐리멍덩하고, 그렇지 않으면 처와의 증명이 어긋나고, 친척과 다투고, 처 또한 욕된 사람이다.

화개華蓋가 자묘自墓가 되어 만약 身이 生旺하고 또 歲.運과 日이 화합하여 국국을 이루면 청고淸高한 복을 받고, 그렇지 않으면 승도僧道 구류九流가 된다. 가령 庚辰은 자묘自墓라 할 수 없는데 다만 무당이 되고, 혹 손재주가 많은 사람이 된다.

또 설명하면 화개華蓋가 묘墓를 차고 氣가 있으면 主는 福과 수명이 긴데 다만 큰 벼슬은 하지 못하고 혹 승도로 명성이 있게 된다.

만약 귀鬼, 함지咸池를 차면 예술을 하지 않으면 무당이 된다.

◉ **祿과 命 두 神이 서로 부딪치면 고무鼓舞*하고, 귀살貴煞 사위四位가 상계相承하여 갖추어진 것이 접합하면 취용取用한다.**

註釋 앞의 祿, 命, 이택二宅의 법은 만약 형刑. 충衝. 극剋. 해害가 일어나 격하게 저촉한다면 길흉의 의미가 어떠한 가 살펴보면, 日과 더불어 불화不和하면 응하는 징조가 이러하다.
무릇 祿. 命 二神이 실제 命을 衝하면 좌左는 두드리고 우右에서 춤을 추게 되는데 氣가 하여금 그러하다.

煞이 2개 혹은 3개가 되어 一辰 上에 한데 합한 者가 되고, 또 柱中 네 위치는 각 길흉의 神이 있는데, 모여 있는 神이 어떤 위치에 가장 많은가 구분하여야 하고, 장단長短도 비교하여야 한다. 寅,申,巳,亥가 장생長生에 속하지 않으면 凶하다.

** 고무鼓舞 : 북을 쳐 춤을 추게함. 격려하여 기세를 돋움, 부추겨 용기가 생기게 함.

◉ **水火의 象이 경청輕清하면 문장文章과 술術에 뛰어나고, 刑衝이 된다면 도道, 덕德, 선禪의 길이 된다.**

註釋 水火는 감리坎離의 神으로 기제既濟의 조화가 되어야 한다. 그 중에 氣가 청清하면 문장文章에 대해서는 뛰어난 者가 되고 경輕하면 술업術業에서 보통보다 뛰어나다.
공망이 되면 뛰어난 신선이 되고, 刑하면 도법道法으로 귀신을 쫓고, 스님이 되니 연구하여 깨우쳐야 한다.
오직 日辰을 논하고 격상格象의 경중輕重을 파악하여 판단하여야 한다.

● 金土의 근원의 氣가 노老하면 재물이 창고에서 누각까지 쌓이고, 연약하여 완전하지 않으면 상업과 수예手藝가 된다.

註釋 金土의 의미는 얕게 태어나야 貴한 공덕이 있고, 氣가 노老하면 그 물物을 성취하게 된다. 무릇 富는 감추어져야 마땅하여 집과 장원이 장관壯觀을 이룬다.
혹 氣가 쇠약하여 끊어져 없어지고, 혹 초初로 새롭고, 氣가 연약하면 상업을 하지 않으면 기능공이 된다.

● 화개華蓋, 묘신墓神이 천월덕天月德과 합하면 천석泉石*의 가풍家風을 잇고, 휴수休囚, 일덕日德, 사절死絶 패생敗生은 하잘 것 없는 세상의 선비가 된다.

註釋 화개華蓋, 묘신墓神, 천월덕天月德이 모여 이 3건이 柱中에서 순환하는 者는 반드시 물가의 돌 위와 숙연宿緣*이 있어 탐구의 길은 선仙을 선택하는 의지意志가 있다.
일덕日德이 만약 휴패休廢가 되면 그 덕명德名이 허虛하게 된다. 게다가 또 간음干音(납음오행)이 사패死敗 등위等位가 되고, 악기惡氣 공망空亡이 생조生助하여 오는 者는 형편없는 선비일 뿐이다.

** 천석泉石 : 샘과 돌. 산수의 경치. 수석水石.
** 숙연宿緣 : 지난 세상에 맺은 인연.

● 십악대패十惡大敗는 貴하면 장수가 되고, 천賤하면 도적이 되고, 수사囚死, 공망空亡이 만약 모이면 生者는 도道가 되고 쇠자衰者는 중이 된다.

註釋 십악十惡은 도道로써 장경장경藏經의 소재所載에 준准한다. 貴氣가 상부相扶하여 청후淸厚한 格이 들면 반드시 병권을 장악한다.
만약 흉살이 많이 모여 柱中에서 함께 교류하면 用神을 전해戰害하여 身主는 흉하게 된다.
日主의 用神이 휴폐휴폐休廢한 시기가 되고, 공망에 떨어져 겸해서 고과孤寡 육해六害가 되고, 만약 장생長生, 임관臨官, 왕지旺地에 임하면 황관黃冠을 쓰게 되고, 만약 패敗, 절絶, 묘墓, 사死의 곳이 되면 스님의 치의緇衣를 입는다.

● 괴강魁罡을 重하게 보면 육친六親에 해롭고, 겁과 劫寡는 비록 고독하지만 三貴가 완전하면 좋다.

註釋 辰은 천강天罡이 되고, 戌은 천괴天魁가 되니 최고의 권위權威 역량力量이 있다. 다만 고극孤剋의 氣가 태중太重하면 육친의 방해妨害를 면하지 못한다.

겁살劫煞 과숙寡宿이 장생長生, 귀인貴人을 차고, 祿이 있는 이 3건은 福氣가 된다. 더불어 日과 화협和協하면 반드시 主는 부귀하게 되고, 이 3건이 없으면 설령 발發하여도 오래지 않아 가난하게 된다.

● 탄담吞啗의 기세가 번성하면 편방偏房이 아니면 젖이 모자라 음식물을 먹여 기르고, 고과孤寡가 같이 있으면 양자로 들어간다.

註釋 탄담吞啖은 도식倒食하는 神으로 힘이 있고, 세력이 있고, 권력이 있고, 혹은 生旺하여 매우 절박하면 위 글에 준한다.
고과孤寡, 육해六害가 같이 있고, 도리어 印綬, 食神중에 하나를 사용하는 者가 택신宅神이 충파衝破되면 위 글에 준한다.

● 쌍둥이를 낳는 것은 巳亥 支干에 같은 종류를 찬 것이고, 무의巫醫 주색酒色은 망겁亡劫이 함지咸池, 貴人을 범한 것이다.

註釋 命에 巳亥 二位를 차고 또 다른 支, 다른 干에 한 무리로 같은 者가 二, 三 位가 있는 者, 가령 甲이 甲을 본 것, 子가 子를 본 것이 있으면 반드시 쌍둥이를 낳거나 혹 부모에 겹쳐(重拜:양자되는 것) 절하게 된다.

모름지기 干支가 서로 같은 곳에 다시 고과劫孤가 또한 그러하면 사師. 무巫. 약藥. 술術. 아牙. 쾌儈 등의 무리가 된다.
이에 경중輕重 고하高下를 나누는데 모두 망신亡神, 함지咸池 2位를 主가 거느리고 겸해서 陽刃, 파쇄破碎, 묘귀墓鬼, 백호白虎의 무리가 있는 者는 사기꾼이 되거나 주색을 즐기고, 구류九流의 재능도 없다.
만약 貴人, 덕신德神, 財官이 生旺한 者도 거의 그렇다.

● 감리坎離가 교회交會하면 늙도록 주색을 즐기고, 象이 청유淸幽하면 어려서 선부仙府에 오른다.

註釋 子午 上에 있는 干神이 구합鉤合하면 가령 壬子와 戊午의 종류로 戊가 子 중의 癸와 合하고, 壬이 午 중의 丁과 合하고, 혹 丁이 壬과 合하고, 癸가 戊와 合하고, 水火가 유정有情하게 되면 늙도록 주색을 즐기는데 청청淸하면 풍류, 탁탁濁하면 비천卑賤하게 된다.

五行의 합이 청청하게 象을 이루고 게다가 유결幽潔한 地에 이끌리게 되고 貴神이 하나로 잡잡하지 않아 氣가 순수하고 청원淸遠한데 다른 사절死絶 등의 악신惡神이 서로 犯하지 않으면 위 글에 준한다.

● 文學에 뛰어나 정영精英한 것은 장생長生, 덕수德秀로 인한 것이고, 주색으로 혼이 빠진 것은 身旺한데 함지咸池가 있는 것이다.

註釋 장생長生, 제왕帝旺, 사귀四貴 등의 곳, 덕수德秀 2神은 문학, 예술에 재능이 특별이 우수하고 뛰어나 특별한 사람이 된다.

주색에 빠진 것은 日干이 함지咸池 上에서 旺한 것이 첫 번째가 되고, 본신本身이 자왕自旺하고 목욕沐浴의 神에 剋을 받는 者가 두 번째가 되고, 本身이 태왕太旺하고 목욕沐浴이 다시 많으면 복기福氣가 산만散漫하여 모이지 않는 것이 세 번째가 된다.

● 처가 比肩의 왕탈旺奪을 만나면 어질지 않고, 財는 목욕沐浴으로 인하여 강한 쟁탈이 일어나나 음탁淫濁하다고 말할 수는 없다.

註釋 처간妻干이 혹 숨고, 혹 나타나고, 比肩과 여러 번 만나 가깝게 되고, 서로 친밀하게 되면, 그 지위를 점탈占奪 당한다.

또 比肩이 승왕乘旺하면 그 처는 반드시 외인外人과 사통私通하거나 그렇지 않으면 천한 여자, 창기가 처가 되어 추한 방면이 된다.

오행이 패방한 곳은 목욕沐浴이 된다. 또 도화桃花, 함지살咸池煞이라고도 하니 일례로 같이 논한다. 그 神이 만약 세력을 타면 재물을 두고 싸우고, 財의 위치 그 위에 타신他神이 닿아 도둑질하고 싸움하는 者는 나의 身과 用神의 氣가 모이지 않고 거두지 못하여 정신이 산만하게 되어 위 글에 준한다.

● 장가娶妻 가므로 인하여 도리어 부모가 사망하거나 관청에 송사가 있게 되고, 명明의 六干(丙.丁.戊.辛.壬.癸) 종류는 生한 자식에 대한 현우賢愚를 구별하여야 하고, 체體에는 오법五法이 있다.

註釋 日辰이 丙子, 丁丑, 戊寅, 辛卯, 壬辰, 癸巳, 丙午, 丁未, 戊申, 辛酉, 壬戌, 癸亥은 음착양차陰錯陽差 煞이다.

이 같은 日은 효복孝服, 관송官訟 두 가지 일로 결혼이 핍박되거나 혹은 결혼한 후 100일 내에 친가親家* 두 곳에 갑자기 소송이나 상복喪服을 입게 된다.

혹은 主의 외가外家에 힘이 없고, 외삼촌과 불화하고, 혹 외가外家가 없고, 혹 부모가 둘로 겹치고, 혹 처재妻財가 없고, 혹 女命은 시어머니 시아버지가 둘로 겹치고, 반은 진짜가 되고 반은 가짜가 되고, 합신合神, 도화桃花가 있으면, 화촉花燭이 불명

不明하다. 혹 부인이 어질지 않고, 혹 잔방입사殘房入舍한다.
이 六干이 柱中에 많은 者는 더욱 긴긴緊緊하고 더욱 람람濫濫하여 곧 음착양차陰錯陽差가 된다. 도화桃花를 차고 제왕帝旺이 있으면 부인이 관청의 다툼에 이끌리게 된다. 혹 뛰어난 집안도 처로 인하여 비첩婢妾과 다툼이 있거나 만약 그렇지 않으면 자식에 관사官司가 있게 된다.

자식의 어짐과 우둔의 구분은 5개의 법이 있다.
 一. 처는 生하는 것, 나는 나를 剋한 者가 자식이 된다. 아들은 偏官, 딸은 正官이다.

 一. 女命은 내가 生하는 것이 자식이 되고, 時上에 있고, 生旺하면 좋고, 다른 곳의 神은 회합會合, 유정有情, 貴가 되면 좋다.

 一. 나와 처는 동화된 者로 가령 甲人은 土로 인하여 자식이 되는 것인데, 時上에 있으면 상세히 연구하여야 한다.

 一. 화기화氣로 소생한 者는 자식이 되는데, 가령 甲人이 金이 자식이 되고, 時上에 있으면 취용取用한다.

 一. 나의 本氣에서 소생한 者가 자식이 된 것인데, 가령 甲人 火가 자식이 되는 것인데, 時上에 있으면 상세히 연구하여야 한다.

 一. 그렇지만 偏官, 正官과 유정有情하고, 時上에 있고 化하여 象을 이루면 자식이 좋다. 납음納音에 長生의 氣가 찬조贊助하게 되면 더욱 묘妙하다.

 一. 내가 生한 것이 자식이 되는데 水一, 火二, 木三, 金四, 土五으로써 종류를 취한다.

● 악惡이 時日에 모여, 경輕하면 자식이 어긋나고, 처는 어리석고 중重하면 홀어미 홀아비가 된다.

註釋 망겁亡劫, 고과孤寡, 삼형三刑, 이 삼살三煞이 같이 있으면, 구원하는 者가 있어도 時上에 자식이 두터우면 불효不孝하고, 日上의 처는 우졸愚拙 혹은 불화하다. 만약 중범重犯하면 힘이 매서워 구원할 수 없어 고독하고, 가난하고 일생 독수공방한다.

● 刃이 묘형墓刑을 찼는데, 吉하면 수명과 복이 두텁고, 흉하면 모자와 단의 單衣가 깨어진다.

註釋 양인羊刃, 비인飛刃에 묘형墓刑 二位를 범하면, 모름지기 화개華蓋는 비로소 吉하고, 丑未가 貴가 되는 干者도 복을 누리지 못하는 것은 아니다.
더불어 日과 화합하는데 만약 화개華蓋가 없고 공망, 사절死絕을 차면 고한孤寒하고 파패破敗한 사람이 되고 日과 불화하여도 이와 같다.

● 日을 악신惡神이 도와 범하면 재혼하고, 時에 흉살이 임하고 공망이 되면 의붓아들을 맞게 된다.

註釋 日에 망겁亡劫, 대패大敗, 파쇄破碎, 임관臨官, 제왕帝旺 者가 있어 년가年家를 범하면 처를 剋하고, 도리어 간음干陰이 日主를 생조生助하면 반드시 처녀, 총각에 재혼을 하고 혹은 어린 첩이 처가 된다.
만약 禄貴를 차고 공조拱助하는 者는 미모가 있고 현숙하다. 하나를 설명하면 만약 年의 祿馬, 貴, 食이 日과 六合하면 처가 탁하지 않고 빼어나고, 다시 主는 처와 재물을 얻을 수 있다.

時上이 흉을 차고 공망에 떨어지면 반드시 主는 자식이 없고, 만약 食神이 생조生助하면, 혹은 日이 충극衝剋으로 제거하면 반드시 양아들이 된다.

● **時日 함지咸池가 다시 煞을 차면 부모가 나쁘게 사망하고, 휴수休囚, 대패大敗, 공망空亡에 임하면 처가 없다.**

註釋 함지咸池가 日時에 있으면 세살歲煞이 되고, 다른 것은 主의 부모는 나쁘게 사망하고, 다시 악살惡煞이 더해지면 의심하지 않아도 된다.
가령 金의 主는 도병刀兵, 火의 主는 화액火厄, 水의 主는 수액水厄, 土의 主는 온역瘟疫, 木의 主는 장가杖枷가 되고, 오상五象으로 추리한다.

-. 함지를 차고 만약 旺하고, 화개, 파쇄 및 음착양차가 있으면 처로 인해서 치욕을 당하고, 혹은 헤어진다. 만약 귀한 가문이 되면 처, 부모, 형제, 친속親屬에 내란이 발생한다.

-. 함지, 양인陽刃은 다산多算, 다능多能하고 또 숙질宿疾이 있고, 日時와 호환하여 긴절緊切*하고, 日主 택신宅神, 처의 氣가 결함이 있고, 겸해서 십악대패 日이 되고, 휴폐休廢가 되고 또 공망이 되면, 가령 甲寅 순旬은 癸 祿이 子에 거처로 子가 공망이 되면, 主의 처가妻家는 근기根基가 기와 한 조각만큼도 안 된다.

** 긴절緊切 : 썩 필요하고 실지에 꼭 맞음.

● 태신胎神이 극절剋竊되면 횡사橫亡하고, 국중局中의 자字를 충衝하는 것은 꺼린다. 녹후祿後의 神이 파쇄破碎 공고空孤를 범하면 조상을 떠나 타향에서 살게 된다.

註釋 태신胎神, 백호살白虎煞은 水(壬)午, 金(辛)卯의 종류다. 충국衝局의 가운데 글자인데 가령 申子辰은 支에 水命인데 午는 태신胎神으로 두려워한다.
백호白虎가 와서 日主와 用神을 극절剋竊하면 主는 혈광횡사血光橫死한다.
오상五象으로써 추리하면 녹후祿後의 一辰이 만약 공망, 고과孤寡, 파쇄 등의 煞이 되면 主는 조상을 떠나고, 왕상을 구별하여야 한다.

● 지격支隔, 합충合衝 이방二方인 이 格은 스스로 목매어 죽고, 合은 하정河井, 양위兩位를 싫어하는데 범자犯者는 빠져 죽는다.

註釋 자익살自縊煞은 戌人에 巳, 巳人에 戌이 되는 예다. 만약 金神, 백호白虎, 망겁亡劫, 귀살鬼煞, 공망空亡, 관부官符, 대모大耗, 인살刃煞을 차고 사절死絶의 地를 거느려 身을 剋하면 폐廢하게 된다.
用神이 태세太歲를 범하고 大運을 刑하면 위 글에 준한다.
丙子水는 旺水, 癸未木은 동정東井, 癸丑木은 삼하三河로 함지咸池, 금신金神, 양인羊刃, 망신亡神을 차면 主는 水中에서 사망하는 경우가 많다.
또 만약 망신亡神을 차서 발단하면 주색에 이끌리게 된다.

● 난청과 맹인은 **用神**이 함절陷切되고, 그리고 사패死敗가 **身**을 **剋**한 것이다.

곱추와 소아마비는 복기福氣가 쇠퇴하고, 그리고 刃煞이 主를 刑한 것이다.

註釋 用神이 사패死敗 등의 물물에 극절剋竊 당하고, 휴폐休廢에 임하고, 시령時令에서 또 악신惡神이 身을 극절剋竊하는 者는 위 글에 준한다.

貴氣가 휴수休囚가 되고, 또 본체本體가 악신惡神에 극제剋制당하고, 겸해서 또 死絕에 의탁되고, 악기惡氣가 출현하여 用神의 吉함이 침륜되고, 刃煞이 日主을 刑하면 위 글에 준한다.

● 귀소鬼嘯가 응응應應하면 요절되는 것을 알아야 하고, 본本이 이지러진다고, 빈한貧寒한 것은 아니다.

註釋 귀소鬼嘯(귀신 소리)는 가령 甲人이 庚을 만나는 것, 庚이 丙을 만나는 것으로 相剋으로 전전轉轉하는 종류를 말한다.

辛이 丙과 合하게 되면 合을 탐하여 剋을 잊게 된다.

또 먼저 日에서 찾고, 다음 年에서 찾아야 하는데, 이 格이 가장 긴요하다.

本이 이지러진 것으로, 흉신이 작당作黨하여 일가日家의 氣를 剋하고, 年의 干을 해害하여 소이 가난하고 일찍 사망하는 것을 면하지 못한다.

● 天地의 포장包藏은 덕德을 갖추게 되고, 풍뢰風雷의 요격遙激은 소리가 찢어진다.

註釋 申亥 두 글자에 확실한 역량이 있고, 酉戌가 用神이 되면 이 格에 합당하다. 하나를 설명하면 申亥가 地支에 없고 二位가 허협虛夾되고 貴氣가 있는 者는 체국體局이 비범하다.

卯巳 二位는 내에 貴氣가 있는 것으로 柱中에 허공虛拱되고 歲,運에서 衝하면 공처空處가 반드시 변화하여 발월發越하게 된다.
또 공협拱夾은 숨은 곳으로 刑衝으로 크게 핍박되는 것을 두려워하는데 貴氣가 달아나기 때문이다.

● 공장拱將 공좌拱座 아울러 공인拱印은 반드시 貴人이 되고, 고자顧子 고모顧母 더욱이 고신顧身은 속객俗客이 되지는 않는다.

註釋 공장拱將은 支 三合을 말하는 것으로 가령 子人이 申辰를 본 것이다.
공좌拱座는 대궁對宮을 말하는 것으로 가령 子人이 午을 본 것이다.
공인拱印은 印綬의 정위正位를 말하는 것으로 甲人이 子丑을 본 것이다.
일설에 印의 庫라고 하고 또 이르면 印은 간고干庫가 된다. 겸해서 만약 財官 貴氣가 유용有用하고 혹은 財官이 生旺한 곳이 되면 모두 조화造化되어 부귀하다.
나를 생한 者는 모母가 되고, 내가 생한 者는 자식이 되는데 자신을 겸하여 三位가 갖추어져 손괴가 없고 좌우에서 왕래하면 복익福益이 있는 者로 복이 있는 사람이다.

● 기보奇寶 삼위三位를 官神으로 사용하면 뛰어난 공훈이 오래도록 전해지고, 四干의 天乙이 화개華蓋가 되면 넓은 세상에서 청고清高하다.

註釋 시좌時座의 三合을 기보奇寶라고 한다. 만약 官星의 거처 上이 무파無破하면 꺼리지 않고, 여러 대에 끊어지지 않는 꽃다운 훈업勳業이 있는 사람이다.
고법에 오직 歲.日干으로만 논하지 않고, 천을귀인天乙貴人을 타면 貴하여 吉하게 된다 하였고, 月時 干에 貴人이 승승乘한 者는 다시 뛰어나다.
게다가 本命에 화개華蓋가 임하면 평범하지 않고, 흉이 없고, 또 청고한 뛰어난 貴人이 된다 하였다.

● 사면四面이 선명하고 旺相하면 궁궐에서 식록食祿을 받고, 二煞이 만약 협공夾拱에 임하면 사막까지 그 위세를 떨친다.

註釋 청룡青龍, 현무玄武, 주작朱雀, 구진勾陳이 사면四面에 해당한다. 干이 祿에 귀원歸元하여 각 방위를 차지하게 되면 旺相하게 된다.
가령 甲乙이 寅卯에 임하면 청룡青龍이 되고, 丙丁에 巳午가 임하면 주작朱雀에 속하는 것으로 위 글에 준한다.
망신, 겁살, 二位가 공한空閑을 갖추고 각 공협拱夾인 者는 위 글에 준한다.

● 金水는 문文이 화려 출중하고, 土金은 부富가 풍부하고 높게 이른다.

註釋 金水 이상二象이 만약 청청하고, 남은 氣가 혼탁하지 않은 발원지가 되는 者는 문채가 영화英華하여 무리에서 뛰어난 格이 된다.

金土가 相生하여 치우쳐있지 않아 중화中和의 氣를 얻은 者는 물물이 점차 자라는 것과 같아 생의生意가 넉넉하여 높게 된다. 이와 같은 象은 부귀한 격이 된다.
혹 貴氣가 화협和協하면 또한 主는 이름과 식록食祿의 공이 있다.

● 영요榮耀한 者는 木火에 발원發源이 있고, 청귀淸貴한 者는 水木의 순서順序가 많다.

註釋 木火는 환발煥發이 용이하고, 근원의 처處가 柱中에 생의生意가 있고, 혹 歲.運에서 끌면 도움이 있게 되어 영요榮耀하게 된다.
소이 사람들은 근원의 근기根氣가 있는 것을 알지 못하고, 다만 運에서 木火가 투발透發하는 것만 알 뿐이다. 水木은 청淸함이 뛰어나고, 만약 그 氣가 치우치지 않고 순수하게 생부扶生하여 旺하고, 貴를 찬 者는 반드시 한원翰苑이 되고 혹 대간臺諫이 된다.

● 금옥金玉에서 거니는 것은 貴人 두상頭上에 官星을 찬 것이고, 책 상자를 짊어지고 삿갓을 선택하게 되는 것은 학당사관學堂館 中에 역마驛馬를 만난 것이다.

註釋 天乙 두상頭上에 官星이 현로顯露하면, 관성官星 좌귀坐貴라 하고 主는 貴하게 된다. 학당學堂은 곧 日主의 生(生支)한 위치이고, 학관學館은 官星이 되고, 生旺의 곳은 임관臨官의 위치가 되고, 또 같이 취용取用하고, 역마를 그 중에서 만나고, 貴氣가 심하지 않는 者로 학문에 재주는 있으나 이루지 못하고 도로를 분주하게 다니게 되고 공망이 있으면 더 심하다.

● 한원翰苑에 오르는 것은 건곤乾坤의 상서로운 기운을 받은 것이고, 벼슬을 하는 것은 子午 단문端門이 응공應拱한 것이다.

註釋 寅巳 二位가 유력하면 亥申 건곤乾坤과 합할 수 있다.
또 三合으로 공공한 者, 곧 子辰은 申이 공공하고, 卯未는 亥가 공공하는데, 만약 혼잡하지 않고, 申亥가 貴氣를 승승乘하면 반드시 무리 중에서 뛰어나다.
子午 二位가 혹 정공正拱이 되거나, 혹은 三合의 외공外拱이 있으면, 가령 貴氣가 모인 곳이 되어 큰 업적을 이룬 이름 있는 가문이 되어 여느 사람도 미치지 못한다.
丑亥에 子가 공공하고, 未巳에 午가 공공하면 정공正拱이 되는 것이고, 申辰에 子가 공공하고 寅戌에 午가 공공하는 것은 외공外拱이 된다.

● 괴강魁罡이 협귀夾貴를 만나면 재능이 있는 사람으로 풍헌風憲*을 형벌로 다스리고, 청호龍虎을 얻게 되면 오직 직분에 매진하여 옥당玉堂에 배상拜相 하게 된다.

註釋 辰戌 二位가 협귀夾貴를 만나면 풍헌風憲을 제형提刑하는 者로 권위가 진작振作한다. 가령 王癸가 天乙貴人인 巳卯를 만나면 辰이 공협拱夾이 된다. 丙丁이 酉亥를 만나면 戌이 공협拱夾 되는데 이러한 것을 말한다.
또 명확하게 괴강魁罡을 보면 貴氣가 겹쳐서 모인 것으로 앞과 같이 단정한다.
辰寅 二位가 만약 정공正拱 외공外拱을 만나고 그 위에 貴氣, 吉神이 모인 者는 더욱 뛰어나 이 格에 합당하다.
혹 寅辰이 득기得氣하면 貴가 모이고, 旺相 부지扶持하고 衝.刑.尅.害가 없고 卯 처處를 얻으면 吉하고, 앞과 같이 단정한다.

** 풍헌風憲 : 풍습과 도덕에 대한 규범을 이르는 말.

● 陰陽이 치우쳐있는데 사용하게 되면 貴가 높아 극품의 존귀로 떨치게 되고, 卯酉는 정문正門으로 권세를 멀리 변방까지 떨친다.

註釋 편음偏陰 편양偏陽의 氣가 뛰어나면 분발奮發한다. 바람이 날리고 우레가 사나운 것과 같이 貴氣가 만약 전일하게 旺相하여 힘이 강하면 직위가 갑자기 뛰어올라 극품이 된다. 무릇 偏氣는 싸움이 좋은데 정연挺然*하여 굽히지 않고 용맹스럽고 뛰어나고 힘이 강하다. 偏官은 일어나고 나타나기 용이한데, 다만 이것은 빨리 물러나게 되고, 혹은 횡사한다. 만약 正官이 안정되면 분수에 따라서 옮겨 발탁되고, 殺을 생하면 권력이 없다.

卯酉는 日月이 출입하는 문호로 貴氣가 공협拱夾하여 득용得用 된 者는 이것과 합당하다. 혹은 이 二位가 명확하게 나타나면 用神에 복이 모이고 깨어지지 않은 者는 위 글에 준한다.

** 정연挺然 : 여러 사람 가운데 뛰어남. 뛰어나 훌륭함.

● 歲가 祿馬를 몰고 財官을 차면 뛰어난 영웅이 되고, 貴局에 日時에 덕수德秀를 승승乘하면 재업才業이 쟁영崢嶸하다.

註釋 무릇 太歲의 祿馬 이위二位는 마땅히 日主의 財官이 되어 화목하면 어찌 영웅英雄이 되지 않겠는가!
무릇 貴人 국국은 日時에 덕수德秀 二氣를 본 者로 主에 문장에 재능이 있고, 큰 그릇이 되는 인물이니 영웅호걸에 해당한다.

● 用이 우둔하면 運에서 도와야 하는데, 고기에 물이 마르면 水로 구제하여야 하는 것과 같고, 用이 강강하면 運이 우둔하여야 하는데, 그릇된 항구에 배가 나아가는 것과 같다.

註釋 用神의 힘이 열악하거나 혹은 氣가 있는데 극절剋竊을 당하거나, 혹은 은장隱藏하여 있고, 충합衝合되지 않았거나, 둔하면 불리하여 運에서 氣를 생부生扶하여야 유연하게 뜻을 펼칠 수 있다.
用神에 힘이 있고, 혹은 득시得時하고, 혹 합하여 정정情이 있는데 만약 運에서 그 氣를 파괴하는 자가 있으면 동쪽에서 방해하고, 서쪽에서 쳐 순수한 명에가 되지 못하게 되니, 설령 氣가 있다고 하더라도 한 순간의 바람결에 해당 할 뿐이니 어찌하겠는가?

● 運은 支가 터基로 중요하고, 歲는 干이 승기乘氣되어 중요하다.

註釋 運의 支神은 태과太過한 물物을 억제하여야 하고, 불급不及한 物은 돕는 것이 마땅하다. 당생當生, 支神을 함께 관천貫穿하여야 하고, 그 본말本末의 어그러지고 순수한 여하如何를 살펴야 한다.
만약 단지 用神의 경중輕重에 따른 억부扶抑만 관찰하는 것은 좋은 것은 아니다.
또 生氣, 剋氣를 논하여 運의 支가 중중하게 이른지 살피고, 다음으로 運의 干을 관찰하여야 한다.
전투戰鬪와 화해和諧가 어떻게 같겠는가? 柱中의 어떤 物이 유정有情하게 통솔하는지에 대한 근거에서 吉한 곳을 설명하여야 한다.
유년流年과 더불어 太歲의 干神 관계가 가장 긴절緊切하여 一年 중의 온갖 神들의 길흉이 되는 주체가 된다.

日이 歲를 훼하면 재앙이 있고, 合하면 어두워지고, 만약 유화有化, 유정有情하면 좋은 일이 있게 되고, 재앙과 복, 빠르고 느린 징조가 있는 곳이 된다. 거듭 運에서 상섭相攝하는 여하를 살펴야 하는 것이다. 모름지기 겸해서 歲支를 사용하여 刑.衝.破.害도 살펴야 하고, 어긋남이 없으면 좋다.

** 본말本末 : 사물의 중요한 부분과 중요하지 않는 부분.

● **運은 행색行色*으로 달리는데, 用에 어떤 것이 약하고 어떤 것이 강한가 구분하고, 歲는 병권兵權을 거느리고, 급한 작용, 중중한 작용의 기세勢를 가진다.**

註釋 가령 日은 身이 되고, 貴는 用이 되는데, 이 二者는 한쪽도 버리지 말아야 하고, 日主는 체體가 되고 貴氣가 用이 되는데 함께 중화中和가 되어야 한다.
일설一說은 用神인 貴氣가 길을 떠나는데, 필요한 행리行李* 기물器物, 양초糧草* 등 건이 運이 되는 것이고, 또 몸을 두어 머무는 숙박업소가 되고, 또 필요한 것을 보충하는 것이 運이 된다 하였다.
五氣 貴煞의 어떤 者가 저것을 끌어들여 地의 이치에 마땅한 곳이 되는 가? 혹은 이것을 쫓아 길흉의 징조를 참고한다. 길흉 두 상象에서 운원運元은 아직 어떤 일이 아직 일어나기 전이 되어 歲가 아니면 격양激揚의 징조를 알 수 없다.
오직 세군歲君이 가장 엄절嚴切하고, 위중威重하게 이르고, 매우 급하다. 세력이 진을 쳐서 적과 싸우는 것과 같이 신속하고 사납고 가파름이 크게 되고 홀연하여 비교 헤아려 구응救應 하기가 어렵다. 비록 철관금쇄鐵關金鎖하더라도 제어할 수 있어야 하고, 또 貴氣가 있고 흉이 있다고 하더라도 악惡은 누르고 선善은 더 날려야 하는데 때를 타서 구제 할 수 있는 것을 측정하기 매우 어렵다.

** 행색行色 : 겉으로 드러난 차림이나 모습.
** 행리行李 : 길 가는 데 쓰는 여러 가지 물건이나 차림.
** 양초糧草 : 군대가 먹을 양식과 말을 먹일 꼴. 군량과 마초.

● 祿貴는 運에서 현양顯揚하게 하여야 하고, 젊어 혈기가 왕성 할 때는 旺地를 겸하여야 하고, 凶煞은 모름지기 침매沉昧를 따라야 하고, 노인은 도리어 쇠약한 곳이 좋다.

註釋 십대는 포태胞胎, 양양養養, 목사沐浴, 장생長生, 관대冠帶의 地 되고, 이십대에 마땅한 행행은 임관臨官, 제왕帝旺의 運으로 陽氣가 강성하여야 하고, 3.4십대에 마땅한 行運은 쇠衰. 병病. 묘墓. 절絶, 運이 되고, 천계天癸가 고갈枯竭되는 5.6십대에 마땅히 行하여야 하는 것은 이에 맞는 합당한 의미가 되어야 한다. 즉 조화가 취사선택의 도道로 통변通變 된다는 말이다.

젊을 때의 체體에 마땅한 運은 貴祿이 확실히 드러나야 하고, 흉신은 運에서 침엄沉淹하여야 한다.

늙어서는 死絶 등의 運으로 行하여야 좋고, 日主와 用神이 더불어 되는 것을 요하지 않는데, 생의生意의 표리表裏가 참誠되어야 복운福運이 된다.

** 천계天癸 : 인체의 생장, 발육, 생식 기능을 촉진할 수 있는 물질. 정기의 별칭.
원음(元阴), 원기(元气)의 별칭.

● 運氣에서 발원發源하는 힘이 온정하면 성공이 용이하고, 時干의 화상化象의 정정을 구하고, 당면한 行運의 령령을 사용하여야 한다.

註釋 行運을 깊이 연구하게 되면 화복禍福의 증험이 있어 또한 사건들이 바뀌게 되는 것이니 마땅히 소식消息*되는 궁궁을 찾아서 오는 뜻을 살펴야 한다.

가령 運의 발원發源이 年.月.日.時 上에 공空. 충衝. 사死. 패敗의 地가 되면 설령 발발發하여도 오래가지 못하고, 발원發源이 온실穩實한 곳이 되면 환난患難을 견딜 수 있어 부귀를 누리게 되고, 복택福澤도 유원悠遠하게 된다.

行運의 법은 時干의 화상化象을 취하는데, 체상體象과 화상化象 두 개 뜻이 있다. 一者

가 짝을 얻어 유정有情한 무리가 되면 象이 이루어져 사용되고, 혹 나아가 이르는 運에서 부지扶持하고, 혹은 선회하여 그릇이 조성되는 것이 제일 뛰어난 일이 된다. 다만 이허중 학파에서 전傳하는 비법은 이러한 것에 있어서 지나치게 심한 논리가 된다. 여신餘神의 氣를 가장 적절하게 인용하여야 하고, 마땅히 生剋의 강약도 취하여 사용하여야 한다.

● 입신출세는 運에서 일로一路*의 官星이 열려 표변豹變*하여 흥륭하게 되어야 하고, 年은 평생 財氣를 거느리게 된다.

註釋 柱中에 官星을 찬 것이 運만 못한데, 運에서 官神을 득의得意하여 통섭하게 되면 한 걸음 한 걸음 영광에 도달하게 된다.

팔자 中에 財가 旺하지 않으면 비록 보았지만 무정無情하여 行運에서 生旺한 곳에 도달하여도 분발되지 않는 것은 무릇 氣가 사절死絶, 체습滯塞하였기 때문이다.

歲는 곧 존엄尊嚴한 군君으로 길흉 神煞의 주체가 됨으로 유년流年에서 혹 재원財元을 거느리고, 혹 재상財象을 생부生扶하고, 혹 재고財庫를 깨서 열고, 혹 요합遙合, 비충飛衝, 生旺한 곳, 혹 공협拱夾, 암포暗包, 財神, 록마, 귀인의 궁宮등에 의해서 財가 旺하게 된다. 이와 같은 연유에서 歲君이 표변豹變*하게 하는 실마리가 되어 갑자기 흥발興發하는 것이다.

** 일로一路 : 한 줄기로 곧장 뻗친 길. 외곬으로 나가는 길
** 표변豹變 : 표범의 무늬가 가을이 되면 뚜렷하고 아름다워진다는 뜻으로, 허물을 고쳐 말과 행동이 뚜렷이 전과 달리 착해지는 일. 마음과 행동이 분명히 달라지는 일. 갑자기 달라짐.

● 運이 身을 업신여겨 弱하게 되면 用神이 도와야 마땅하고, 運이 변하여 신강身强하게 되면 복기福氣가 억눌리게 된다.

註釋 당생當生되면 身旺한 것인데 혹 比肩이 태성太繁하면 그 身의 氣를 능폐淩廢하는 것이 마땅하고, 用神이 겁약怯弱한 者는 用神을 돕는 것이 적당하고, 이와 반대가 되면 상서롭지 못하다.
당생當生이 본체本體의 氣를 약하게 하고, 用神은 태과太過하면 身이 임무를 맡아 실행하지 못하고 또는 착란錯亂하게 되어 한 군데로 되돌아가지 못한다. 이와 같으면 좋은 곳이 도리어 어그러지게 된다.
무릇 당생當生의 본말本末은 체용體用으로 상호 일컫는데 運이 도와 身이 태과太過하면 用神이 곤궁하게 되어 적합하지 않다.

** 본말본말 : 사물의 중요한 부분과 중요하지 않는 부분.

● 歲 혹은 運에서 부합하게 하면 吉하고, 기만하게 하면 흉하고, 歲 혹은 運에서 좋은 것을 침매하게 하면 나쁘게 된다.

註釋 혹 당생當生이 凶煞을 도와 힘을 크게 하고 吉神에게는 힘을 약하게 하고, 財官의 세력을 산만散漫하게 하면 歲, 運에서 福神에 부합하게 도와야 하고, 凶氣를 억누르면 당생當生의 吉神은 힘이 강하게 되고, 흉살은 氣가 약하게 된다.
歲. 運에서 기강紀綱 제어制馭의 도道를 상실하고, 혹은 악살을 방임하게 되면 좋은 무리가 침매沉昧한다.

● 시왈詩曰, 옥정편玉井篇을 살펴 헤아리면 인간이 곧 땅에서 선仙을 행하게 된다.
五氣를 각 조목으로 구분하여 귀중하게 헤아려 쪼개고 덮고 울타리 하여 또 다른 天이 있게 하였다.

註釋 옥정오결은 안동두安東杜가 겸허히 저술 한 것이다.
그 속은 그윽한 뜻이 있는 뛰어난 상象으로 수數를 살피고, 숨은 것을 등용하고, 氣의 무리가 서 있지 않고, 넘어지고 날고 어둡고 합하는 것을 삼분의 일만 얻어도 탈퇴한골脫胎換骨하여 평범함을 뛰어넘어 성인이 될 것이다.
참됨은 쉬운 일이 아니다. 절처絶處로 궁핍하면 生을 만나게 되고, 직무가 旺하게 되었으면 퇴장退藏하게 되고, 그릇이 차면 기울게 되고, 물물이 과過하면 손상이 있게 되고, 무리가 성盛하면 무리를 추종하고, 氣가 쇠衰하면 남에게 부탁하여 사정하고, 쓰이거나 쓰이지 아니하고, 진가眞假를 마땅히 구별하여야 하고, 바꾸거나 바꾸지 않는 등 象의 종류를 먼저 구분하여야 하고, 받은 氣가 두텁게 되고 얕게 되고, 청청하게 되고 탁濁하게 되고, 높게 되고, 낮게 되고, 어둡게 되고 밝게 되는 만서만단萬緖萬端, 천변천화千變千化하니 氣의 生剋을 연구하면 마침내 촛불이 빛나게 될 것이고, 이치 외의 이치는 물물의 조화造化에 있을 것이다.
활법活法으로 극참極參하면 현묘한 가운데 현묘함이 있다.
이허중과 다른 학파學派가 올바르게 전한 것을 참되게 얻어야 한다.
세상에 이러한 책을 보지 못한 者가 많아서 내가 세상에 내 놓았다.

<육오 기록 育吾記>

참고도서 목록

삼명통회	만민영 저
팔자심리추명학	하건충 저
천고팔자비결총해	하건충 저
팔자신기묘괘	곽목량 저
팔자시공현괘	곽목량 저
자평진전	심효첨 저
적천수징의	임철초 저
연해자평	이허중 저
궁통보감	허춘대 저
팔자명리신해	진춘익 저
맹파명리	단건업 저
맹파명리질례집지일	단건업 저
사주정해	최학림 저
쉽게푼 역학	김봉준 저